KB263655

목회백화

牧会百話

일러두기

이 책은 저자 요청에 의해 저자가 쓰는 용어와 방식대로 편집했습니다.

목회백화

지은이 | 림인식(林寅植 In Shik Rim)
초판 발행 | 2025. 12. 17.
등록번호 | 제1988-000080호
등록된 곳 | 서울특별시 용산구 서빙고로65길 38 두란노빌딩
발행처 | 사단법인 두란노서원
영업부 | 2078-3333 FAX | 080-749-3705
출판부 | 2078-3331

책 값은 뒤표지에 있습니다.
ISBN 978-89-531-5220-5 03230

독자의 의견을 기다립니다.
tpress@duranno.com www.duranno.com

두란노서원은 바울 사도가 3차 전도여행 때 에베소에서 성령 받은 제자들을 따로 세워 하나님의 말씀으로 양육하
던 장소입니다. 사도행전 19장 8-20절의 정신에 따라 첫째 목회자를 돕는 사역과 평신도를 훈련시키는 사역, 둘째
세계선교(TIM)와 문서선교(단행본·잡지) 사역, 셋째 예수문화 및 경배와 찬양 사역, 그리고 가정·상담 사역 등을
감당하고 있습니다. 1980년 12월 22일에 창립된 두란노서원은 주님 오실 때까지 이 사역들을 계속할 것입니다.

牧会百話

목회백화

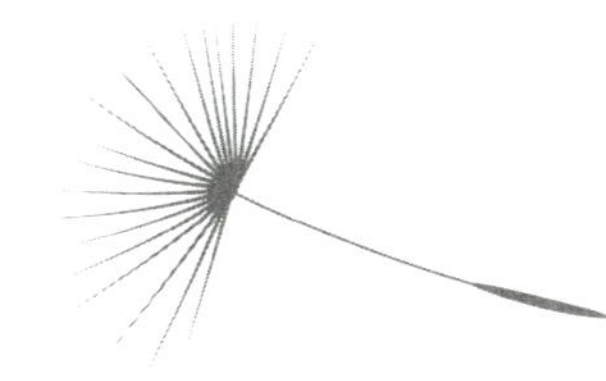

림인식 지음

두란노

Contents

목회백화(牧会百話)의 뜻

‘목회의 삶에서 경험하며 체험한 여러 가지 많은 실제 이야기’라는 뜻입니다.

목회는 크게 ‘본질’과 ‘실존’ 두 가지로 나눌 수 있습니다.

하나님의 부르심을 받아 하나님께서 그때그때 주시는 영과 육의 생명과 경륜과 사랑의 은혜를 받는 것이 ‘목회 본질(本質)’이고, 교우들과 구령(救靈)의 삶을 같이 살아가는 생활이 ‘목회 실존(實存)’입니다. 목회는 사람을 통해 사람들이 함께 힘쓰며 사역하지만, 사람 마음대로는 전혀 할 수 없는 전적으로 하나님의 사업입니다.

바울 사도가 목회자로 불러 써 주신 일에 대하여 (고전 15:10)“내가 나 된 것은 … 오직 나와 함께하신 하나님의 ‘은혜’로라”라고 하였습니다. 그 ‘은혜’에 대하여 어떤 때는 (고후 12:2)“셋째 하늘 낙원에 이끌려 가서 나는 몸 안에 있었는지 몸 밖에 있었는지 모르는 신비의 경험으로 오로지 하나님만이 아시는, 사람이 가히 이르지 못할 말이로다”라고 하였습니다.

하나님은 영원한 영적 존재이시며 우주와 모든 존재의 창조주이시고 섭리하시는 근본 본질이 되시는 분이십니다. 본질은 눈에 보이지 않을 뿐 아니라 우리 인간은 전혀 알 수도 없습니다.

바울 사도가 (고전 2:11)"하나님의 일도 하나님의 영 외에는 아무도 알지 못하느니라"라고 하였습니다. 다만 예수님께서 (마 11:27)"내 아버지께서 모든 것을 내게 주셨으니 아버지 외에는 아들을 아는 자가 없고 아들과 또 아들의 소원대로 계시(啓示)를 받는 자 외에는 아버지를 아는 자가 없느니라"라고 했으며, 바울 사도 역시 고린도전서 2장 10절 후반부에서 "영적인 일과 하나님에 관한 일을 아는 일은 성령께서 가르쳐 주시는 것을 믿을 뿐이라"라고 하였습니다. 목회는 본질이신 하나님께서 주시는 신비요, 기적이요, 능력이요, 무한히 오묘하여 그것을 받고 체험한 사람만이 알게 되어 있는데, 그것은 전적인 은혜이고, 그 체험은 말이나 글이나 몸짓으로 표현이 불가능합니다.

(시 139:14)"내가 주께 감사하옴은 나를 지으심이 심히 기묘하심이라 주께서 하시는 일이 기이함을 내 영혼이 잘 아나이다"라고 한 것처럼 하나님께서 아담 이래 (창 22:17)"하늘의 별과 같고 바닷가의 모래와 같게" 이미 왔다 간 사람이나 현재 살고 있는 82억의 사람이나, 앞으로 셀 수 없이 많은 사람이 올 것이지만, 그 가운데 저와 꼭 같은 사람이 한 명도 없는 단 하나뿐인 존재로 세상에 보내셨습니다. 그리고 목회자로 택하여 부르셔서 100년이라는 생애를 주시고 친히 함께하시며 제게 꼭 있어야 하는 은혜를 그때그때 주셔서 감당하게 해 주셨습니다. 최고의 기쁨과 만족과 행복감으로 가득한 축복의 삶이었음을 하나님께 무한한 영광과 존귀와 감사를 드릴 뿐입니다!

이 꼭 필요한 100% 신비의 '목회 본질'을 받아야 목회를 할 수 있고, '목회 본질'로만 목회가 가능합니다. '목회 본질'이 목회 원동력입니다.

바울 사도는 (행 20:24)"내가 달려갈 길과 주 예수께 받은 사명 곧 하나님의 은혜의 복음을 증언하는 일을 마치려 함에는 나의 생명조차 조금도 귀한 것으로 여기지 아니하노라"라고 하며, (빌 1:20)"나의 간절한 기대와 소망을 따라 아무 일에든지 부끄러워하지 아니하고 지금도 전과 같이 온전히 담대하여 살든지 죽든지 내 몸에서 그리스도가 존귀하게 되게 하려 하나니" (골 1:24)"나는 이제 너희를 위하여 받는 괴로움을 기뻐하고 그리스도의 남은 고난을 그의 몸된 교회를 위하여 내 육체에 채우노라". (고후 11:23-30)"내가 수고를 넘치도록 하고 옥에 갇히기도 더 많이 하고 매도 수없이 맞고 여러 번 죽을 뻔하였으니 유대인들에게 사십에서 하나 감한 매를 다섯 번 맞았으며 세 번 태장으로 맞고 한 번 돌로 맞고 세 번 파선하고 일주야를 깊은 바다에서 지냈으며 여러 번 여행하면서 강의 위험과 강도의 위험과 동족의 위험과 이방인의 위험과 시내의 위험과 광야의 위험과 바다의 위험과 거짓 형제 중의 위험을 당하고 또 수고하며 애쓰고 여러 번 자지 못하고 주리며 목마르고 여러 번 굶고 춥고 헐벗었노라 이 외의 일은 고사하고 아직도 날마다 내 속에 눌리는 일이 있으니 곧 모든 교회를 위하여 염려하는 것이라 누가 약하면 내가 약하지 아니하며 누가 실족하게 되면 내가 애타지 아니하더냐 내가 부득불 자랑할진대 내가 약한 것을 자랑하리라"라고 하였습니다.

이 모든 일들은 '목회의 현실', 즉 '시대' '환경' '상황' '현장' '실제' '체험'을 포함한 '목회의 실존(實存)'입니다. 참 목회는 하나님께로부터 '목회 본질'을 계속 많이 받으며 오로지 생명 바쳐 충성하는 '목회 실존'이 되도록 하는 것입니다.

(눅 4:1)"예수께서 성령의 충만함을 입어 요단강에서 돌아오사 광야에서 사십일 동안 성령에게 이끌리시며"금식기도하신 것은 먼저 '목회 본질' 인 영적 은혜와 능력을 충만히 받기 위해서였습니다. 예수님께서 목회 의 본을 보여 주신 것입니다. 모든 목회자들은 예수님처럼 때로는 광야 에서, 새벽 오히려 미명에, 한적한 곳을 찾아 먼저 '목회 본질'의 충만을 위해 열심히 기도해야 합니다. 언제나 '선(先)목회 본질 후(後)목회 실존' 이고, '목회 본질'만큼 '목회 실존'이 이루어집니다.

바울 사도가 오로지 목회에 전념하려는데 (고후 12:7-10)'육체에 가시' 곧 '사탄의 사자'가 심히 괴롭고 방해가 되므로 하나님께 "이것을 떠나가게 하여 주소서." 간구를 드렸더니 하나님께서 "지극히 큰 계시를 많이 받았 으므로 자만해지지 않기 위해 '육체에 가시' 곧 '사탄의 사자'를 주었다. 도리어 더 큰 은혜를 계속 받는 데 도움이 될 것이다. 내 은혜는 약한 데 서 온전해짐이라."라는 말씀을 주셔서 바울 사도는 하나님께 "지극히 큰 계시를 더 많이 받고 자만하지 않는 길이 된다면 '육체의 가시'뿐만 아니 라, '약한 것들'과 '능욕'과 '궁핍'과 '박해'와 '곤고'도 기뻐하겠습니다. 지극히 큰 계시를 더 많이 받게 하여 주옵소서."라고 하였습니다.

바울 사도는 "'목회 본질'을 더 충만히 받는 일이라면 '목회 실존'이 더 어려워져도 기뻐하겠습니다."라고 하였습니다. 바울 사도는 '목회 본질' 을 받는 일에 먼저 중점을 두었습니다. '목회 본질'에서 '목회 실존'이 되기 때문입니다.

제 목회의 지난날을 살펴보니 열심히 기도드리며 무척 많이 노력한 것이 사실이지만, '목회 본질'을 위한 기도와 노력보다 '목회 실존'을 위한 기도와 노력이 훨씬 많았던 것이 미흡한 점이었습니다.

여기 기록하는 목회 이야기, 제가 받은 '목회 본질'은 바울 사도와 마찬가지로 말로 표현할 수 없이 신비로워 기록이 불가능하고, 제가 경험한 '목회 실존' 분야의 일부 이야기라고 해야 할 것입니다.

인생의 삶이 각각 다르기 때문에 서로 경험을 나누어 참고하며 살아가듯이, 목회 역시 모두 다르기 때문에 서로 체험을 나누며 참고하여 도움을 주고받는 것이 유익하리라고 믿습니다. 이 목회 이야기들이 여러 방면에 도움이 되기를 바랍니다.

표어형으로 하는 이유

우리나라는 해마다 4-5만 권의 새로운 책을 출판하는 나라입니다. 목회자 서재에는 책으로 가득 차 있습니다. 그 많은 책들 중에 여러 권으로 돼 있는 전집은 별로 읽게 되지 않고, 책 한 권을 다 읽어야 하는 단권 서적도 많이 손대지 않게 됩니다. 그래서 이즘은 대부분 팸플릿(Pamphlet)같이 얄팍하고 간단한 문장들로 책을 냅니다. 그러나 팸플릿은 읽기는 편한데 보관하고 필요할 때 찾아 쓰기는 불편하여 대략은 한 번 읽고 말게 됩니다. 목회는 내용도 대부분 복합성이기 때문에 콘사이스(concise)같이 단어 중심으로 방법을 찾는 것도 불가능합니다. 더욱이 이즘은 목회자가 인터넷(Internet)이나 유튜브(YouTube)를 이용하는 시대이기 때문에 문자 참고서에 관한 관심이 별로 없는 실정이어서 여러모로 고심 끝에 편의상 큰제목을 정하고, 어느 항목을 읽든지 팸플릿 한 토막 읽듯이 읽도록 하였고, 혹시라도 또 보고 싶으면 참고하도록 책자로 묶었다고 보시면 되겠습니다.

    편의상 큰 구분을 1. 목회자란, 2. 참 목회의 임무와 동역, 3. 목회자의 영성, 4. 목회자의 심정, 5. 교회와 나라 사랑으로 했습니다.

2025년 12월

목사 림인식

1

목회자란

계 2:7 "귀 있는 자는 성령이 교회들에게 하시는 말씀을 들을지어다"

목회의 4대 요소는 성령, 교회, 말씀, 듣는 귀입니다. 이 네 가지가 따로 떨어지면 목회는 아닙니다. 이 네 가지가 함께 있을 때 목회가 이루어집니다. 그중에서도 '성령님'이 먼저입니다. 본문에 "성령"이라고 하였습니다. 성령께서 교회와 말씀을 주동하신다는 뜻입니다.

성령은 주관적(主觀的) 요소이고, 교회와 말씀은 객관적(客觀的) 요소입니다.

만약 주관적 요소, 즉 '성령'의 역사에만 주력하면 신비주의에 빠지게 됩니다. 바른 목회가 되지 않습니다. 객관적 요소, 즉 '말씀'과 '교회'만을 주력하면 이성(理性)주의에 빠지게 됩니다. 목회가 인간적인 사역만이 되어 아무런 힘이 없이 냉랭해집니다. 4대 요소가 함께 같이 역사해야 합니다. 특히 성령께서 주도하시고 역사하셔야 되게 되어 있습니다.

성부 하나님께서 영(靈)과 생명을 창조하시고, 성자 하나님께서 속죄, 부활, 하나님 나라와 영생을 창조하시고, 성령께서 교회와 전도와 선교를 창조하셨습니다. 개인의 회개와 구원도, 기사와 이적도, 교회의 성장과 발전도 땅끝까지 전파하는 모든 사역이 성령님의 감동으로 이루어집니다.

베드로 사도가 주님께 목회자로 임명받았으나(요 21:15), 오순절 성령 충만 받은 다음에 교회도 서게 되고 목회도 하게 되었습니다(행 1-2장).

목회자는 신학교를 졸업하고 교단 노회나 지방회에서 목사 안수를 받고 교회의 청빙을 받아도, 성령 충만하기 전에는 목회가 되지 않습니다.

성령님은 교리가 아닙니다. 신학도 아닙니다. 성령님은 기도를 통해 언제 어디서나 직접 교제하는 삶의 체험이고 생활실존입니다.

성령 충만하면 변화가 옵니다.

1) 목회자의 영성 변화가 옵니다.

성령 충만은 죄로 죽었던 영이 사죄 구원으로 참된 삶으로 바뀝니다. 언제나 하나님과 함께하는 생활이 이루어집니다. 전과는 완전히 다른 세계의 체험 속에 살게 됩니다. 비로소 경건의 삶이 이루어집니다.

2) 목회자의 인격 변화가 옵니다.

① 지성(知性)이 성령 감화로 바뀌어 성경 해석을 비롯하여 인생관, 가치관, 세계관, 우주관이 모두 하나님의 구속사적인 견해로 변하게 됩니다.

② 감성(感性)이 성령 안에서 의와 평강과 기쁨으로 바뀝니다(롬 14:17).

③ 의지(意志)가 하나님의 뜻을 실천하는 용기와 결단력이 있어 능력
있는 생활이 됩니다. 그리스도적 인격화, 생활화가 됩니다.

목회자는 나 스스로가 '목회 성공'이나 '교회 성장'에 우선하기보다 앞
서 하나님 뜻에 100% 순종하며 '성령 충만'을 간구해야 합니다. 성령 충
만하면 교회 성장도, 목회 성공도 오게 됩니다.

무릎 꿇는 그리스도의 종

미국의 대형교회인 댈러스제일침례교회에서 성공적인 목회를 한 크리스웰 목사는 자신의 설교용 성경 첫 장에 "무릎을 가장 잘 꿇는 이가 가장 훌륭히 서는 자다. 무릎을 가장 약할 정도로 꿇는 이가 가장 강하게 서는 자다. 무릎을 가장 오래 꿇는 이가 가장 길게 서는 자다."라고 썼다고 합니다. 목회자는 무릎을 꿇는 데서 힘과 능력을 얻습니다. 무릎을 꿇는 것은 완전히 항복하는 자세이며 자기를 온전히 죽이는 태도입니다.

하나님 앞에 무릎 꿇는 목회자

목사가 하는 일은 모두 하나님의 일이라고 생각하기 쉽습니다. 그렇지 않습니다. 비록 하나님 부름을 받고 정식 목회자가 되었어도, 무릎 꿇고 기도하며 하나님의 뜻에 완전히 순종해서 하는 일만이 하나님의 일입니다. 무릎 꿇고 기도하지 않고 하는 일은 자기 일일 뿐입니다.

설교할 때, 하나님 앞에 완전히 무릎 꿇고 간절히 기도하며 받은 말씀을 전해야 하나님의 말씀입니다. 제대로 기도하지 않고 준비한 설교는 목사 자신의 말일 뿐입니다. 목회에 관한 일체, 즉 심방을 하든 상담을 하든, 교회 행정이나 예배당 건축이나 선교 사업을 할 때 하나님 앞에 완전히 무릎 꿇고 기도하여 응답받은 대로 하면 하나님의 일입니다. 그렇지 않을 때는 교회에 관한 일일지라도 그것은 자기의 일인 것입니다.

옛날 모세는 하나님께서 (출 26:30)"너는 산에서 보인 양식대로 성막을 세울지니라" 하신 대로 성막의 말뚝 하나까지도 하나님이 보여 주신 양식대로 만들었습니다. 즉 말뚝 박는 일까지도 하나님의 일로 한 것입니다. (왕상 6:38)"열한째 해 불월 곧 여덟째 달에 그 설계와 식양대로 성전 건축이 다 끝났으니 솔로몬이 칠 년 동안 성전을 건축하였더라"라고 기록하였습니다. 성전 건축을 일일이 하나님께서 명하신 설계와 식양대로 지었습니다. 예수님께서는 십자가 고난을 앞두고 겟세마네 동산에서 피땀 흘리며 기도하셨습니다. (마 26:39)"나의 원대로 마옵시고 아버지의 원대로 하옵소서" 하며 십자가를 지셨습니다.

그런 의미에서 목회자에게(신자에게도) 기도는 호흡입니다. 살아있는 사람은 언제 어디서나 호흡을 하듯이 영적으로 살아있는 사람은 영적 호흡인 기도를 드려 지혜를 얻고 능력을 입어, 일상생활을 더욱 하나님의 뜻대로 건전하게 삽니다. 이것이 하나님의 일입니다.

그러므로 능력 있는 목회의 성공 비결은 언제나 하나님 앞에 무릎을 꿇고 기도하며 하나님의 뜻에 온전히 순종하여 전력을 다해 하나님의 일을 하는 것입니다

사람 앞에도 무릎 꿇는 목회자

목회자가 가장 하기 힘든 일은 아마도 사람 앞에 무릎 꿇는 일일 것입니다. 목회자는 성도를 이끄는 지도자이므로 사람 앞에 무릎 꿇는 것은 합당치 않다고 여기기 때문입니다. 혹은 하나님의 종으로 불리는 목회자가 사람에게 무릎 꿇으면 하나님의 권위가 손상된다고 생각하기 때문입니다.

어떤 이는 목회자를 '하나님 앞에서는 종이요 사람 앞에서는 지도자'인 존재로 여깁니다. 그러나 성경은 그리스도인에게 하나님 앞에서 행할 일과 사람을 대하는 태도를 달리하라고 가르치지 않습니다. 사도 요한을 통해 (요일 4:20) "보는 바 그 형제를 사랑하지 아니하는 자는 보지 못하는 바 하나님을 사랑할 수 없느니라"라고 말씀했습니다. 사람을 사랑하지 않으면서 하나님을 사랑할 수는 없다는 뜻입니다. 곧 하나님 앞에서 종이면 사람 앞에서도 종이라는 말씀입니다. 그러므로 목회자는 사람 앞에서도 무릎을 꿇을 수 있어야 합니다.

첫째, 사람 앞에 무릎 꿇는다는 것은 **완전한 겸손을 의미합니다**. 영국의 대설교가 찰스 스펄전 목사는 "은혜를 많이 받은 그리스도인의 마음속에도 장마철 잡초처럼 교만이 수북이 돋아난다."라고 했습니다. 목회자의 마음에도 장마 후에 돋아나는 잡초처럼 쓸데없는 교만이 마구 돋아납니다. 특히 한 교회에서 오래 목회하다 보면 알지 못하는 사이에 교우들을 대하는 말씨에 존댓말이 없어진 자신을 깨닫거나, 사람을 대하는 태도에 무릎 꿇는 종의 자세가 없어지고 도리어 윗사람 자세가 된 자신을 깨닫게 되며 부끄러워집니다. 물론 서로 흠잡지 않을 정도로 다정한 관계가 되어서 그럴 수 있다고 할 수도 있지만, 엄밀히 말하자면 오랜 접촉으로 느슨해진 마음에 돋아난 교만의 잡초입니다. 오래 접촉한 사이일수록 무릎 꿇는 자세로 더욱 겸손하게 대하는 목회자가 참된 목회자입니다.

둘째, 사람 앞에 무릎 꿇는 것은 **섬김을 의미합니다.** 예수님께서 (마 20:27) "너희 중에 누구든지 으뜸이 되고자 하는 자는 너희의 종이 되어야 하리라"라고 말씀하셨습니다. 또 제자들의 발을 씻기시고는 (요 13:15) "내가 너희에게 행한 것같이 너희도 행하게 하려 하여 본을 보였노라"라고 말씀하셨으며 (마 20:28) "인자가 온 것은 섬김을 받으려 함이 아니라 도리어 섬기려 하고 자기 목숨을 많은 사람의 대속물로 주려 함이니라"라고까지 말씀하셨습니다. 이처럼 목회란 사람이 죄에서 놓여 구원받도록 섬기는 일입니다.

셋째, 온전한 사랑을 의미합니다. 목회자가 사람 앞에 무릎 꿇는 것은 굴종적인 항복이 아닌 예수님께서 가르치시고 보여 주신 아가페(ἀγάπη)의 사랑을 의미합니다. 즉 (빌 2:3) "자기보다 남을 낫게 여기고", (마 5:41) "억지로 오 리를 가게 하거든 그 사람과 십 리를 동행하고", (마 18:22) "일곱 번뿐 아니라 일곱 번을 일흔 번까지라도 용서하며", (마 5:44) "박해하는 자를 위하여 기도하고", (마 5:42) "꾸고자 하는 자에게 거절하지" 아니하며, (마 5:44) "원수를 사랑"하는 것이 목회입니다.

제가 6·25전쟁으로 부산에 피난 가서 목사가 된 지 얼마 안 되었을 때의 일입니다. 부산 근교에 있는 대저중앙교회의 부흥회에 강사로 초청받아 갔습니다. 부흥회 인도가 처음이어서 감사한 마음도 있었지만, 두려운 마음이 더 컸습니다. 그리하여 초청에 응한 날부터 하나님께 호소하는 기도를 무턱대고 열심히 드렸습니다.

드디어 부흥회 날이 되었습니다. 큰 교회는 아니었지만, 예배당이 터져 나갈 정도로 사람들이 많이 모여들었습니다. 첫날 저녁에 열심히 설교하고 나서 "혹시 처음 나오신 분 중에 믿기로 작정하실 분이 있다면 손을 드십시오." 하고 결신을 촉구했습니다. 그랬더니 많은 분이 손을 들었습니다. 교우들이 무척 기뻐하였는데, 강사인 저도 무한히 기뻤습니다.

그런데 여 전도사가 "이 동리 사람들은 대부분 절간 땅을 빌려 부쳐 먹는 소작인들이라 교회에 나오고 싶어도 눈치가 보여 못 나옵니다. 제일 웃어른 격인 할아버지가 계시는데, 그분만 교회에 나오신다면 온 동리가 예수를 믿을 것입니다. 그런데 우리는 그 할아버지의 상대가 되지 못합니다. 강사 목사님이 한번 찾아가서 전도해 주세요."라고 부탁하는 것입니다. 설교 중에 "이미 믿는 성도들은 한 분도 빠짐없이 다 전도하십시오. 꼭 모시고 오세요!"라고 강력하게 권면한 만큼 못하겠다고 거절할 체면이 아닙니다. 그래서 "그럽시다." 하고 대답했지만, 그렇지 않아도 부흥회를 처음 인도하는 터에 부담감이 엄청난데, 믿지 않는 완고한 노인을 찾아가 전도했다가 실패하면 부흥회까지 망치지는 않을까 하는 걱정까지 들어 잠이 오지 않았습니다. 역시 하나님 앞에 무릎 꿇고 열심히 기도할 수밖에 없었습니다.

이튿날 낮 공부 시간을 마치고, 방문 교섭인의 안내를 받아 그 노인의 집으로 향했습니다. 비교적 큰 기와집이었는데, 안뜰에서 잠시 기다렸다가 안으로 들어오라는 전갈을 받고서야 안방으로 들어갈 수 있었습니다. 백발에 뾰족뾰족 솟은 정자관을 쓴 흰 수염의 노인이 허리를 꼿꼿이 세운 채 책상다리하고 앉은 모습이 퍽 위풍당당해 보였습니다.

"존장님, 처음 뵙겠습니다. 인사드리겠습니다." 하고 세배하듯이 큰절하며 정중히 인사하고 무릎을 고인 채 앉으니까 노인이 대뜸 경상도 사투리로 "목산가?" 하고 묻기에 "네, 그렇습니다." 하고 대답했습니다. 그러자 "성씨가 무엇인고?" "림인식이 올시다." "무슨 림?" "수풀 림(林)입니다." "무슨 인?" "동방 인(寅)입니다." "무슨 식?" "심을 식(植)입니다." 이렇게 완전히 양반자세로 눈 낮추어 대하는 자세로 인사를 나눈 후에 무릎 풀고 앉자마자 단도직입(單刀直入)적으로 "제가 존장님을 찾아뵌 것은 대저중앙교회에서 특별 집회가 열렸는데, 신도들 모두가 어르신이 꼭 참석해 주시면 좋겠다고 하기에 강사로 온 제가 존장님께 왕방배알(往訪拜謁)하여 모시도록 청하는 것이 도리라 여겨져서 뵙게 됐습니다."라고 했더니 천만뜻밖에도 노인께서 즉석에서 바로 "암 참석해야지!" 하고 응했습니다.

그날 저녁에 노인은 약속대로 긴 담뱃대를 들고 예배당에 나타났습니다. 마치 추장을 맞는 듯한 분위기였습니다. 담뱃대를 받아 준비실에 보관해 두고, 노인을 예배당 앞자리로 안내했더니 강단이 아닌 청중을 향해 앉는 것이었습니다(당시는 돗자리). 그날따라 사람들이 더 많이 모였는데, 노인이 허리를 꼿꼿이 세운 채 책상다리로 앉으니 사람들 어깨 위로 솟아 보였습니다.

저는 이 존장 어르신에게 초점을 맞추다시피 하여 전도 설교를 하였습니다. 그러자 처음 경험하는 일이 일어났습니다. 제가 메시지를 강조할 때마다 노인이 마치 판소리에 고수(鼓手)가 창(唱) 사이사이에 추임새를 넣듯이 무릎을 탁 치면서 큰 소리로 "암! 그렇지! 그렇지!" 하고 맞장구를 치는 것입니다. 회중은 웃음을 터트릴 수밖에 없었습니다. 그런데 설교의 결론에 다다를수록 존장 어르신이 더욱 자주자주 "암! 그렇지!"를 연발하는 것입니다. 그 바람에 분위기가 흐트러져 곤란할 지경이 되었습니다.

그런대로 설교를 마치고 나서 머리를 수그린 회중을 향해 "오늘 저녁, 예수 그리스도를 믿기로 작정하실 분은 조용히 손을 드십시오!" 하고 어제와 마찬가지로 결신을 촉구했습니다. 그러자 어제보다 더 많은 사람이 손을 들었습니다. 그런데 놀랍게도 맨 앞자리에 앉은 존장 어르신이 손을 높이 들었습니다. 혹시 잘못 알아듣고 손을 들었거나 체면 때문에 손을 들었는가 싶어서 "믿기로 작정하실 분만 손을 드세요!" 하고 거듭 확인하게 했습니다. 그런데도 존장 어르신은 여전히 손을 높이 들고 계셨습니다. 놀라움에 감격하여 "이분들의 결심을 받으시고, 이들에게 큰 믿음을 주셔서 끝까지 주님께 영광을 돌리는 삶을 살게 하소서." 하고 간곡히 기도드렸습니다.

예배 후에 노인이 교회 집사에게 "내일 강사 목사님에게 점심을 대접하겠소." 말씀하고 떠났다는 얘기를 전해 들었습니다. 집사님이 존장 어르신이 최고의 호의를 표한 것이니 거절하면 안 된다고 해서 다음날 낮 공부 후에 존장 댁을 다시 찾아갔습니다. 존장 어르신이 정성스럽게 잘 차린 음식을 대접하며 "강사 목사님을 누거(陋居)에 모시게 되어 영광입니다.”라고 존댓말로 인사했습니다. 어제와는 다른 언어와 더욱 정중한 태도였습니다.

몇 해 후에 제가 부산 예식장에서 열린 그 교회 시무 여 전도사의 아들 결혼식에 축하하기 위해 참석했는데, 그곳에서 존장 어르신을 다시 만났습니다. 정자관과 긴 수염이 없어진 그때보다 훨씬 젊은 훤한 얼굴이었습니다. 옆에 있던 여 전도사가 “존장께서는 매 주일 교회에 잘 나오시고, 가끔 새벽기도도 나오십니다.”라고 기뻐 귀띔해 주는 얘기를 들으니 저도 참으로 기뻤습니다.

하나님께서 나의 일생 목회 중 첫 번 부흥 사경회를 인도하게 해 주시면서 중요한 것을 배우게 하셨습니다.

첫째는 하나님께서 보내시는 곳에 가는 것입니다. 하나님께서 (욘 1:2)요나는 니느웨로, (행 8:26)빌립은 광야로, (행 16:9)바울은 마게도냐로 가라고 하셨습니다. 그들은 미처 생각지 못한 곳에 가라 하시는 명령에 당황하기도 하고 피하려고도 하였지만, 결국 하나님의 뜻대로 순종할 때 큰 기적과 성공이 이루어졌습니다. 저는 아직 부흥 사경회를 인도할 자격도 능력도 부족하여 전혀 생각해 본 일도 없을 때 강사 초청을 받았기에 떨리는 마음으로 하나님께 무릎 꿇고 열심히 기도드리며 하나님의 허락을 확인하였습니다. 교회 역사 중에 사경회와 대부흥집회를 통해 놀라운 역사가 일어난 것이 사실이지만, 도리어 그런 집회를 통해 이단과 사교(邪敎)가 발생한 것도 사실입니다. 강사를 잘못 청하여 오히려 큰 시험에 들거나 분쟁이 발생하는 일이 많은 것은 하나님의 뜻을 생각지 않고 사람의 생각대로 하는 집회 때문입니다. 우리 목회자가 사경회나 부흥집회 인도할 때 가장 먼저 확인할 것은 '하나님께서 보내시는 것인가?'입니다. 이것이 중요합니다. 미리 무릎 꿇고 하나님께서 보내시는 집회가 확실하다는 응답을 받고 역시 무릎 꿇고 준비해야 합니다.

둘째는 은혜 받는 집회여야 합니다. 사경회는 성경공부를 주목적으로 가지는 집회로, 마치 성경학교 공부하듯이, 신학교 강의하듯이 강사와 회중이 질의응답을 겸해 공부하는 방법을 중점에 두게 됩니다. 우리 한국 교회 초창기에 개교회나 지역 중심으로 하거나, 노회나 지방회 중심으로 연합하여 도사경회를 갖기도 하였습니다. 이에 비해 부흥회는 해이(解弛)해진 신앙생활을 일깨워 일으키기 위해 각자가 회개하고, 기도 많이 드리며 하나님께 완전한 순종과 헌신을 다짐하는 집회입니다. 특히 귀신 내쫓는 일이나, 병 고치는 은사나, 새로 믿게 하는 일들을 경험하게 됩니다.

하나님께서 기도에 응답해 주시는 강한 체험과 더불어 결신자가 기대 이상으로 많은 특별한 체험을 했습니다. 특히 완고한 노인 존장 어르신의 극적인 결신은 가장 좋은 경험이었습니다. 저는 이를 통해 하나님 앞에 무릎 꿇고 기도하고, 사람(존장) 앞에 겸손히 무릎을 꿇으면 하나님이 기적을 베풀어 주신다는 것을 체험했습니다.

이처럼 목회자는 하나님 앞에 무릎을 꿇어야 지혜와 능력과 형통의 축복을 풍성히 얻고, 사람 앞에 무릎 꿇어 겸손한 섬김과 사랑을 실천해야 비로소 지도력을 발휘하며 능력 있는 목회를 할 수 있음을 체험했습니다.

주님 쓰시는 도구

목회자는 하나님께서 필요하게 쓰시려고 부르신 도구입니다. 도구는 그 자체만으로는 아무런 가치도 능력도 없습니다. 다만 능력 있는 기술자가 들어 쓰면 놀라운 역할을 하게 되고, 없어서는 안 되는 존재가 됩니다. 그렇기에 목회자는 하나님을 위해 목숨도 바치고, 주신 사명을 위해서 자신의 생애를 바치고, 하나님의 뜻에 완전히 순종하며 일해야 합니다. 그러려면 목회자는 주님의 손에 온전히 붙들린 도구가 되어야 합니다. 도구로서의 존재 가치를 살피며 재확인하여야 합니다.

1. 주님께서는 반드시 도구를 쓰셔서 일하십니다.

아무리 놀라운 기술자라도 도구 없이는 일을 못합니다. 마찬가지로 주님께서도 꼭 도구를 쓰셔서 일하셨습니다. 그러므로 목회자는 주님의 선택을 받는 도구가 되어야 합니다. 구약에 보면, 하나님께서는 아브라함, 모세, 엘리야 등 하나님의 사람들을 택하여 사용하셨습니다. 신약에서도 예수님께서는 베드로, 요한, 바울 같은 인물들을 택하여 사용하셨습니다. 언제나 주님은 그 시대에 필요한 사람을 택하여 사용하십니다. 우리는 하나님께 꼭 필요한 도구가 되어야 합니다. 하나님께서 이 땅에 수많은 생명을 보내셨는데, 다른 사람으로 대행이 안 되기 때문에 그들을 모두 따로따로 고유로 필요하게 보내셨습니다. 그러므로 목회자는 하나님이 나를 목회를 위해 보내셨다는 소명 의식과 사명감이 확실해야 합니다.

2. 목회자는 주님 손에 붙잡혀 쓰일 때 가장 좋은 도구가 됩니다.

버려진 도구, 쓰지 않는 도구는 있으나 마나, 불필요합니다. 사탄에게 붙잡히거나 죄(교만, 욕심, 권력, 명예 등)에 사로잡히면 악한 도구가 됩니다. 모세가 바로 앞에서 지팡이를 놓으니까 뱀이 되었습니다. 잡으니까 지팡이가 되었습니다.

예수님이 가이사랴 빌립보에서 베드로의 옳은 신앙고백을 들으시고, 베드로에게 (마 16:17-18)"이를 네게 알게 한 이는 혈육이 아니요 하늘에 계신 내 아버지시니라… 너는 베드로라" 하고 극구 칭찬하셨습니다. 그러나 그다음 순간에는 (마 16:23)"사탄아 내 뒤로 물러가라"고 엄히 책망하셨습니다. 같은 베드로인데 누가 쓰느냐에 따라 용도 가치가 달라집니다.

톨스토이가 100원짜리나 1,000원짜리 값싼 펜으로 작품을 써서 냈는데, 그것이《전쟁과 평화》,《부활》입니다. 전 인류에게 큰 감동을 주는 세기의 명작입니다. 물론 그런 명작이 100원짜리나 1,000원짜리 펜으로 써서 나온 것이 사실이지만, 그 누구도 100원짜리나 1,000원짜리 펜의 작품이라고 하지 않습니다. 그 펜을 잡고 있는 톨스토이의 작품인 것입니다. 목회자 역시 주님의 손에 붙잡혀 있을 때 복음을 받는 불신자가 회개하고 믿음의 사람으로 바뀝니다. 이런 경우에 목회자가 바꾸게 하였다고 생각하기 쉬운데, 실제 목회자는 도구로 쓰임 받은 것입니다. 목회자는 언제나 주님 손에 잡혀 있을 때 가장 좋은 도구가 될 수 있습니다. 주님 손에 잡혀 있지 않으면 아무것도 아닙니다. 그러므로 목회자는 큰일이나 작은 일이나 주님 손에 잡혀 그 일을 하려고 하는 것이 옳습니다. 일을 마치고는 주님이 하셨다는 것을 잊지 말고 감사해야 합니다.

3. 준비되어 있어야 합니다.

우리가 하나님의 도구로 쓰임 받으려면, 하나님이 쓰실 만큼 항상 준비되어 있어야 합니다. 깨끗한 도구가 되어야 합니다. 항상 믿음으로 순종하되 정직하고 청렴해야 합니다. 겸손한 인격, 사랑의 마음을 가지고 있어야 합니다. 신앙적 지혜, 지식, 재능도 있어야 합니다. 그러기 위해서는 그리스도 안에서 새사람으로 변화되어야 합니다. 그리고 구원하시는 주님의 은혜에 대한 감사로 더 겸손하고, 더 인내하고, 더 충성하기 위해 힘써야 합니다. 날마다 자기 십자가를 지고, 날마다 자아가 죽는 성화의 과정이 필요합니다. 언제나 하나님은 준비된 사람을 도구로 사용하시기 때문입니다.

4. 100% 순종뿐이어야 합니다.

우리가 하나님의 도구로 쓰임 받기 위해서는 순종하는 자세가 매우 중요합니다. 100% 순종하는 도구가 가장 좋은 도구가 됩니다. 그러기 위해서는 날마다 나를 쳐서 그리스도께 복종시키면서 그리스도의 남은 고난을 채워 나간다는 간절함이 있어야 합니다. 그러면 하나님이 은혜도 주시고 능력도 주십니다. 가령 사도행전 초대교회 때 베드로 사도가 전하는 말씀을 듣고 3,000명이 회개하고 세례 받는 일들이 일어났는데(행 2:41), 이는 베드로 사도의 능력이나 힘이 아니라 성령님의 능력과 역사였습니다. 베드로 사도는 도구로 쓰임 받았는데 기독교 역사 이래 베드로 사도만큼 크게 쓰임 받은 이가 없을 정도로 귀중한 주님의 종입니다. 베드로 사도만큼 주님 명령에 순종한 이가 없었다고 봐야 합니다.

지금은 모든 사람들이 비행기로 여행합니다. 비행기 탈 때 내가 하는 것은 '탑승'입니다. 그것이 '100% 순종'하는 믿음이고 순종입니다. 그렇게 하면 공중 높이 올라가 시속 1,000km 달리는 것을 받을 뿐입니다. 만약 반대로 '탑승'은 거절하고 즉 '불순종'하고, '내 힘'으로 공중에 올라 시속 1,000km 달리겠다고 노력하는 것은 불가능합니다. 다만 '100% 순종'하는 믿음으로 순종함으로 공중 1,000m 이상 올라가는 것과 시속 1,000km 달리는 것을 받아들이고, 그로 인해 빨리 가는 것을 받는 것입니다. 베드로 사도가 하나님을 100% 믿고 순종하여 공중에 올라가 속히 달리는 정도가 아닌 천하보다 더 귀한 생명 3,000명이 구원 얻은 것은 당연한 일입니다. 만약 탑승을 거절하고 내 힘으로 1,000m 상공을 1,000km 속도로 빨리 왔다면 거짓말쟁이일 뿐입니다. 목회자가 하나님의 능력을 빼고 내가 영적인 어떤 일을 했다고 생각한다면 거짓말이 아니라 범죄 급에 속한 행위입니다. 주님의 도구가 그렇게 귀중한 것입니다.

5. 도구는 날마다 갈고 닦고 수리 정비해야 합니다.

도구는 계속해서 정비해 두어야 합니다. 무뎌지기 쉬운 것이 도구입니다. 고장나거나 녹 쓸 수도 있습니다. 매일 손질을 잘해서 최상의 상태를 유지해야 합니다. 그런 면에서 우리 목회자들의 책임이 큽니다.

요즘 한국 교회가 사회를 이끌지 못하고 있다는 말을 많이 듣는데, 그 이유는 한국 교회 우리 목회자들이 주님 손에 붙들려 쓰임 받지 못하는 도구가 되었기 때문입니다. 뼈를 깎는 아픔을 감수하면서라도 주님 쓰실 수 있는 도구가 되도록 애써야 합니다. 나 자신이 버려진 도구나, 쓸 수 없는 도구가 됐다면 이 얼마나 슬픈 일입니까? 목회자 각자가 목숨 걸고 쓰임받기까지 간구하고 애통하며 주님 쓰시는 도구 되게 해 주시도록 탄원 간구해야 합니다!

6. 도구는 공로와 보상을 바라지 않습니다.

누가복음 17장 10절에서 예수님은 종은 할 일을 다한 다음에 "우리는 무익한 종입니다. 우리가 하여야 할 일을 한 것뿐입니다."라고 한다고 말씀하셨습니다. 이 말씀은 예수님 자신에 대한 말씀입니다. 주님은 세상에 종(빌 2:5-11)으로 오셔서 완전 희생하시며 인류 구원을 하셨으나, 아무것도 대가를 받으신 일이 없습니다. 오로지 하나님의 뜻을 이루기 위해 충성하셨습니다. 대신 하늘의 영원한 보상이 충만하였습니다. 목회자들이 처음부터 대가를 바라고 충성하거나, 충성하고서도 대가를 바라면 도구가 아닙니다. 도구는 아무것도 바라지 않습니다. 대가를 바라면 주님을 위해 일한 것이 아니라 자기를 위해 일한 것이 됩니다. 목적이 달라집니다. 예수님처럼 하나님 뜻을 이루기 위해 충성하면 하늘의 영원한 상이 큽니다. 이것이 참 보상입니다. 땅의 것은 다 없어집니다. 하늘의 것은 영원합니다. 발명왕 토머스 에디슨은 "우리는 그 어떤 것에 대해서도 1억 분의 1도 모른다."라고 하였습니다. 보상은 하나님께서 주십니다. 우리가 관심 안 가져도 차고 넘치도록 주십니다. 하나님이 주시는 보상에 대해서는 1조 분의 1도 모르는 게 맞습니다.

어버이 같은 목회자

목회에 성공하는 길은 "어떻게 목회하느냐"보다 "나는 어떤 목회자인가"에 있습니다. 그런데 대부분은 어떻게 목회하는가에 관심을 기울입니다.

목회를 열심히 하다 보면 **명장군형**(名將軍型)의 목회를 하고 싶은 충동(衝動)을 받습니다. 강한 통솔력과 지도력으로 하고자 하는 일을 박력 있고 용기 있게 해내는 목회자가 되고 싶은 욕구가 강해집니다. 목회자의 명령에 마치 군대처럼 질서정연하게 움직이고, 일을 해 나가는 목회를 하고 싶은 것입니다. 교우들이 마치 군인들처럼 규율에 따라 일사불란(一絲不亂:조금도 흐트러짐 없이)하게 움직이는 교회를 만들고 싶어집니다. 마치 군부대처럼 활기찬 교회가 되어야 일을 잘 해낼 것 같아서 그런 방향으로 힘쓰게 되기 쉽습니다.

바울 사도는 디모데에게 (딤후 2:3) "너는 그리스도 예수의 좋은 병사(兵士)로 나와 함께 고난을 받으라"라고 했습니다. 또 빌레몬에게는 (몬 1:2) "자

매 압비아와 우리와 함께 병사 된 아킵보와 네 집에 있는 교회에 편지하
노니”라고 그리스도인과 교회를 병사와 군대라고 하였습니다. 영국의
윌리엄 부스는 구세군(救世軍)을 창설하여 교파를 군 조직처럼 운영하
였습니다. 명장군형의 목회를 하고자 하는 뜻이 포함되었다고 봅니다.
“군인은 명령에 살고, 명령에 죽는다.”라는 말대로 움직이는 것이 군대
입니다.

그런가 하면 **명판사형(名判事型)**으로 목회하고 싶습니다. 유능한 판사
(재판장)처럼 아무리 복잡해진 문제도 사리(事理)를 분별하여 올바로 판단
하고, 법대로 단안(斷案)을 내려 공평하면서도 원만하고 은혜롭게 해결
하여 온갖 잡음을 잠재울 수 있는 목회를 하는 목회자가 되고자 노력하
게 됩니다.

신 1:17 “재판은 하나님께 속한 것인즉 너희는 재판할 때에 외모를 보지
말고 귀천을 차별 없이 듣고 사람의 낯을 두려워하지 말 것이며 스스로
결단하기 어려운 일이 있거든 내게로 돌리라 내가 들으리라”

하나님께서 지켜보시니 재판관은 언제나 공평하며 사사로움이 없는
마음으로 올바로 판결해야 한다는 뜻입니다. 법관의 권위는 외모를 보
고 판단하지 않는 정의(正義)에서 나옵니다. 사람은 부국강병(富國强兵)
을 위해 재판하지만, 하나님은 정의로운 나라를 원하십니다. 이것은 성
경이 일관되게 제시하는 국가의 이상(理想)입니다. 그러므로 하나님께서
보시는 앞에서 정의를 따라 재판하면 하늘나라에서 받을 상이 크지만,
권력에 영합하거나 사람을 외모로 차별하면 그 재판은 하나님께 다시

심판받게 될 것입니다. 그런데 교회의 시끄러운 문제는 절대 다수가 사건 처리를 제대로 못 하거나 치리(재판)를 잘못해 일어나고 있습니다. 그러므로 목회자는 명판사처럼 목회하기를 바라게 됩니다. 이 문제가 목회에서 중요한 것이 사실입니다.

그런가 하면 **명교수형(名教授型)**의 목회자가 되고 싶어집니다. 대다수 목회자가 목회에 교육 능력이 더 많이 필요하다고 느껴 기독교 교육학을 따로 공부하여 석사 박사 과정을 더 공부하기도 합니다. 바울 사도는 (딤후 1:11)"내가 이 복음을 위하여 선포자와 사도와 교사(教師)로 세우심을 입었노라"라고 하였습니다. 목회자는 교사이기도 합니다. 일본에서는 목사를 더 높이 공경하는 뜻으로 '목사 선생'이라 부릅니다.

목회를 더 해 갈수록 **명사장형(名社長型)**의 목회자가 되려고 하기도 합니다. 교회 조직 운영 과정에서 미숙하게 운영하면 질서가 없어지고, 각 분야의 발전이 멎거나, 재정이 낭비되기 쉽고, 이로 인해 불화가 일어나 전 교인이 시험에 들 수 있습니다. 그러므로 목회자는 유능한 사장처럼 경영에 지혜롭게 힘써야 합니다. (롬 14:20)"음식으로 말미암아 하나님의 사업(事業)을 무너지게 하지 말라 만물이 다 깨끗하되 거리낌으로 먹는 사람에게는 악한 것이라"라고 하였습니다. "하나님의 사업을 무너지게 하지 말라"는 말씀을 명심해야 합니다. 교회는 "하나님의 사업"을 펼치는 일터요 그리스도인은 "하나님의 사업"을 수행하는 일꾼들입니다. 목회자는 "하나님의 사업"이 잘되도록 해야 하는 책임자이기 때문에 명사장형의 목회자가 되고 싶어집니다.

목회에는 명장군형, 명판사형, 명교수형, 명사장형이 모두 필요합니다.

그리하여 많은 목회자가 이런 유형의 목회를 꿈꾸며 몹시 힘쓰고 있습니다. 그러나 이것들은 목회 기술(technic)에 속합니다. 그러므로 각각 100%로 잘 해낸다고 해도 목회는 아닐 수 있습니다. 극단적으로 말하자면, 굳이 목사가 아니어도 할 수 있는 유형의 일이기 때문입니다. 그런데 대다수 목회자가 목회 기술에 주력하는 것을 목회로 여기므로 문제입니다.

목회의 성공 여부는 기술보다 목회자 자신이 어떤 목회자인가에 달렸습니다. 만약 교인들이 "우리 목사님은 명 장군 같으신 분이야."라거나 '명판사, 명교수, 명사장' 같다고 칭찬한다면, 그것은 영광이 아니라 곧 목회에 실패했음을 뜻합니다.

바울 사도는 목회를 (살전 2:7-12)"유모가 자기 자녀를 기름과 같이" 하는 것이며, "아버지가 자기 자녀에게 하듯 권면하고 위로하고 경계"하는 것이라고 하였습니다. 즉 **참 목회는 아버지와 어머니, 곧 어버이가 자녀를 낳아 키우는 것과도 같습니다.** 예수님께서 하나님을 (마 6:9)"하늘에 계신 우리 아버지"로 부르셨습니다. 물론 하나님은 온 인류와 우주의 아버지이십니다. 우리 인생은 남성과 여성으로 따로 지음 받았지만, 창조주 하나님께서는 성별이 따로 없는 온전하신 분으로 어버이십니다. 하나님 어버이의 뜻이 하늘에서와 같이 땅에서도 이루어지도록 일하는 목회자는 주님의 마음, 곧 어버이의 마음으로 목회해야 합니다. 이것이 참 목회입니다.

첫째, 어버이는 생명의 관계입니다.

어버이와 자식의 관계는 일반적인 인간관계가 아니라 낳아 준 분으로 특수 관계입니다. 어버이는 인물, 학식, 능력, 재산 조건 등과 전혀 관계가 없습니다. 세상에 태어나도록 낳아 준 이가 어버이입니다. 즉 생명의 관계입니다.

바울 사도는 (고전 4:15)"그리스도 예수 안에서 내가 복음으로써 너희를 낳았음이라"라고 하였습니다. 목회자는 성도 한 명 한 명을 복음으로 낳고, 그리스도의 형상을 이루어 가도록 힘써야 합니다. 성도에게서 "우리 목사님이 나를 그리스도인으로 새로 태어나게 해 주셨다. 목사님은 나의 영적 어버이이시다."라는 말을 들어야 합니다.

어버이는 자기 자식의 생명을 살리기 위해 절대로 포기하지 않고, 어떤 어려움도 극복하고, 모험과 희생을 치르고서라도 끝까지 살리려고 합니다. 목회는 아가페의 사랑, 즉 어버이의 심정으로 성도가 예수 그리스도를 믿고 영과 육의 삶을 그리스도처럼 살도록 돕는 일입니다. 이것이 목회자와 교회의 사명입니다.

제가 아는 매우 유능한 의사 한 분은 굉장히 바쁘게 일을 많이 하는데, 병원에서 환자를 치료하는 일보다 사회 참여나 대외 활동에 더 많은 시간과 노력을 씁니다. 그에게는 환자 치료가 일 순위가 아닌 것입니다. 그 모습을 보면서 '혹시 내 목회가 저 의사처럼 일의 순위가 바뀐 것은 아닌가?' 하고 자성해 본 적이 있습니다.

목회자도 자칫 잘못하면 하루 종일 바삐 뛰어다니기는 하는데, 심령 구원이 최우선이 아니라 교회 운영과 발전에만 분주할 수 있습니다. 목회자에게 '심령 구원'은 의사의 '병 고치는 일'과도 같습니다. 그러므로 구령을 소홀히 하면, 아무리 바쁘게 목회 활동을 해도 만족감이 없고, 안팎으로 시끄러워지며 교회가 약해집니다.

환자가 병을 고치기 위해 병원을 찾듯이 사람들은 구원을 얻기 위해 교회를 찾습니다. 그들이 찾는 것은 꺼져 가는 영혼을 살려 줄 목사입니다. 심령 구원만이 교인에게 만족감을 줍니다. 신자는 구원이 확실해지면, 교회 일을 기쁨으로 하게 됩니다. 그러니 교회 일을 강조하기에 앞서 구원을 얻고 은혜를 받게 하십시다.

둘째, 어버이는 자녀에게는 닮게 해 주는 유일(唯一)한 삶(도덕)의 모델이자 본보기이며 표상(symbol)입니다.

바울 사도는 자신이 교인들 앞에서 (살전 2:10)"거룩하고 옳고 흠 없이" 행하였다고 합니다. 말로만 설교한 것이 아니라 삶으로 설교했다는 뜻입니다. 부모는 자기 자녀가 깨끗하게, 옳고 바르게 자라기를 바랍니다. 비록 자신은 실패한 인생을 살았을지라도 자식만큼은 더 나은 삶을 살기를 바라는 것이 어버이입니다. 남의 자식은 큰 죄를 저질러도 그렇게 마음 아프지 않으나 내 자식은 거짓말 한마디만 해도 잠이 오지 않을 정도로 마음이 아픈 법입니다.

바울 사도는 (갈 4:19)"나의 자녀들아 너희 속에 그리스도의 형상을 이루기까지 다시 너희를 위하여 해산하는 수고를 하노니"라고 했습니다. 이것은 자녀를 향한 어버이의 소원이요 책임입니다. 훗날 성장한 자녀의 기억 속에 부모가 그리스도와 같은 인상과 추억으로 남을 수 있다면, 그 부모는 경건한 사명을 다한 자입니다.

예수님께서는 제자들에게 (눅 12:42)"지혜 있고 진실한 청지기가 되어 주인에게 그 집 종들을 맡아 때를 따라 양식을 나누어 줄 자가 누구냐"라고 말씀하셨습니다. 곧 때를 따라 양식을 나누어 주는 자가 어버이입니다.

목회자는 어버이같이 때를 따라 영의 양식을 나누어 주고, 자신이 전한 말씀을 삶으로 직접 본을 보여 닮게 하는 것입니다.

바울은 (고전 11:1)"내가 그리스도를 본받는 자가 된 것같이 너희는 나를 본받는 자가 되라"라고 하였습니다. "본받는 자"의 헬라어 원어는 미메테스(μιμητής)인데, '모방자'라는 뜻의 명사입니다. 즉 '닮는 사람'이라는 뜻입니다. 이 구절을 직역하면, "내가 그리스도를 '닮는 자'가 된 것같이 너희는 나를 '닮는 자'가 되라"입니다. 일본어 성경은 나라우모노(ナラウモノ)로 번역했는데, '배우는 자'라는 뜻입니다. 자녀는 어버이를 지식으로 배우는 것이 아니라 어버이를 닮아 갑니다. 자녀는 부모를 닮습니다. 마음, 품성, 언어, 행동, 습관 등 좋은 것이나 나쁜 것이나 일거수일투족(一擧手一投足, 손을 한 번 드는 것이나 발을 한 번 옮기는 것)을 거의 비판 없이 닮아 갑니다. 그러므로 어버이는 자녀의 미래를 복되게 하는 본보기로서 살아야 합니다.

미메테스는 본을 따라 동질(同質)화하는 것을 의미합니다. 예를 들어, 예수님이 인간이 되신 것은 하나님의 본성이 사라진 순 인간이 되셨다는 뜻이 아닙니다. 하나님이면서 동시에 인간이 되신 것입니다. 이것은 신비로운 닮음입니다. 바울 사도가 말하는 예수님을 본받음은 신비로운 닮음, 곧 미메테스입니다. 바울과 예수님이 따로 존재하면서 본받는 '물리적 닮음'이 아니라 (갈 2:20)"이제는 내가 사는 것이 아니요 오직 내 안에 그리스도께서 사시는 것"이라고 말할 수 있는 '화학적 닮음'입니다.

러시아의 문호 도스토옙스키는 "사람의 나중 후반 생애는 보통 그 이전의 전반 생애에 의하여 쌓여 온 습관만으로 이루어진다."라고 하였습니다. 그만큼 어릴 때의 습관이 매우 중요합니다. "세 살 버릇이 여든까지 간다.”라는 속담대로 부모의 삶이 자녀에게 그대로 옮겨 갑니다. 목회자는 믿지 않는 사람을 예수님을 통하여 구원받아 변화하게 하는 동시에 그에게 신앙생활의 좋은 습관을 만들어 주어야 합니다. 교회는 좋은 신앙생활 습관을 구체적으로 행하며 훈련받는 도장입니다. 목회자는 성도에게 삶의 모범을 닮게 해 주어야 합니다.

셋째, 어버이 사랑

자식을 사랑하는 부모의 사랑은 세상 사랑과는 다릅니다. 세상의 사랑은 사랑하는 사람끼리만 사랑하는 상대적 사랑이요, 사랑할 만한 조건이 있어야 사랑하는 조건적 사랑이자, 이익(利益)이 있으면 사랑하고 손해나면 미워하는 타산적 사랑입니다. 그러나 어버이 사랑은 자식이 아무리 불효해도 더 사랑하는 절대적 사랑이요 조건과 상관없이 사랑하는 무조건적 사랑이자 손해날수록 더 깊이 사랑하며 한없이 밑지는 무타산적 사랑입니다.

(살전 2:7-9) 바울 사도는 신자 하나하나를 어머니 같은 애정으로 “사모하여 하나님의 복음뿐 아니라” 자기 “목숨까지도” 주기를 기뻐하고, 수고하며 애쓰며 밤낮으로 일했습니다. 동시에 (살전 2:11-12) 아버지 같은 교훈으로 “권면하고 위로하고 경계”하여 “하나님께 합당히 행하게” 하려 했습니다. 이것이 바로 목회자가 품을 어버이로서의 사랑입니다.

목회자가 어버이 사랑으로 성도를 영적으로 낳아 양육하면, 교회가 발전하고 교인들이 사명을 다하게 됩니다. ‘우리 목사님이 꼭 어버이같이 나를 사랑해 주시는구나!’ 하고 느끼게 될 때 교회에 더욱 가고 싶어집니다.

하나님께서는 전 세계 그리스도인을 한 명 한 명 친히 만나고 사랑하시는 어버이이십니다. 6·25전쟁 때 많은 수의 중공군이 마치 홍수처럼 개입해 들어오는 바람에 북진했던 U.N.군이 후퇴하게 됨으로써 저는 평양에서 가족과 함께 해주를 거쳐 예성강 하류 베아리 마을까지 피난길에 올랐습니다. 저는 발걸음마다 큰 소리로 "아버지!" "아버지!"를 부르며 걸었습니다. 그때 기적을 체험했고, 아버지께서 살려주셨습니다. '하나님께서 나를 극진히 사랑하시는구나!'라는 체험을 확실히 했습니다.

요약하면 어버이 같은 목회자는 신자를 첫째, 영적으로 낳아 주는 목회자요, 둘째, 올바른 삶으로 그리스도를 닮아 가게 하는 목회자이며, 셋째, 어버이 사랑 즉 절대적 사랑, 무조건적 사랑, 무타산적 사랑으로 양육하며 끝까지 보호해 주는 목회자입니다.

한경직 목사님은 자타가 인정하는 참 목회자의 모범(model)이시고, 본(sample)이요 표상(symbol)이셨습니다. 영락교회는 물론이고 한국 교회의 어버이이십니다. 한 목사님은 명장군형의 목회자는 아니었습니다. 체질적으로 장군보다는 차라리 선비에 가까웠습니다. 그리고 명판사형도 아니었습니다. 의식 구조 면에서 재판관보다는 변호사 같은 분이셨습니다. 또한 명교수형도 아니었습니다. 공통점이 있지만, 방법이 대조적입니다. 가르치기보다는 스스로 본이 되었다는 점에서 그렇습니다. 그리고 명사장형도 아니었습니다. 경영적 구상이나 큰일을 많이 하신 점은 유사하나 사업의 목적이 다르기 때문입니다. 한경직 목사님은 어버이 같은 목회자였습니다. 그런데 한 목사님이 목회하시는 동안 교회는 명장군형, 명판사형, 명교수형, 명사장형을 다 합친 것 이상으로 은혜로우며 일사천리로 섬기는 교회, 분쟁 없이 화목 평안한 교회, 초대형 교회인데도 가장 말씀을 잘 배우고 실천한 교회, 한국 교회 대표로 가장 큰일을 많이 한 교회였습니다. 한 목사님의 어버이 같은 목회로 그런 교회생활이 이루어졌습니다.

교회는 성도에게 군부대나 재판정이나 학교나 회사가 되어서는 안 됩니다. 아가페 사랑으로 자녀를 양육하는 화목한 가정과 같아야 합니다. '가정 같은 교회, 교회 같은 가정'이 좋습니다! 어버이는 자녀를 위해 가장 간절히 기도드립니다. 목회자는 새벽부터 밤까지 기도하며 명실상부한 어버이 사랑의 목회자가 되어야 합니다. 하나님께서는 아담의 때부터 세상 끝 날까지 부모가 자녀를 낳아 사랑으로 깨끗하고 바르게 키움으로써 피조 세계가 올바로 유지되도록 섭리하십니다.

좋은 부모 밑에서 훌륭한 자녀들이 배출되듯이 영적 세계도 그렇습니다. 기독교 2,000년 역사 중에 바울 사도처럼 어버이 같은 목회자가 가장 많았던 초대 교회가 당시 타락 부패한 로마를 바꾸어 놓았습니다. 저는 확신합니다! 21세기 온갖 부패와 타락이 극에 달하고, 무신론이 교회에 도전해 오는 말세에 하나님께서 한국 교회에 어버이 같은 목회자들을 가장 많이 나게 하실 것을 믿습니다!

픽 오래전에 서울 서소문교회에 헌신 예배 강사로 부름 받아 간 적이 있습니다. 예배를 마치고 서로 인사를 나누면서 여러 해 전에 원로목사 추대를 받고 자녀가 있는 미국으로 가신 서금찬 목사님의 안부를 물었습니다. 그랬더니 가장 오래된 장로님이 "미국에서 잘 지내고 계십니다."라고 말하며 근황을 자세히 설명한 후에 "그분은 우리 서소문교회의 아

버지이시지요!"라고 말했습니다. 장기 목회를 하고 은퇴하여 멀리 떠나
간 지 여러 해가 흘렀는데도, 중심에서 우러나오는 표정으로 옛날에 모
셨던 목사님을 "아버지"라고 부르는 것을 보고, '서 목사님이야말로 참
목회자였구나!' 하고 감동받은 기억이 납니다. 참으로 부러웠습니다.

　모든 목회자가 서금찬 목사님처럼 온 교우의 어버이 같은 목회자가 되
기를 다짐하고, 한 걸음 더 나아가 목회자의 표본이 되시는 한경직 목사
님처럼 한국 교회의 어버이 같은 목회자가 되기를 바라며, 오늘도 최선
을 다하시는 여러분을 응원합니다!

외유내강(外柔內剛)의 목회자

외유내강이란 일반적으로 사람의 성품을 나타내는 용어입니다. "겉으로 보기에는 부드럽고 순하지만 속은 꿋꿋하고 곧은 것"을 의미하는 말입니다. 그런데 이 용어야말로 목회자에게 다시없는 이상적이면서 가장 성공의 비결이 되는 적합한 용어입니다.

1. 목회자의 성품(性品)이 외유내강일 때 가장 효과적인 목회를 하게 됩니다.

그 동안은 I.Q. 지능지수가 높은 사람을 알아주었으나. 오늘날은 E.Q. 감성지수가 높은 사람을 인정하게 되었습니다.

그런데 사람은 성품을 타고난다고 합니다. 주전 400년경에 헬라 출신 의학의 아버지라고 불리는 의학자 히포크라테스는 인간의 기본적인 기질을 ① 담즙질형 ② 우울질형 ③ 다혈질형 ④ 점액질형 등 4종형으로 분류했습니다.

한의학에서는 사상학적으로 ① 소양 ② 태양 ③ 소음 ④ 태음으로 나

눕니다.

일반 의학에서는 1901년에 랜드스타이너(Landsteiner) 등이 인간의 혈액형을 A형, B형, AB형, O형, MN형, Rh형 등 30개 이상으로 분석했습니다.

이들의 연구에 의하면, 사람은 각각 성품을 타고난다고 합니다. 그러나 분명한 것은 타고난 성품만으로는 목회에 성공이 올 수 없습니다.

(눅 2:52)"예수는 지혜와 키가 자라가며 하나님과 사람에게 더욱 사랑스러워 가시더라"라고 하였습니다. 예수님의 성품은 본질이 하나님의 사랑이면서 사람들에게 사랑스러우셨습니다. 목회자는 예수님의 성품이 되어야 합니다.

바울 사도는 (갈 2:20)"내가 그리스도와 함께 십자가에 못 박혔나니 그런즉 이제는 내가 사는 것이 아니요 오직 내 안에 그리스도께서 사시는 것이라"라고 하였습니다. 바울 사도의 고백처럼, 목회자는 원래 타고난 나는 십자가에 못 박고 그리스도 안에서 변화된 그리스도적 성품이 되어야 합니다.

또 바울 사도는 (고전 4:10)"그리스도 때문에 어리석으나 너희는 그리스도 안에서 지혜롭고 우리는 약하나 너희는 강하고 너희는 존귀하나 우리는 비천하여"라고 하였습니다. 어리석음, 약함, 비천은 겉모양인 외유입니다. 지혜, 강함, 존귀함은 속 중심인 내강입니다.

이것이 예수님의 성품인 동시에 목회자(그리스도인)들의 외유내강의 성품입니다. 굳이 표현한다면 목회자는 S.Q.(Spirit-quotient) 즉 영성 지수가 높아야 하는데 그것이 변화된 예수님과 같은 외유내강의 성품입니다.

바울 사도는 본래 타고난 성품이 좋은 것은 아니었습니다. 베드로도,

요한과 야고보도 본래 성품이 좋은 것은 아니었습니다.

한국 교회를 대표하는 목회자 한경직 목사도 본래 성품은 매우 날카로 웠습니다. 이민 목회의 대표적 목회자 김계용 목사도 타고난 성품은 매 우 급하였습니다. 이분들이 예수 그리스도로 말미암아 사죄 구원을 얻 고 정과 욕은 십자가에 못 박고, 그리스도의 성품으로 변화를 받은 것입 니다. 이분들이 목회에 크게 성공할 수 있었던 것은 그리스도 안에서 변 화된 성품, 도야된 성품, 성숙한 성품, 성화된 성품, 즉 그리스도의 성품 인 외유내강의 성품이었기 때문입니다.

2. 이해관계(利害關係)에서 외유내강일 때 일을 성공합니다.

목회자가 자기 이익은 무제한 양보하는 외유로 살고, 신앙이나 교리 신학적인 것이나, 목회철학이나 사명에 있어서는 결코 양보하지 않는 내강으로 살면 성공합니다.

가령, **외강, 내유**: 즉 자기 이익은 하나도 양보하지 않고 다 챙기고, 신 앙, 교리, 신학, 목회철학, 사명은 무제한 양보해 버린다면, 아무 일도 할 수 없는 가장 약한 자가 됩니다.

외강, 내강: 즉 자기 이익도 전혀 양보하지 않고, 신앙, 교리, 신학, 목회 철학, 사명도 양보하지 않는 생활이면, 얼마 못 가 부러지고 맙니다.

외유, 내유: 즉 자기 이익도 다 양보해 버리고, 신앙, 교리, 신학, 목회철 학, 사명도 모두 양보해 버리면 스스로 무너지고 맙니다.

3. 대인관계(對人關係)는 진보적으로 외유이고, 하나님과의 관계 즉 신앙과 사명은 보수적으로 내강일 때 성공합니다.

바울 사도는 대인관계는 극진보적으로 외유였습니다. (고전 9:20-23) 유대인에게는 유대인처럼, 율법 없는 자에게는 율법 없는 자처럼, 율법 있는 자에게는 율법 있는 자처럼, 약한 자에게는 약한 자처럼 여러 사람에게 여러 모양으로 대한 것은 대상을 구원하기 위함이라고 했습니다. 그러나 하나님께는, 즉 신앙과 사명은 극보수로 내강이었습니다. (행 20:24)"내가 달려갈 길과 주 예수께 받은 사명 곧 하나님의 은혜의 복음을 증언하는 일을 마치려 함에는 나의 생명조차 조금도 귀한 것으로 여기지 아니하노라"라고 하였습니다. 그것을 지키기 위하여는 감옥에 갇혀도 양보하지 않았고, 순교를 하면서까지 굳건히 지켰습니다.

예수님께서 우리에게 보여 주신 것이 대인관계는 바리새인의 집에도, 세리의 집에도 가실 정도로 극진보적인 외유이셨습니다. 그러나 대신 하나님을 향한 신앙과 사명은 "아버지의 뜻대로 이루소서." 하시며 십자가를 지실 정도로 극보수적인 내강이었습니다.

목회자가 **외강, 내강**: 즉 대인관계가 보수에다 보수 신앙이 되면 독선에 빠져 배타적이 되고, 고립이 되며, 이것이 분쟁과 분열의 원인이 됩니다.

외유, 내유: 즉 진보적 대인관계에 진보적 신앙이 되면 세상과 별 다를 것 없이 세속화되어 무력, 속화되고 맙니다.

외강, 내유: 즉 보수적인 대인관계에 진보적 신앙이 되면, 검은 가운 단장으로 겉모양만 경건하게 보이기 위한 외식에 빠집니다.

예수님처럼, 바울 사도처럼, 외유내강, 즉 진보적인 대인관계에 보수적인 신앙과 사명일 때 폭 넓게 많은 일을 할 수 있고 또 하는 일마다 성공하게 됩니다.

실화입니다.

제가 우리(장로회 통합) 총회 서기로 다년간 있게 되었을 때 한국 교회 100주년(1984년)까지 5,000교회, 150만 신자 운동을 펼치며 여러 가지 계획(Project) 중 하나로 우선 대형교회 목회자들부터 1979년도에 당시 세계적으로 알려진 유명한 교회들을 순방하며 목회 세미나를 가졌습니다.

방문한 교회는

미국(U.S.A.) 장로교: 헐리우드 제1장로교회, (애틀랜타) 피치트리교회, 워싱턴 D.C. 제4장로교회, 스프링필드제일교회

침례교회 : (덴버) 갈보리교회, (일리노이) 해몬교회

연합교회 : 가든그로브교회, 피플즈교회

나사렛교회 : 덴버교회

회중교회 : 파사데나교회

그리고 유럽의 영국과 독일의 몇 교회였습니다.

물론 많은 것을 배울 수 있었습니다. 그중에서도 가장 인상적으로 느낄 수 있는 것은 목회자였습니다.

교회의 예배의식, 다양한 프로그램, 조직, 운영방법, 사업, 규모 등은 다 각각 다르고 차이가 있었습니다. 그러나 목회자는 공통성이 있었습

니다. 그것은 하나같이 예수님과 바울을 닮아 외유내강의 목회자라는 점입니다.

그들은 대인관계에 있어서는 완전히 진보적인 외유였습니다. 처음 대하는데도 매우 부드럽습니다. 대화하기가 마치 오래된 분과도 같이 쉬웠습니다. 웃는 얼굴에 소박한 느낌을 주는 자세입니다. 온유와 겸손과 아량이 눈에 보였습니다. 세미나 중에서 느낄 수 있는 것은 초대형 교회 목사인데 자기가 받고 있는 생활비는 별로 많지 않다는 느낌이었습니다. 그리고 생활 모습이 검소합니다.

그런데 하나님을 향한 신앙과 사명에 있어서는 보수적인 내강이었습니다. 모두 유능한 설교가들이었습니다. 그리고 교회적 사명에 있어서는 "해야겠다."라는 확신이 들면 기어이 해놓고야 마는 철저한 분들이었습니다. 이분들의 성공 비결이 바로 외유내강입니다.

판정승하는 목회자

경기(Game)에서 한쪽이 녹아웃(Knock Out: KO.)을 하면 이긴 편은 KO승이고, 진 편은 KO패입니다. 그러나 경기가 백중하게 마쳤을 때는 심판들이 합의하여 승부를 결정짓는데, 이런 경우에 이긴 편은 판정승이고, 진편은 판정패입니다. 경기에 임할 때는 누구나 KO승 하려고 힘씁니다. 목회에도 KO승이 있는지는 알 수 없지만, 대다수 목회자는 KO승을 거두려고 노력합니다. 그러나 목회에는 KO승이 없다고 생각합니다. 인생에는 KO승이 없는 것이나 마찬가지입니다. 도리어 목회에 있어서는 언제나 판정승하는 것이 가장 유익하다고 할 수 있습니다.

목회자는 어떤 목표를 세우고 그 일을 성취하기 위해 열심히 기도드리며 회의도 하고, 온 교우를 독려하며 함께 몹시 힘쓰게 됩니다. 어떤 경우에는 그 일의 과정 속에 생각지 않았던 어려움이 있어 고생하기도 합니다. 그런 과정을 거쳐 목표대로 잘 이루었을 때 성공했다고 기뻐하며 대개 목회자는 "하나님 은혜다."라고 하면서도 "내가 성공했다!" 또는 "나 아니면 하지 못할 일을 해냈다!"라고 스스로 KO승을 거두었다고 생각하게 됩니다. 그런 경우에 온 교우가 목회자와 명실상부하게 다 같이 기쁘고 만족하면 그것은 은혜요 축복이고 KO승 같은 성공입니다.

그런데 어떤 경우에는 일의 목표는 달성했는데 그 목표 달성을 기뻐하기보다 당회(장로들)원, 임직원, 제직원, 교우 등의 마음에 목회자에 대한 존경이나 신뢰나 순종이나 기쁨이 식어 버리고, 도리어 "우리 목사님은 고집불통이다. 항상 저런 식으로 일하니까 문제다! 또 무슨 일을 저지를지 알 수 없다!"라고 생각하게 됐다면 그가 이룬 목표 달성은 성공이 아니라 도리어 목회의 판정패입니다. 그래서 예배당을 크게 새로 잘 짓고 예배당을 짓기 위해 수고를 많이 한 목회자가 사임하고 임지를 옮기는 예를 볼 수 있습니다. 판정패의 증거입니다.

목회자가 목회 사역을 해 나갈 때 목표를 달성하든 못하든 교우들에게 언제나 "역시 우리 목사님은 하나님이 함께하시는 분이다! 목사님이 하시는 대로 하는 것이 가장 틀림없다! 우리 목사님은 참 목자시다!"라는 평을 듣고, 교우들이 목회자를 마음 깊이 신뢰하고 존경하며, 기쁘게 순종한다면 이것이야말로 목회의 판정승입니다.

6·25전쟁 때, 1·4후퇴로 부산에 피난했을 당시 저는 채필근 목사님을 모시고 동사(同事)목사로 함께 목회하였습니다. 어느 주일 오후 제직회를 시작하려는데 느닷없이 나이 많은 장로가 사회를 보고 있던 채 목사님에게 큰 소리로 불쑥 "목사님, 심방이나 좀 해 주시오!"라고 퉁명스럽

게 말했습니다. 갑자기 긴장감이 도는 분위기가 되었습니다. 평소 같지 않게 순서에도 없는 돌발적인 발언이 나온 것에 모두가 놀란 것입니다.

당시 채 목사님은 부산장로회신학교 교장이셨고, 동아대학교와 임시 피난지에서 개강한 연희대학교(현 연세대학교) 등 여러 대학교에 강의를 나가셨기 때문에 심방할 시간이 없었습니다. 그 장로님은 여름 방학을 했으니 심방해 달라는 뜻으로 요청한 것일 수도 있지만, 때아닌 시간에 지나치게 큰 음성으로 말하다 보니 항의처럼 들렸습니다. 채 목사님은 담임목사가 심방을 못 하니 늘 죄책감이 있는 데다가 회의에서 불쑥 큰 소리가 나자 '심방에 관한 불만이 교회에 가득한가 보다' 하고 자극으로 느낄 수 있는 상황이었습니다.

그 자리에 같이 있었던 젊은 동사목사인 내가 직접 대답해야 했다면 무엇이라고 했을까 생각해 보니 어떤 대답을 해야 할지 전혀 알 수 없었습니다. "제직회 안건만 말씀하십시오."라거나 "목사가 다 알아서 심방하는데 왜 회의에서 거론합니까?"라고 하거나 "이따 회의가 끝난 다음에 개인적으로 의논합시다."라고 말하면 될까요? 가장 적합한 대답은 무엇일까요? 지금 생각해도 그런 경우에 알맞은 대답이 전혀 생각나지 않습니다.

그런데 채 목사님은 즉석에서 이북 사투리로 "내가 다 잘못했수다." 하고 대답하였습니다. 그러자 긴장했던 제직원들이 일제히 "하하하." 하고 크게 소리 내어 웃었습니다. 제직원들의 웃음소리와 함께 긴장된 분위기가 확 풀리며 훈훈한 분위기로 돌아왔습니다.

제직원들의 웃음 속에는 "우리 목사님은 저래서 참 좋아!"라는 안도감이 섞여 있었습니다. "우리 목사님은 언제나 부드러워서 좋아! 우리 목사님은 참 겸손하셔! 우리 목사님은 언제나 자신이 잘못하셨대!" 하는 웃음이었습니다.

실제로는 "내가 다 잘못했수다."라는 말이 꼭 맞는 대답은 아닙니다. "심방을 했다." "못했다." "하겠다." "못 하겠다."라는 대답이라면 몰라도 "잘못했수다."는 동문서답 격입니다. 그럼에도 불구하고, 이 대답 한마디로 분위기가 바뀌었고 좋은 결과가 나왔습니다. 이것은 평소 목회자에 대한 신뢰심이 있을 때만 가능한 반응입니다. 이것이 바로 판정승입니다.

특별한 사건도 없는데, 교회가 시끄럽고 재미없어지는 이유는 목회자가 내리 판정패한 결과일 수 있습니다. 판정패가 누적되면, KO패와 마찬가지로 완패(完敗)가 됩니다.

채 목사님은 평소 목회자로 교우들과 살아오면서 교우들에게 비친 인상과 신뢰도가 매우 좋은 편이었기 때문에 목사님께서 뭐라고 하시든지 무조건 호의로 받아들이는 것입니다. 그것이 판정승을 가져오는 것입니다.

대한예수교장로회총회 제15회(1926년) 총회장을 지낸 김석창 목사님은 일제강점기에 평북 선천남교회에서 시무하셨는데, 3·1운동 주동자로 투옥되었습니다(그 후에도 항일 사건 관련으로 재차 투옥됨). 출옥하여 돌아왔을 때, 교회의 중심 역할을 한 박 장로가 십계명 중 제7계명을 범하여 교회 분위기가 뒤숭숭해진 것을 알게 되었습니다. 재력을 갖춘 박 장로는 교회에서뿐 아니라 사회에서도 영향력이 있던 인물로 교회조차 그의 죄를 감히 치리할 생각을 하지 못하는 실정이었습니다. 김석창 목사님이 박 장로 사건을 직접 다루어 절차를 밟아 마침내 주일 낮 예배 시간에 전 교우들 앞에서 '박 장로의 장로 면직' 치리를 선언하였습니다. 그런데 예배가 끝난 뒤 강단에서 내려오시는 김석창 목사님을 박 장로의 아들이 구타하는 사건이 벌어졌습니다. 교우들이 보는 앞에서 혈기를 부린 것입니다. 이때 김석창 목사님은 얼굴색 하나 변하지 않고 태연한 자세로 박 장로의 아들을 엄숙한 눈으로 보기만 하셨습니다. 그 태도가 폭행한 행위가 초라하고 부끄러울 정도로 엄숙하면서 감동적이었습니다. 그 순간 교우들은 '과연 우리 목사님은 큰 산과도 같은 인물이시구나! 높은 고매한 성품을 갖춘 어르신이시구나!' 하는 깊은 인상을 받았습니다. 물론 그 후 박 장로와 아들이 김석창 목사님을 찾아가 깊이 사과하였고, 후일에는 박 장로의 회개를 확인하고 해벌하여 교회 일을 더 많이 하게 하였습니다.

김석창 목사님은 일제강점기 말엽에 일본 정부가 목회를 하지 못하게 하여 쉬기도 했지만, 해방되자 선천남교회 원로목사로 추대되었습니다. 1946년에는 성역 40주년 기념 표창을 받았습니다. 해방은 되었지만 공산 정부가 들어섰고, 그해 곽산교회에서 예배를 마치고 귀가하던 중에 괴한들에게 습격받았지만, 그들을 사랑으로 용서해 주었습니다. 김 목사님은 가족과 동료들에게 월남할 것을 권유했습니다. 그러나 자신은 북에 남아서 교회를 끝까지 지키다가 1950년 6·25전쟁이 발발하자 고초를 겪었고, 공산당에게 총살당했습니다. 1963년 대한민국 정부로부터 건국훈장 독립장이 추서되었습니다.

중국 춘추시대 초나라의 장왕(莊王)이 전쟁에서 큰 공을 세운 장수들을 초청하여 연회를 베풀었습니다. 그때 갑자기 센바람이 불어와 연회석의 촛불이 모두 꺼져 버렸습니다. 캄캄해진 어둠 속에서 장수들이 장난치며 떠들어 댔는데, 그 어둠을 틈타 누군가가 장왕의 애희(愛姬) 입술에 입을 맞추었습니다. 애희는 즉시 장왕에게 달려가 일러바쳤습니다. "마마! 누군가가 제게 못된 짓을 했어요. 그자의 관끈을 끊어 표시해 두었으니 빨리 촛불을 켜서 잡아 주세요!"

그러자 장왕이 "여러분, 방금 내 애희가 이 어둠을 틈타 못된 짓을 당했소. 이는 도저히 용납할 수 없는 불미스러운 사건이오. 내 애희가 지혜롭게도 그자의 관끈을 끊어 표시해 두었다고 하오. 당장 잡아내는 것은 문제가 없소. 앞으로도 애희에게 잘못하면, 그녀의 지혜를 이길 수 없을 것이오. 그러나 오늘은 여러분이 내가 베푼 연회를 한껏 즐기다가 벌어진 일로 여기겠소. 그러니 불을 켜지 말고 이 시간에 모두 자기 관을 벗어 스스로 관끈을 끊으시오. 만약 끊지 않는 자가 있으면, 그는 내 연회를 즐기고 싶지 않은 것으로 여겨 엄히 문책할 것이오. 지금 모두 관을 벗어 끈을 끊어요. 다 관을 벗어 끊었으니 지금부터는 딱딱한 격식을 차릴 것 없이 맘껏 즐기도록 하시오." 하고 모두 관을 벗은 후에야 촛불을 켜게 하였습니다. 장왕은 이렇게 해서 애희의 기지를 인정하면서도 신하의 실수를 덮어 줌으로써 연회 분위기를 망치지 않고 잘 마무리했습니다.

그 후 진나라와의 전쟁에서 장왕이 많은 병사에게 포위당해 죽느냐 사느냐 하는 위급한 상황에 놓이게 되었습니다. 그때 말 탄 장수 한 명이 적의 많은 무리를 헤치고 뛰어들어 고슴도치처럼 온몸에 화살을 맞으면서 장왕을 구출해 내었습니다. 장왕은 죽음을 무릅쓰고 자신을 구해 준 그 장수에게 고맙다고 인사했습니다. 그러자 그가 이렇게 대답했습니다.

"제가 바로 지난해 초성의 연회에서 애희께 못된 짓을 한 자입니다. 그날 밤 폐하의 너그러운 마음 덕분에 창피를 당하지 않았습니다. 그날 이

후 저는 폐하께 목숨을 바칠 각오를 했습니다."라고 했습니다. 심각한 부상을 당한 그는 얼굴 가득히 미소를 띠며 눈을 감았습니다.

초나라의 장왕은 모든 일을 지혜와 덕으로 다스렸습니다. 특히 남의 실수와 잘못을 너그럽게 용서하여 덮어 살려 주는 왕이었기 때문에 부하 장수가 생명까지 바치며 충성하였습니다.

물론 장왕에게 하나님을 섬기는 신앙이 있었는지 없었는지는 알 수 없으나 나라를 다스리는 최고 지도자로서 부하의 잘못을 사랑으로 용서하며 지혜롭게 살려주는 왕의 깊은 아량과 덕 있는 처사에 모든 신하가 큰 감동을 받아 왕에게 충성을 다짐하게 되는 그야말로 판정승(判定勝)한 왕임에 틀림없습니다.

목회에서 판정승을 거두는 목회자들을 보면 신앙이 깊고, 인격이 고상하며, 지혜와 덕이 있습니다. 또 인생 경험이 풍부하고, 성격이 원만하며, 사랑이 풍성하고, 언제나 온유하며 겸손합니다. 성도들의 평소 신뢰가 점점 쌓여 있기 때문에 웬만한 일에는 흔들리지 않고 승리가 계속 찾아오게끔 처사합니다. 물론 이들은 하나님이 주신 은혜로 그런 생활을 하게 된 것인데 그것을 판정승이라고 합니다.

목회는 공식적으로 나타나 보이는 면보다는 도리어 보이지 않는 온유, 겸손, 이해, 용서, 아량, 배려, 양보, 봉사, 희생 같은 것이 많을수록 판정승하는 목회자입니다. 반대로 평소 목회 때 이런 요소들이 없으면 그때그때마다 판정패가 쌓이게 됩니다. 생각지 않은 돌발적인 상황이 폭발하면 그 누적된 판정패가 한꺼번에 가산(加算)되어 K.O.패 같은 완패가 됩니다.

채 목사님은 판정승이 쌓여 있기 때문에 그의 어울리지 않는 것 같은 한마디지만 모든 문제가 풀리는 것입니다. 이런 판정승하는 목회자가 시무하는 교회 장로, 집사, 권사, 교우들은 알게 모르세 그 목회자를 닮게 되어 교회 분위기가 서로 예수님 말씀하신 훈훈한 사랑의 가정같이 되어 행복을 나누게 됩니다. 그것이 땅에서 맛보는 하늘나라 생활입니다. 그런 것들이 영적 구원에 절대 필요한 요소가 됩니다.

목회자의 지지와 비판

사무엘하 16장 5-14절에 보면, 다윗왕이 아들 압살롬의 반란으로 궁궐을 떠나 피신하게 되었을 때 사울의 친족 중 한 사람인 시므이가 다윗왕에게 돌을 던지며 저주하는 일이 벌어졌습니다. 다윗왕이 시므이를 대하는 태도가 특히 우리 목회자들에게 좋은 본보기가 됩니다.

목회자가 가장 바라며 좋아하는 것은 지지와 칭찬으로 환영을 받는 일일 것입니다. 당회원(장로들)이나 제직(집사, 권사)들을 비롯하여 온 교인의 환영과 지지를 받는다면, 세상에 목회 이상 행복하고 보람된 일이 없을 것입니다. 반대로 목회자가 가장 원치 않고 싫어하며 괴로운 것은 비판받고 배척당하는 일일 것입니다. 비판을 받으면, 낙심되어 기분이 상하고 의기소침(意氣銷沈, 기운을 잃고 기가 꺾임)해집니다. 목회 효과를 내기 힘들어집니다.

목회자는 목회할 때 환영과 지지만 받고 비판이나 배척은 당하지 않으려고 최선을 다하지만, 실제로 많은 교인이 목회자나 목회를 비판하거나, 아니면 한두 사람이 혹독하게 계속 비판하거나 배척하는 예도 없지 않습니다. 불행하게도 오늘의 한국 목회의 현장은 '칠면조 세대'라 불러야 할 것 같습니다. 칠면조는 무리 중 하나가 어쩌다 등에 상처를 입으면, 그 우리 안에 있는 다른 칠면조들이 모두 달려들어 그 상처를 피가 나도록 쪼아 대는데 쓰러질 때까지 계속 쪼아서 치명상을 입게 된다고 합니다. 물론 한국 교회 중에 좋은 교회가 절대 다수 많지만, 옛날보다 교회 내 분쟁 문제가 많아진 점과 교회 문제를 세속 재판에 고소하는 수가 많아진 점이 '칠면조 세대' 인상을 받게 합니다.

앞으로 비판이나 반대가 있을 수 있으나, 우리 목회자들이 목회에 있어서 반대와 비판을 어떻게 수용하는가가 매우 중요합니다. 이와 관련하여 상반된 두 가지 태도를 논할 수 있을 것입니다.

I. 비판을 잘못 수용하는 태도

1. 비판하는 사람을 증오심으로 대하기 쉽습니다.

사울왕의 친족 시므이가 다윗왕을 향해 돌을 던지며 계속 저주를 퍼붓자 듣다못해 다윗왕의 큰 용사 가운데 한 명인 아비새(요압의 형, 삼하 10:9-10) 장군이 왕에게 (삼하 16:9)"이 죽은 개가 어찌 내 주 왕을 저주하리이까 청하건대 내가 건너가서 그의 머리를 베게 하소서" 하고 흥분하였습니다. 이처럼 비난하거나 반대하는 사람을 미워하는 마음 곧 증오심으로 상대하는 '아비새 스타일'이 비판을 그릇 수용하는 태도입니다.

성경은 (요일 3:15)"그 형제를 미워하는 자마다 살인하는 자"라고 하였습니다. '미워하는 마음'이 곧 남의 목을 자르는 살인이 됩니다.

목회자의 마음에 '미워하는 마음'이 들어가면 그때부터 상대를 죽입니다. 사랑을 죽이고, 믿음을 죽이고, 사귐을 죽이고, 명예를 죽이고, 영을 모두 죽입니다. 알지 못하는 사이에 살인행위를 하는 것입니다. 그때부터는 목회가 아닙니다.

2. 비난을 같은 비난으로 응수하기 쉽습니다.

시므이가 다윗을 향해 돌을 던지면서 (삼하 16:7)"피를 흘린 자여 사악한 자여 가거라 가거라"라고 저주와 욕설을 계속했습니다. 다윗이 전쟁터에서 많은 피를 흘린 사람이었기에 하나님께서도 다윗을 향해서 (대상 28:3)"너는 전쟁을 많이 한 사람이라 피를 많이 흘렸으니 내 이름을 위하여 성전을 건축하지 못하리라"라고 하셨습니다. 그러나 지금 시므이가 '피를 흘렸다'고 비난한 것은, 사울 왕가와 관련된 것인데 "피 흘렸다"라는 말은 맞지 않는 비난입니다. 다윗은 사울을 보호했지 해한 일이 전혀 없습니다. 다윗은 터무니없는 비난을 듣고서, "왜 없는 비난을 하느냐?" 하고 맞받아 항의하거나 공격하지 않았습니다. 비난과 욕설을 받게 됐을 때 상대방을 향해 변명을 하거나 비난으로 응수하는 것이 가장 잘못하는 태도입니다. 다윗은 맞대응하지 않고 자기가 "우리아를 죽인 것"부터 생각하며 "피 흘렸다"고 인정하였습니다.

사탄이 교회를 무너뜨리는 작전으로 '비난'을 만들어 내게 하고, 또 '비난으로 응수'하게 하여 점점 '비난이 많아지게' 합니다. '비난'이 주는 피해가 전도의 길을 막습니다. '비난'이 '다툼'과 '분쟁'으로 번져 교회를 완전히 무너뜨립니다.

교회나 목회자는 비난을 받고 억울해도 다윗처럼 회개와 겸손으로 받아들이면, 하나님께서는 은혜와 사랑으로 용서하시고 화목을 이루도록 하십니다.

사탄은 교회 파괴책으로 '시므이 비난 작전'을 씁니다. 그러나 '독사(비난 받는 자)가 비난하는 자를 물어뜯으면 비난하는 자는 살지만 독사는 죽는다.'는 말이 있습니다. 이 말을 목회에 붙이면 '독사(비난받은 목회자)가 비난하는 자를 같은 비난으로 물어뜯으면 비난하는 자는 살지만 독사(목회자)는 죽는다.'가 됩니다. 비난으로 응수하지 말라는 뜻입니다. 이 말이 맞습니다.

3. 비난하는 이를 목회 방해자로 낙인 찍고, 차별하고, 제거하려 합니다.

우리나라 학교에서 '학교 폭력' 문제나, 군부대나 각 직장에서 '갑질' 문제와 '차별 사건'이 끊이지 않고 일어나 사회문제가 되고 있습니다. 일본에서도 일본말로 '이지메'(イジメ, 왕따) 시키는 사건이 일본 소·중(초·중등)학교에서 1년에 20만 건이나 일어나는데, 적지 않은 자살자가 나서 큰 문제가 되고 있습니다.

F.B. 메이어(Meyer) 박사가 "우리 집 개는 식구들이 식사할 때면 항상 식탁 밑에 와서 앉습니다. 그런데 그 개는 자기에게 먹이를 주지 않거나

푸대접하는 식구에게는 가까이 가지 않아요. 대신 자기를 알아주고 식탁 아래로 음식 조각을 던져 주는 사람 무릎 곁에 와서 코를 들이밀고 있지요. 개도 차별하는 사람은 싫어서 피하고, 자기를 아끼는 사람 곁에 다가가 따라요."라고 하였습니다. 개도 차별을 싫어하는데 하물며 사람이겠습니까. 사람을 차별하는 것은 목회에는 절대 있어서는 안 됩니다.

더프 선교사가 보어족 농가에 전도하러 들어갔는데, 주인이 카피르족 하인들을 모두 참석 못하게 내쫓았습니다. 선교사가 "그들도 참석하도록 하시지요." 하니까 주인이 퉁명스럽게 "선교사님, 카피르인들은 개와 다름없습니다. 내버려두세요."라고 하는 것입니다. 그러자 더프 선교사는 아무 말 없이 성경을 펴서는 (마 15:27)"개들도 제 주인의 상에서 떨어지는 부스러기를 먹나이다" 구절을 읽었습니다. 그러자 농부는 "그만!" 하고 소리치며 "성경말씀이 옳네요. 카피르인 하인들도 다 들어오너라."라고 하더라는 것입니다.

비판하고 반대하는 상대를 차별대우하며, 가급적 중책을 맡기지 않고 따돌려 결국 내쫓으려고 하기 쉽습니다. 우주 안에서 오직 삼위 하나님께서만 차별이 없고 오직 사랑으로 대해 주십니다. 하나님 심부름하는 교회와 목회는 결코 차별행위는 마음으로도 실제로도 있으면 실패합니다. 어떤 경우에도 하나님 뜻대로 사랑뿐이어야 참 목회가 됩니다.

4. 비판하는 상대의 허물을 찾아 소위 복수치리로 중벌에 처합니다.
다윗은 왕입니다. 왕을 거스르는 자는 당장 죽이는 것이 당시의 법입니다. 그런데도 다윗은 비난 배척하는 자에게 먼저 법을 내세우지 않았습니다. 하나님 앞에 나 자신의 부족과 잘못이 있다는 회개하는 자세를 취하였습니다. 교회 안에 법으로 치리하는 일이 필요한 것은 오직 하나님의 뜻을 올바로 이루기 위해서만, 즉 하나님 교회의 성결을 지키기 위해서뿐입니다.

목회자가 자신의 목회를 위한 치리나 인간관계 이해를 위한 치리를 절대로 해서는 안 됩니다. 그런데 근간 한국 교회는 재판을 목회 방편으로 경솔하게 하기 때문에 목회 불신을 당하고 목회 실패를 하고 있습니다.

옛날 우리 한국 교회는 교회 안에 어떤 사건이 발생하면 문제를 가급적 밖에 알리지 않고 교회 안에서 신앙적 자세로 성경 말씀대로 해결하여 하나님께 영광 돌리며 교회에 덕을 세우려고 신중히 치리를 하였고, 치리 판결도 가급적 회생할 수 있도록 최대한 배려하며 가장 최소한의 판결을 내렸습니다.

그런데 근간은 사건을 지나치게 확대해 소리를 내어 교회 안팎으로 알리며 상대 장본인의 과거 허물까지 찾아 법적 중벌로 매장시키려는 소위 보복 치리하는 처사가 보입니다. 혹시라도 사건을 크게 소리 내어 알리고 벌을 많이 주는 것이 정의(正義)이고 상대방을 고치는 것이라고 착각하고 있는 것은 아닌지 우려가 됩니다. 그렇게 하여 고쳐진 일은 단 한 번도 없습니다. 고치는 이는 하나님뿐이십니다. 교회에 불미한 사건이 생기면 하나님 앞에 깊이 회개하고 사죄를 간구하는 것만이 사는 길입니다. 치리를 하는 경우 하나님의 뜻에 맞도록 신앙적으로 신중히 하면 하나님께서 고쳐 주십니다. 교회 사건은 비신앙적으로 다스리거나 일반 재판에 고소하지 않고 해결하는 것이 옳습니다.

그런데 하나님의 뜻에는 관심이 없고, 순전히 이해타산으로 싸우는 치리를 하면 재판과 치리까지 싸움을 위한 범죄 행위가 됩니다. 그것은 극도로 타락한 교회 모습입니다. 이런 이중 잘못으로 교회 내 성결은 도리어 무너지고, 다 타락한 것은 아닌데 한국 교회가 다 타락한 것으로 세상의 비난 대상이 되고 있습니다. 종국에는 이 그릇된 치리까지 하나님의 심판을 받게 될 것입니다.

재판과 치리가 필요 없이 모르고 살 데가 가정과 교회입니다! 재판과 치리가 필요하면 이미 가정과 교회가 아닙니다. 재판과 치리로 해결하려는 것은 썩은 음식으로 살아보려는 것과 같습니다. 치리는 목회 때문에 하는 것이 아닙니다. 오직 하나님의 뜻을 올바로 세워야 할 때만 필요합니다.

5. 목회자가 비판에 대한 자기변명과 그것을 정당화하려고 노력하게 됩니다.

사람은 실수를 했을 때 그것을 감추기 위해 변명을 합니다. 그다음에는 변명을 정당화하기 위해 거짓말을 해야 하고, 그 거짓말을 감추기 위해 또다시 변명을 늘어놓아야 합니다. 이처럼 반복해서 거짓말과 변명이 늘어나면 인격도 영성도 완전히 무너집니다.

'거짓말을 하기는 쉽다. 그러나 단 한 번만 거짓말하기는 매우 어렵다.' 이 말이 맞습니다. 세상에 거짓말을 바로잡는 변명은 없습니다. 거짓말을 바로잡는 방법은 오직 솔직하게 사실대로 시인하는 진실뿐입니다.

목회는 처음부터 솔직해야 합니다. 진실하면 거짓에 빠져들지 않습니다. 실수를 만회하는 길은 진실뿐입니다. '목회는 거짓말로 넘어진다.'는 것이 사실입니다.

교회는 비록 사건이 아무리 작고 미미해도, 거짓과 수단이(꼼수가) 섞이면 해결되는 법이 없고 도리어 엄청나게 커져 교회는 만회할 수 없는 치명적 손상을 입습니다.

비록 교회 사건이 크게 발생했더라도 처음부터 진실 되고 솔직하게 정직하면, 하나님께서 해결되게 해 주시고, 도리어 더 유익하게 될 수도 있습니다.

교회에서 시험과 비난과 반대보다 더 나쁜 것이 변명과 자기 정당화입니다. 교회를 혼란하게 하는 것은 비난과 반대보다 변명과 자기정당화하는 태도입니다. 물론 교회에는 비난과 반대가 없는 것이 좋지만 그보다 변명과 자기 정당화가 없는 것이 훨씬 더 좋습니다.

왜냐하면 비난과 반대로는 교회가 무너지지 않지만, 변명과 자기 정당화로는 교회가 무너질 수 있기 때문입니다. 하나님께서 변명과 자기 정당화를 명하신 일이 없기 때문입니다. 목회자는 목회 일생 동안 단 한 번도 변명과 자기 정당화가 없어야 합니다.

6. 비판 조건을 도리어 보라는 듯이 밀어붙여 강행하려고 하기 쉽습니다.

다윗은 상대방의 비난을 밀어붙여 맞서려 하지 않고, 받아들여 수용하려 했습니다.

우리나라에 옛날부터 '멧돼지는 곧추 나가 죽는다.'라는 말이 있습니다. 앞이 비판이라는 절벽인데 곧추 나갑니다. 앞이 비난이라는 덫인데 곧추 나갑니다. 앞이 정죄라는 죽을 함정인데 곧추 나갑니다. 죽을 수밖에 없습니다. 칭찬도 협조도 아닌 죽음의 덫이고, 절벽이고, 함정에 속하는 비판, 비난, 정죄를 향해 무조건 곧추 나갑니다. 목회 자살이 될 수밖에 없습니다.

7. 비판을 방치합니다. 들은 척 만 척 무시하며 고치지도, 더 하지도 않습니다.

이것은 무관심, 무책임인데 매우 잘못된 목회 자세입니다. 의사가 죽어가는 환자를 방치하는 행위나, 물에 빠진 사람을 방치하는 행위, 불붙는 것을 보면서 방치하는 소방관 같은 용납이 안 되는 태도입니다. 혹시 목회자 중에 이렇게 방치하는 것을 하나님께 맡기는 것으로 혼돈한다면 이는 어리석은 생각이겠지요. 하나님께 맡기는 것은 그 일을 위해 열심히 기도드리며 하나님의 뜻대로 해결하기 위해 노력하는 것입니다. 방치는 아무 노력도 하지 않는 것인데 그런 태도가 지속되면 '목회자 무용론'이 됩니다. 목회자를 무시하고 싸움만 무성해집니다. 그런 목회자는 차라리 없는 것만 못합니다.

(마 25:24-30) 예수님이 한 달란트 받은 종이 아무 일도 하지 않고 땅에 묻었다가 가지고 나와 구실만 붙이는 것을 보시고 "악하고 게으른 종아" 책망하시며 "그에게서 그 한 달란트를 빼앗아 열 달란트 가진 자에게 주라" 하시고 "무릇 있는 자는 받아 풍족하게 되고 없는 자는 그 있는 것까지 빼앗기리라 이 무익한 종을 바깥 어두운 데로 내쫓으라 거기서 슬피 울며 이를 갈리라"라고 하셨습니다.

이상과 같은 일곱 가지 태도는 잘못된 대응책입니다. 비난만 더 커지고, 목회는 갈수록 힘들어져, 결국은 목회 완전 실패가 됩니다. 교회에는 파괴하는 범죄만 남고 하나님의 심판을 면치 못하게 됩니다. 그런데도 대략은 이런 방향으로 대응해지기가 쉽습니다. 그래서 어렵다는 것입니다. 이런 태도는 신앙적이 아닌 일반 사회와 같은 태도입니다. 문제 해결이 되지 않습니다.

Ⅱ. 비판을 올바로 받아들이는 태도

1. 먼저 오로지 하나님께 의뢰하는 신앙적 태도입니다.

다윗은 시므이의 비난도, 아비새의 지지도 문제 삼지 않고 있습니다. 먼저 오직 '하나님께서 나에게 책망하시는 것이다.'에 초점을 맞추고 있습니다.

개신교 중에 장로교회는 항존 직분자(목사, 장로, 집사, 권사) 선출을 공동의회(세례 입교인 총회)에서 투표로 결정합니다. 장로교 목회자들은 항상 교인의 지지를 받으려는 마음이 있게 되어 있습니다. 물론 교인의 뜻을 중요시하는 민주주의 방식의 교회 행정에 장점이 있는 것이 사실이지만, 자칫 잘못될 수도 있습니다. 그러므로 가끔 장로교 교역자들에게 "천사같이 목회를 해도 몇 사람은 비판하고 반대한다. 악마같이 목회를 해도 몇 사람은 칭찬하고 지지한다."라는 '목회 표어'를 기억하며 목회하라고 권면합니다.

목사가 어떻게 천사같이 목회할 수 있겠습니까? 그러나 했다고 하십시다. 그러면 마땅히 100% 지지만 해야 하는데, 실제는 그렇게 완벽하게 했어도 몇 사람은 비판하고 반대합니다. 목사가 어떻게 악마같이 악하게 목회를 하겠습니까? 그러나 했다고 하십시다. 그러면 당연히 100% 반대만 해야 하는데, 실상은 그렇게 악하게 했어도 몇 사람은 칭찬하고 지지합니다. 즉 목회는 인간들의 100% 지지도, 100% 반대도 있을 수 없습니다. 그러므로 교인들의 지지나 반대가 목회의 방법 중 하나일 수 있지만, 기준이나 목표가 될 수는 없습니다.

목회는 전적으로 그리스도께서 "옳다!" "됐다!" 하실 수 있도록, 즉 예수님의 인정만이 기준이요 목표라는 말입니다.

젊은 피아니스트가 최초 연주회를 마쳤습니다. 청중은 완전히 매료되었고, 우레와 같은 기립박수를 받았습니다. 그러나 맨 앞줄에 앉은 노인 한 사람만은 그냥 앉아 있었습니다. 그 피아니스트는 고개를 떨어뜨린 채 무대에서 맥없이 걸어 나갔습니다.

무대 감독도 그의 연주를 칭찬했습니다. 그러나 그 젊은 피아니스트는 "전 잘하지 못했습니다. 실패한 거예요."라고 했습니다. 무대 감독이 다시 "저 청중을 보세요. 한 노인을 제외하곤 모두 일어서서 박수 치고 있지 않소?" 했습니다. 그 젊은이는 침통하게 대답했습니다. "그렇습니다. 바로 저 어르신이 나의 선생님이십니다." 담당 교수는 틀린 부분을 알고 있었고, 연주 자세가 많이 미숙했음을 알기 때문에 박수를 치지 않았습니다. 청중의 박수만으로는 합격이 될 수 없습니다.

이 피아니스트가 자기 선생님의 합격을 받아야 했던 것과 같이, 우리 목회자는 목자장이신 예수님의 합격을 받아야 합니다(벧전 5:4). 교인들의 박수갈채만으로는 목회 합격이 되지 않습니다. 그런데 우리 목회자들이 교인들의 박수 소리만을 표준으로 삼는 경우가 많습니다.

극단적으로 표현한다면, 교인 전체가 칭찬 지지해도 그리스도께서 "아니다."라고 인정하지 않으시면 목회는 아닙니다. 교인 전체가 반대 비판해도 그리스도께서 "옳다."라고 인정하시면 그것이 목회입니다. 그런데 대다수 목회자들이 그리스도의 인정보다 교인들의 지지와 비판에 과민하고 있습니다(특히 장로교 목회자). 그러므로 목회의 본질에서 벗어나고 목회 피곤과 실패가 옵니다.

물론 실제로는 그리스도의 인정을 받으면 교인의 지지와 칭찬도 받게 되어 있습니다. 설혹 반대나 비판이 있다 해도 그리스도의 인정을 받는 목회자에게는 문제가 되지 않습니다. 반드시 바른 해결이 옵니다. 모든 문제의 해결자는 그리스도이시기 때문입니다.

많은 목회자가 목회에 실패하고서 "나는 교인들(장로)의 지지를 받지 못해 목회를 그만두게 되었다."라고 생각합니다. 이는 목회 본질을 모르는 생각입니다. 실제는 예수님의 인정을 받지 못했기 때문에 실패한 것입니다.

다윗이 아비새에게 하는 '말'의 '주어'가 '하나님'이십니다. "여호와께서 그에게 다윗을 저주하라 하심이니"(10), "여호와께서 그에게 명하신 것이니"(11), "혹시 여호와께서 나의 원통함을 감찰하시리니 오늘날 그 저주 때문에 여호와께서 선으로 내게 갚아주시리라"(12). 믿음의 사람,

신자는 특히 목회자는 언제나 모든 상황 속에서 '하나님'이 주어가 되어야 하고, '주체'이시고 '먼저'여야 합니다.

물론 비난자는 사탄의 심부름으로 해(害)치기 위해 비난합니다. 그런데도 그 소리를 사람의 말로 생각하지 않고, 하나님의 음성으로 들으면 비난하는 시므이까지 원수로 생각하지 않고 하나님의 심부름꾼으로 보게 됩니다.

삼하 16:10 "스루야의 아들 아비새가 왕께 여짜오되 이 죽은 개가 어찌 내 주 왕을 저주하리이까 청하건대 내가 건너가서 그의 머리를 베게 하소서 하니"

다윗은 자신이 비난받는 사건이 일어나자, 홀로 자신이 하나님께 해결받기를 원했습니다. 제3자 곧 아비새를 개입시키지 않았습니다.

옛날 요셉이 아버지 이스라엘의 장례를 마치자, 과거 요셉을 죽이려 했던 형들은 요셉이 그들에게 복수할까 두려워했습니다. 그때 요셉은 (창 50:19-21)"두려워하지 마소서 내가 하나님을 대신하리이까 당신들은 나를 해하려 하였으나 하나님은 그것을 선으로 바꾸사 오늘과 같이 많은 백성의 생명을 구원하게 하시려 하셨나니 당신들은 두려워하지 마소서 내가 당신들과 당신들의 자녀를 기르리이다"라고 했습니다.

요셉은 해하려 했던 형들보다 위에 계시는 하나님을 먼저 보았습니다. 물론 인간인 요셉이 "형들"이란 말이 안 나와 "당신들"이라 하고, "나를 해하려" 한 것은 잊지 않고 있었지만, "하나님께서 그것을 선으로 바꾸어 많은 생명을 살리는 일을 하게 해 주셨기 때문에 당신들이 한 일의 심판은 하나님께서 하실 일이니 걱정 마시오. 나는 당신들과 당신들의 자녀들을 기르겠습니다.”라고 간곡히 사랑으로 위로하였습니다.

흑인 테너 가수 로랜드 해이스(Roland Hayes)가 베를린에서 무대에 섰는데, 독일 청중이 “흑인의 노래는 듣고 싶지 않다. 돌아가라!” 하고 야유를 퍼부었습니다. 그도 당장 무대를 뛰쳐나가고 싶은 심정이었습니다. 그러나 그때 예수님께서 군중으로부터 비난과 조롱을 받으시고도 침묵을 지키신 것을 생각하며, 조용히 눈을 감고 청중과 자신을 위해 기도드렸습니다. 그러자 어느새 소란하던 장내도 조용해지고 함께 머리 숙여 기도하는 청중도 보였습니다! 그때 그는 조용한 음성으로 시작하여 어느 때보다도 청중을 크게 감동시키는 우렁찬 노래를 부를 수 있었습니다. 차별로는 해결이 안 오고, 다윗처럼, 해이스처럼 예수님께 맡겨야 합니다.

목회는 언제나 먼저 그리스도께서 “옳다!”고 인정하실 수 있도록 표준과 목표를 두어야 합니다.

‘내 목회에 왜 시므이가 생기는가?’ 하는 의문이 일어날 때는, 언제나 먼저 다윗의 자세로 “하나님이 저 사람을 시키셨다.”로 해석하면 답을 주십니다! 목회의 생명과 성공은 예수님의 인정을 받는 데 있습니다.

2. 비판(비난)받는 조건을 기도하며 교육으로 생각하고 재빨리 고칩니다.

하나님께서 다윗에게 ‘비난’이 필요하기 때문에 허락하신 것입니다. 하나님께서는 목회자 교육 훈련 방법 중 하나로 ‘비난’을 사용하십니다.

바이올리니스트 피터 크로퍼(Peter Cropper)는 영국 왕립음악원으로부터 258년 된 스트라디바리우스가 만든 바이올린을 대여받아 소원대로 핀란드에 가서 연주하게 되었습니다. 큰 기대 속에 연주를 준비하던 중 뜻하지 않은 사고로 그 귀한 바이올린의 목이 깨지고 말았습니다. 몹시 상심하게 된 그에게 런던의 한 기사가 "내가 그 악기를 고쳐 보겠습니다." 하고 제안해 왔습니다. 그 기사는 악기를 감쪽같이 고쳤습니다. 오히려 바이올린이 신비스런 공명이 나게 되면서 전보다 더 아름다운 소리가 나게 되었고, 연주는 성공했습니다.

신앙생활과 목회에 있어 생각지 않은 불행이나 역경, 비난 같은 것이 일어나 해로운 일을 당할 수 있지만, 그것을 잘 받아들이면 더 유익한 길이 될 수도 있습니다. 다윗이 불행을 당하는 중에 만난 시므이의 비난은 더욱 고통을 느끼게 했지만, 다윗이 하나님의 뜻을 생각하며 잘 받아들임으로 주변 모든 사람들이 다윗을 동정 신뢰하게 되었습니다.

조그만 가게를 운영하는 한 그리스도인이 있었습니다. 같은 제품을 판매하는 가게가 그 이웃에 생겨 그는 몹시 고민하고 분노하여 몸에 병이 날 정도로 심신이 괴로웠습니다. 견디다 못한 그는 목사님을 찾아가 "어떻게 해야겠습니까?" 하고 고민을 털어 놓았습니다.

목사님은 그에게 "기도하셨습니까? 그 문제를 기도하십시오."라고 권고했습니다. 그러자 그는 "무어라고 기도하지요? 그 가게가 망하게 해달라고 기도할까요, 아니면 성공하게 해달라고 기도할까요?" 하고 다시 물었습니다. 목사님은 "하여간 하나님께 그 문제를 해결해 주십사고 간절히 기도드리세요! 하나님께서 무엇을 기도해야 할 것인지 가르쳐 주실 것입니다."라고 하였습니다.

며칠 후 그 성도는 기쁨이 가득 차 목사님을 찾아왔습니다. 이웃 가게 때문에 타격을 받아 마음에 분노, 고민, 질투심이 가득 해 몸의 건강까지 상하였는데, 하나님께서 축복의 기도로 바꾸어 주셨습니다. 그 신자의 마음에 오히려 사랑, 평안, 동정심으로 가득해지자, 그의 심신의 병까지 다 고침받았습니다.

밖의 타격으로 고민과 문제를 받은 신자가 목사님을 찾아간 것과, 목회자가 하나님께 간구하라고 방법을 제시한 것이 해결 받는 길이 되었습니다.

비난이 필수과목이라면 더 깊은 기도로 교육을 받아 목회 중에 걸린 병들을 고침 받아야 합니다! "늙어 갈수록 기도를 더 많이 해야 신령한 일에 냉랭해지지 않는다." 조지 뮬러의 말입니다.

3. 비판하는 사람을 '내 자식'이라고 생각하는 것입니다.

(삼하 16:11)"또 다윗이 아비새와 모든 신하들에게 이르되 내 몸에서 난 아들도 내 생명을 해하려 하거든 하물며 이 베냐민 사람이랴 여호와께서 그에게 명령하신 것이니 그가 저주하게 버려두라"라고 하였습니다. 자기를 저주하는 시므이를 "내 몸에서 난 아들"처럼 생각해서 한 말입니다. 저주하는 자를 '내 아들처럼 생각하라는 말씀'입니다.

성경에 보면 (롬 5:20)"그러나 죄가 더한 곳에 은혜가 더욱 넘쳤나니"라는 말씀이 있습니다. 일반적으로는 죄가 많으면 벌이 많습니다. 그러나 아버지는 다릅니다. 내 자식이 죄가 클수록 비상한 수단과 방법을 써서라도 구해 주려고 합니다.

한국의 손양원 목사님은 두 아들을 죽인 원수 공산당원을 사형시키지 못하게 하고, 그를 양아들로 삼아 신자가 되게 하였습니다.

그것이 하나님 아버지의 마음이고, 예수님 십자가 희생으로 살려 주신 속죄 구원이고, (롬 8:26)성령께서 탄식으로 간구해 주시는 사람입니다. 모든 목회자는 이 삼위 하나님 아버지를 대신하는 아버지여야 합니다.

오래 전에 장남인 형석 목사(통합 제103회 총회장, 항상 아버지에게 자문을 구하였음)가 아비인 나에게 목회에 관해 물어왔습니다. 부목사 하나가 전도하러 나갔다가 어린 여자아이를 성추행하였다고 그 부모가 경찰에 고발하는 사건이 발생했다는 것이었습니다. 내가 "그래 어떻게 했느냐?" 물었더니, 우선 그 부목사로 하여금 그 문제가 해결될 때까지 예배 인도, 설교 등 공식 일을 금지시키고 자숙하게 하였고, 당회는 신중히 기도하며 선처 방법을 찾도록 하고 있다고 하였습니다. 그런데 그 부목사는 "난 잘못한 일 없었다."라며 딱 잡아떼고, 회개 태도는 전혀 없고, 예배 시간에 맨 앞자리에 앉아 설교하는 담임목사를 노려보며 마치 자신이 부당한 취급을 받았다고 항의하는 태도를 취하고 있다고 했습니다.

아버지인 내가 몇 가지 자문을 해 주었습니다.

① 이 사건은 부목사 사건이기보다, 하나님 앞과 교회 앞에서 담임목사의 '목회 역량 테스트'인 것을 명심하라. ② 하나님께서만 해결자이신 것을 확신하고 기도와 간구로 먼저 응답을 받아 해결하도록 하라. ③ 사고를 낸 부목사를 '내 아들'로 생각하며 처리하라. ④ 먼저 교회 유익과 덕을 세우도록 하라. 섣불리 법 처리부터 하거나 그 부목사를 살리겠다고 무리한 처사를 하면 목회자의 경중(輕重) 감에 대한 불안감을 주게 된

다. 교회를 위해 목회적 처리를 명확히 하고, 그 부목사도 깨닫게 하여 살릴 수 있는 방법을 찾으라. ⑤ 일정강점기에는 신사참배 등 박해에 맞서 계명을 사수, 공산시대는 목숨을 건 신앙적 담대, 전쟁과 피난 때는 고난 중 인내, 재건 때는 희망과 성장이 필요했듯이, 목회는 그 시대와 환경에 따라 주력하는 초점이 바뀌게 되는데, 앞으로는 우리 사회가 풍요하고, 평안무사와 자유 환경 속에서 쾌락문화가 발달함으로써 성적(性的) 오염과 문란 확산 때문에 성추행 같은 문제가 많이 발생할 가능성이 예상되므로, 이 방향 예방과 대처에 연구 주력이 필요하다고 자문해 주었습니다(제 아들도 4대 목사이고 대형교회 목회자인데, 스스로 해결할 수 있는데도 경험 많은 아버지에게 물었다는 것이 본받을 점이기에 이름을 밝혔음). 다행히 모든 것이 합력하여 유익하게 해결되었다고 합니다. 그 사건에서 담임목사에 대한 성도들의 신뢰가 확실해졌다는 것이 중요합니다.

인천제일교회를 목회하신 이기혁 목사님(통합 제47회 총회장)은 반대하는 안수집사를 13번이나 찾아가셨다고 합니다(해 교회 당회원에게 들음). 처음에는 집사들이 목사보다 자기가 옳다는 마음으로 쌀쌀하게 대했는데, 마지막에는 집사가 '나 같은 것이 뭔데 목사님이 이렇게까지 찾아오시는가' 죄송해져서 일생 아버님으로 섬겼다는 것입니다. 참 아버지 같은 목회자에게 참 자식 같은 집사, 장로가 생깁니다.

오늘날은 이런 아버지 같은 목회자가 눈에 띄지 않기 때문에 비판하는 똑똑한 안수집사, 장로만 많아지고 있는 것은 아닌지요?

4. 비난 아닌 핍박은 이겨야 합니다.

목회에 비난 아닌 핍박을 받을 수가 있습니다. 불변조(不變調) 즉 변할 수 없는 근본 문제, 예를 들면, 성부 성자 성령 삼위 하나님이나, 계명, 신앙, 근본교리에 관한 것을 고치도록 강요하는 것은 비난이 아니라 핍박입니다. 핍박은 양보하거나 타협할 수 없고 이겨야 합니다. 이런 경우에는 선지자들의 대열에 섰다는 확신으로 기쁘게 여기며 이겨야 합니다(마 5:10-12).

체코의 수도 프라하 광장에 칼뱅이나 루터보다 100년 먼저 종교개혁을 시도한 믿음의 사람, 종교개혁의 아버지라 불리는 얀 후스(J.Hus)의 동상이 서 있습니다.

체코대학 교수요 학장이었던 그는 당시 가톨릭교회의 부패와 잘못된 교리를 지적하였다고 교황에 의해 파문을 당했고, 콘스탄츠공의회로부터 화형을 선고받았습니다.

그는 죽음을 두려워하지 않고 "서로 사랑하라. 모든 이들이여, 진리로 담대하라!"라고 했습니다. 이런 후스의 믿음은 하나의 밀알이 돼 모라비안 공동체를 탄생시켰고, 100년 뒤 루터 종교개혁의 토대가 됐습니다. 니콜라우스 진젠도르프, 존 웨슬리에게도 영향을 미쳐 전 세계로 복음이 확장되는 결과를 낳았습니다.

교회가 지켜야 할 불변조를 지키지 못하면 중세 기독교처럼 세속 타락에 빠지게 되고, 그것을 참 신앙으로 고치기 위해서는 안에서의 핍박을 받아 순교를 해야 했습니다. 지금 우리는 생명을 걸고 신앙의 불변조를 지키는 신앙생활을 해야 합니다. 특히 밖으로부터의 핍박이 없을 때 개인도 교회도 스스로 불변조를 지키는 신앙에 소홀하지 않아야 합니다.

불변조를 생명 걸고 지키는 것이 참 신앙입니다.

5. 유능한 목회자들은 비난과 배신을 당해 고독을 경험하였습니다.

모세도, 엘리야도, 요나도, 바울도 모두 위대한 능력의 종들이었지만 비난과 핍박과 배신을 당하며 죽여 달라고까지 한 때가 있었습니다.

역설적으로 설명하면, 그들이 죽여 달라고 할 만큼의 어려움을 경험하였기 때문에 위대한 능력의 종들이 되었습니다. 인간은 자기 생명이 위협을 받을 때 전적으로 하나님만 신뢰하는 순수한 신앙을 갖게 됩니다. 바로 그 순간의 기도가 최고 간절한 기도입니다. 그럴 때 하나님께서 즉시 친히 함께해 주시며 기적을 주십니다. 모세의 홍해 사건도, 엘리야의 갈멜산 제단 불의 응답이 모두 그것이었습니다.

목회자에게 비난, 핍박이 문제가 아니고, 하나님께서 직접 함께해 주실 수 있을 만큼 순수한 신앙과 간구이냐가 관건입니다.

고전 10:12-13 "그런즉 선 줄로 생각하는 자는 넘어질까 조심하라 사람이 감당할 시험 밖에는 너희가 당한 것이 없나니 오직 하나님은 미쁘사 너희가 감당하지 못할 시험 당함을 허락하지 아니하시고 시험 당할 즈음에 또한 피할 길을 내사 너희로 능히 감당하게 하시느니라"

하나님께서는 감당할 수 있는 시험만 주시고, 피할 길도 열어서 능히 감당하게 하십니다. 시험 당할 때는 (마 28:20)"내가 너희에게 분부한 모든 것을 가르쳐 지키게 하라 볼지어다 내가 세상 끝날까지 너희와 항상 함께 있으리라" 하십니다. 주님이 친히 함께해 주시며 감당하게 해 주십니다.

(계 2:19)"내가 네 사업과 사랑과 믿음과 섬김과 인내를 아노니 네 나중 행위가 처음 것보다 많도다." 비난과 배신을 바로 받으면 수고와 인내를 알아주시고 더 큰 유익을 주십니다. 반드시 승리합니다.

6. 비난하는 사람을 관용과 사랑으로 대합니다.

다윗은 맞대놓고 비난 배척하는 시므이에게 이 이상 너그러울 수가 없을 정도로 관용으로 대하였습니다. 예수님께서 (마 5:38-39)"또 눈은 눈으로, 이는 이로 갚으라 하였다는 것을 너희가 들었으나 나는 너희에게 이르노니 악한 자를 대적하지 말라 누구든지 네 오른편 뺨을 치거든 왼편도 돌려 대며"라고 말씀하셨습니다. 사도 바울도 (롬 12:19)"내 사랑하는 자들아 너희가 친히 원수를 갚지 말고 하나님의 진노하심에 맡기라 기록되었으되 원수 갚는 것이 내게 있으니 내가 갚으리라고 주께서 말씀하시니라"라고 했습니다. 원수가 주릴 때 먹이고 목마를 때 마시게 하는 것은 숯불을 그 머리에 쌓아 두는 것입니다(롬 12:20).

뉴질랜드 최초의 성공회 주교 조지 셀윈(George A. Selwyn)은 대학 때부터 권투 선수로 이름난 장사였습니다. 한번은 깡패 무리가 찾아와 이유도 없이 폭력을 쓰고 난동을 부리며 두목이 주교의 얼굴을 구타하는 일이 벌어졌습니다. 힘으로 대한다면 손쉽게 그들을 쓰러뜨릴 수 있었지만 성직자인 그는 아무 대꾸도 하지 않고 침착하게 그리스도의 사랑으로 대했습니다. 깡패들은 그렇게 모욕을 주었는데도 생각밖의 친절을 받자 의아해 하면서 정글 속으로 달아났습니다.

몇 년 후 조지 셀윈 주교가 병에 걸려 요양하고 있을 때였습니다. 그를 때렸던 깡패 두목이 예수님을 영접하고 주교님께 세례를 받겠다고 찾아왔습니다. 주교가 물었습니다. "무슨 세례명을 갖고 싶습니까?" "저를 '조지 셸윈'이라고 붙여 주십시오. 대주교께서 제게 그리스도를 보여 주셨습니다."라고 하였습니다. 이런 것이 비난자를 관용으로 그리스도의 사랑을 베푼 대가로 주신 하나님의 심판이라고 할 수 있습니다.

7. 목회자가 비판하고 괴로움 주는 상대를 도리어 사랑하고 도와줍니다.

다윗이 반란을 피해 쫓겨 갈 때 사울왕 집안사람인 시므이가 왕인 다윗을 향해 돌을 던지기까지 하며 저주하였습니다. 부하 장군이 '목을 베겠다.'는 것을 "내 자식도 반란을 일으키는데 타 지파 사람이 안 그러겠는가?" 하며 죽이지 못하게 막아 살려줬습니다. 그런데 다윗이 반란군을 진압하고 예루살렘궁으로 돌아올 때 시므이가 맨 먼저 요단강으로 나가 다윗을 영접했습니다. 죽을죄를 지었기 때문에 아첨하는 모습을 보며 부하 장군이 "이놈의 목을 자르리이까?" 하자 다윗이 "왜 이 좋은 날에 사람을 죽이겠느냐?"하며 또 살려줬습니다. 다윗은 사울왕의 후손과 재산을 찾아 보호해 주었습니다.

다윗은 하나님께서 자기를 용서해 주신 것을 기억하며 자기를 괴롭히는 자를 살려주고 도와준 것입니다.

(눅 23:34)예수님께서 십자가에 달려 드리신 첫 번 기도가 "아버지 저들을 사하여 주옵소서 자기들이 하는 것을 알지 못함이니이다"였습니다. 예수님은 자기를 죽이는 무리를 용서하여 달라는 기도부터 드리셨습니다.

미국 역대 대통령 중에 가장 존경 받는 이가 제16대 에이브러햄 링컨

대통령입니다. 그가 내각을 조직하면서 에드윈 스탠튼을 당시 가장 중요한 국방장관에 임명했습니다. 스탠튼은 링컨이 변호사일 때 '애송이 변호사'라고 경멸하였고, 대통령 후보 경합에서는 '비천하고 교활한 시골 촌놈', '오리지널 고릴라'라고 하는 등 말할 수 없는 수모와 욕설을 안겨 준 정적입니다.

모든 참모들은 링컨의 임명에 충격을 받고 "왜 하필 원수를 중요한 자리에 임명합니까?" 하고 항의를 했습니다. 그러니까 링컨은 "이제 그 사람을 중요한 자리에 임명함으로써 나는 적이 없어져서 좋고, 나를 해치던 그가 나를 돕게 되었으니 내가 저 사람에게 도움을 받아서 좋지 않소? 내가 이 사람을 용서하고 중요한 자리에 임명한 것으로 인해서 내가 도대체 무엇을 잃었단 말이오?"라고 대답했습니다.

원수에게 복수하면 복수하는 사람과 복수 당하는 사람 모두가 파멸당합니다. 그러나 용서하면 용서하는 사람과 용서 받는 사람 모두가 축복을 받습니다. 복수를 해서 둘 다 참패하기보다 용서함으로 둘 다 진정한 승리를 하는 것이 예수님의 십자가 사랑입니다. 링컨을 위대한 대통령으로 만든 것이 예수님의 십자가 사랑이었습니다.

신앙생활의 정점은 원수까지 용서하고 사랑하고 도와주는 것입니다. 목회의 진정한 승리는 비판하고 괴롭히는 사람까지 사랑하고 도와주는 데서 옵니다.

러시아의 문호 톨스토이가 "욕을 먹든가 모함을 받으면 기뻐하라. 오히려 칭찬을 받으면 조심하라."고 한 것은 목회에도 명심할 말이고, "악인의 비난은 강요된 칭찬이다."고 한 알렉산더 포프의 말도 옳습니다.

2

참 목회의 임무와 동역

설교는 왜 하는가?

행 20:24 "내가 달려갈 길과 주 예수께 받은 사명 곧 하나님의 은혜의 복음을 증언하는 일을 마치려 함에는 나의 생명조차 조금도 귀한 것으로 여기지 아니하노라"

하나님께서 바울 사도를 통하여 '설교의 본질'을 밝히 가르쳐 주셨습니다. 이 말씀이 '설교는 왜 하느냐?'의 정답이고, 우리는 이 말씀을 통해 바울 사도의 설교를 본받을 수 있습니다. 우리도 바울 사도와 같이 '설교의 본질'대로 설교를 하고 있는지를 확인해 보십시다.

1. 하나님의 메시지(Message)를 전하기 위해 설교합니다.

바울 사도는 "하나님의 은혜의 복음"을 증언한다고 하였습니다. 즉 '메시지'를 전하기 위해 설교하였습니다.

설교[(말씀說, 가르칠敎) 본래는 강도(익힐 講, 길 道)], 즉 Preaching이나 Sermon

은 사람이 만듭니다. 설교는 길게 할 수도 있고, 짧게 할 수도 있습니다. 재미있게도(우습게도), 어렵게도(학술적으로도) 할 수 있습니다. 서론, 본론, 결론 내고 다양하게 작성합니다.

그러나 바울은 "하나님의 은혜의 복음"이라고 불렀습니다. 즉 '메시지'는 하나님이 주시는 말씀입니다. 그런데 문제는 설교자가 '하나님(성부)의 은혜(성령)의 복음(성자)'(메시지) 없는 설교(Sermon, Preaching)만 하기 쉽습니다. 메시지 없는 설교(Sermon, Preaching)에서는 근본 영적 변화나 구원이 오지 않습니다. 왜냐하면 그것은 사람의 말이기 때문입니다.

예레미야 선지자는, (렘 14:14)"여호와께서 내게 이르시되 선지자들이 내 이름으로 거짓 예언을 하도다 나는 그들을 보내지 아니하였고 그들에게 명령하거나 이르지 아니하였거늘 그들이 거짓 계시와 점술과 헛된 것과 자기 마음의 거짓으로 너희에게 예언하는도다"라고 하였습니다. 세상에는 하나님의 부르심도, 보내심을 받지도 아니한 '거짓 설교자'가 있다고 하였습니다.

존 낙스(John Knox)는 "성경 본문을 가지고도 비 성경적 설교를 하는 이가 있고, 성경 본문에 얽매이지 않고도 전적으로 성경적 설교를 하는 이가 있다."라고 하였습니다. 하나님의 보내심을 받지 않은 설교자는 성경을 많이 인용하고 전하여도 목적이 전부 자기 이득을 위해서입니다. 자기를 위한 목적으로 하는 것은 성경을 가지고 해도 비성경적인 설교입니다.

'이단'들은 오히려 건전한 교회보다 더 성경을 강조하며, 자기들이 성경적이라고 주장합니다. 그러나 하나님의 보내심을 받은 일이 없기 때문에 거짓 선지자입니다. 성경을 아무리 많이 강조하고 주장해도, 결국 자기 이득을 위한 목적이기 때문에 성경을 왜곡된 악용으로 인용 주장하는 이단입니다.

비록 부르심을 받은 교회 설교자라도 메시지, 즉 '하나님의 은혜의 복음'이 없는 설교만 하거나, '자기 이득'이나, '나의 목회'를 위한 목적으로 한다면 그것 역시 비성경적이고, 단순히 '인간의 말'에 불과합니다. 그 설교는 개인 심령을 메마르게 하고 교회를 병들게 합니다. 우리는 나의 목회 문제가 여기서 왔는지를 살펴야 합니다. 설교의 생명은 메시지입니다. '하나님의 은혜의 복음'이 올바로 전달되면 구원이 오고 변화가 옵니다.

옛날 설교자들은 복음을 선포하는 자세로 했다면 근간 우리 개신교 설교자들의 설교 제목을 보면 '구호'가 많고 '교육적' 제목이 많습니다. '구호'와 '교육'은 설교하는 '목사의 말'입니다. 여기에 성경 말씀을 각주로 쓰거나 인용하면 하나님을 모독하는 행위입니다.

제임스 잉글리스(James Inglis)는 재능 있는 웅변가로서 에딘버러대학을 졸업한 후 디트로이트시에서 손꼽히는 설교자가 되었고, 교인은 날마다 늘어갔습니다. 어느 날 그가 다음 주일의 설교 준비를 하고 있을 때, 문득 "잉글리스, 넌 무엇을 설교하느냐?"란 음성이 들렸습니다. 놀란 그가 "난 훌륭한 바른 신학을 설교합니다."라고 말하자, "내가 묻는 것은 바로 네가 설교하는 것이 누구에 대해서인가이다." 했습니다. 잉글리스는 한참 동안 답을 찾지 못하고 머리를 푹 수그린 채 침묵 속에 머뭇거릴 수밖에 없었습니다.

그런데 그는 벌떡 일어서서 자기 입으로 크게 말했습니다. "하나님! 지금까지는 나의 이익을 위해 제임스 잉글리스를 간증했습니다. 이제부터는 주님과 구원받아야 하는 사람을 위해 십자가에 못 박히시고 부활하신 예수님만을 증언하겠습니다!” 하고 서약하였습니다.

오늘날 설교자인 ‘나’에게 이 서약이 꼭 필요합니다. 과연 그런 서약을 할 수 있습니까? 쉽지 않은 과제입니다. 아직 나에게 “네가 설교하는 것이 누구에 대해서인가?”라는 음성이 안 들렸다면 많이 고민해야 합니다!

목사가 강단에서나 사담 속에서 언제나 ‘메시지’를 말하면, ‘설교자가 강단에서 하는 설교는 다 하나님의 말씀이다.’ ‘목사가 하는 말은 다 하나님의 말씀이다.’라고 할 수 있습니다.

이것이 가장 바람직한 참 목회입니다. 예수님은 강단 설교를 하신 일이 몇 번뿐, 별로 없으셨습니다. 산에서, 다락방에서, 배(船) 위에서, 잔치집에서, 방에 앉아서, 광야에서, 심지어 십자가상에서 말씀하셨습니다. 예수님의 목회는 강단이 따로 없는 목회였습니다. 온 세상이 다 강단이었습니다.

바울의 경우도 강단 설교는 적었고, 대부분 어디서나 메시지를 전하였습니다. 한경직 목사님을 30년 이상 옆에서 모셨는데, 그 어른은 ‘강단의 말씀’이나 ‘사석 사담’이나 메시지의 말씀을 하셨습니다. 성경 본문을 따로 읽지 않았는데도 전적으로 성경적 복음입니다. 이렇게 되면 시간(예배)과 공간(강단)을 초월하여 성공적 목회입니다.

물론 강단 설교가 필요 없다는 말이 아닙니다. 시대와 환경이 달라져도 강단 설교는 꼭 필요합니다. 다만 강단 설교만을 ‘하나님의 말씀’으로 생각하지 말라는 것입니다. ‘하나님의 은혜의 복음’은 장소(강단)나 시간(예배)의 제한을 받지 않습니다. 예수님처럼 해야 합니다.

우리의 목회가 예배 강단과 사담의 차이가 생기면서 문제가 왔습니다. 대부분 예배 강단에서 전하고, 사생활로 깨는 이유는 강단과 사담이 다르기 때문입니다. 강단에서 전한 말씀이 사석에서 뒷받침되면 확실한 열매를 맺게 됩니다.

언제나 설교자는 하나님의 보내심을 받아 메시지를 전하는 것이 책임이요 사명입니다.

정의를 내린다면, "설교는 ① 하나님의 부름(택함)을 받고 ② 보내심을 받은 그리스도인이 ③ 하나님이 임재하신 가운데서 ④ 성령님의 인도 역사하심대로 ⑤ 하나님께 받은 은혜의(예수님의 구원의) 복음을 ⑥ 시간(예배) 장소(강단)에 제약받지 않고 ⑦ 남에게 전하는 임무"입니다.

우리에게는 아직 남은 시간이 있습니다. "설교는 왜 하는가?" 하나님의 '은혜의 복음'을 전하기 위해 하십시다!

한경직 목사님께 '설교에 관한 질문'을 했는데, 한 목사님은 자신의 설교관과 태도를 다음과 같이 말씀하셨습니다.

"나는 다음과 같은 기본 입장을 생각한 후 기도하고, 기도한 후 다시 생각하는 중에 내심에 나 나름대로 간직하는 바 생각이 있노라."라고 하시며, "(1) 강단은 시국 강연장이나 정치논단이 아니라는 점을 항상 기억한다. (2) 다른 사람(대통령)의 흠점을 거론하지 않는 대원칙을 잊지 않는다. (3) 더구나 본인이 없는 곳에서 그 사람에 대한 공격적인 얘기를 공개적으로 하는 일은 절대로 없어야 한다(비난이다). (4) 어느 특정인에 관한 일은 언제나 직접 그 개인에게 조용히 충고하고 주의를 촉구한다. 그것이 정치적이거나 도덕적이거나 상관할 것 없이 그런 방법을 취하되, 이 사사로운 면담의 대화 내용은 비록 공적인 것이라 하여도 그 내용을 공개하지 않는 것이 원칙이다. 목사는 남의 임종 회개에 대해서는 절대 비밀을 지켜야 한다. 듣고 회개자와 대담하고, 그를 위해 기도드릴 뿐이어야 한다. 그 외에 남에게 언급하면 '범죄행위'가 된다. (5) 정치 노선에 유관한 것은 나는 '국가의 안보적 차원'에서 '심사숙고'한다. '안보문제를 정치적으로 이용하여 통제정책에 이용하는 폐단과 위험이 있다 하더라도' 그 자체가 정말 국가안보에 미칠 가능성이 없다고 단언할 수 없는 한, 예를 들어 '3·1 운동' '6·25' 때 같은 경우에는 '안보 위주의 길을 걷고자 하는 것이 나의 생각이다.'"라고 하셨습니다. 이 말씀에 공감이 되어 저도 그대로 실행하고 있습니다.

2. 듣는 이의 영혼을 살리기 위해 설교합니다.

바울 사도는 '하나님의 은혜의 복음 증언하는 일'이라고 하였습니다. 복음의 초점은 '사죄와 구원'입니다.

하나님이 하시는 일과 사람이 하는 일은 근본적으로 다릅니다. 하나님께서는 우리 인생에게 영육의 생명을 주시고, 생명을 재생시키십니다. 인간은 생명을 줄 수 없고, 도리어 생명을 죄로 더럽히고, 상하게 하고, 병들게 하고, 약하게 하고, 죽입니다.

설교는 하나님의 일입니다. 죄로 죽은 영을 재생시키고, 살리는 일입니다. 설교가 영적 생명을 살리는 일에 초점이 맞지 못하면 윤리, 도덕, 교훈입니다. 그러나 사람은 먼저 영이 살아야 윤리 도덕이 이루어집니다.

그러므로 설교는 윤리, 도덕에 초점을 맞추지 말고, '듣는 이의 영을 살려야' 합니다.

우리가 예화로 자주 쓰는 이야기입니다.

한 크리스천 아버지가 임종에 아내와 딸의 손을 잡으며 "여보, 굿나잇 (good night)! 다시 만나요!" 했습니다. 그런데 아들의 손을 잡고 "사랑하는 내 아들아, 굿바이(good bye)"라고 했습니다. 아들이 "아버지, 왜 제겐 굿나 잇이라고 하지 않고 굿바이라고 하세요?" 했습니다. 아버지가 "얘야, 넌 그리스도를 오랫동안 거절하고 있다. 구원받은 자와 받지 못한 자의 내 세는 다르다. 구원을 잃은 자는 영원히 하나님과 떨어지게 된다. 다시 만 날 수 없단다. 그래서 굿바이가 된다!" 했습니다. 순간 아들은 눈물을 글 썽이며 "아버지, 저도 지금 아버지 앞에서 그리스도를 저의 구주로 영접 합니다. 믿습니다. 저도 천국에서 아버지를 꼭 만나도록 할게요!" 했다 고 합니다.

설교자는 설교마다 임종 때 가족 구원을 챙기듯이 모든 사람의 영혼 구원에 초점을 맞추어야 합니다.

3. 듣는 이의 믿음을 일으키기 위해 설교합니다.

바울 사도는 "주 예수께 받은 사명"이라고 하였습니다. 즉 절대자 하나님께로부터 받은 '명령'이기 때문에, 생명 걸고 100% 순종한다는 것 입니다.

하나님의 명령에 의해 이 우주가 창조되었습니다. 하나님의 명령이 우 주의 의미이고 존재 가치입니다. 우주에는 명령자의 계획과 목적이 있 을 뿐입니다. 따라서 명령자가 전적으로 책임을 다 집니다. 모든 존재는 하나님의 명령으로만 살게 되어 있습니다.

하나님의 명령은 사람들이 전혀 가감, 수정, 취소, 의견, 간섭할 필요도

목회백화

없고, 관계없이, 홀로 명령하십니다.

하나님의 명령을 100% 무조건 순종하는 것이 신앙입니다. 현대 그리스도인들과 교회의 맹점은 순종이 없어졌다는 점입니다. 하나님의 뜻에 순종이 부족해지면 병든 신앙입니다. 불순종하면 죽은 신앙입니다. 순종 없는 신앙은 신앙이 아닙니다.

그런데 오늘날, 하나님의 뜻에 100% 순종하는 것은 힘듭니다. ‘어떻게 그렇게 철저하게 다 지킬 수가 있는가?’라고 생각하는 목회자가 많습니다. 그런 마음 자체가 병든 마음입니다. 생명은 100%여야 합니다. 이것이 하나님의 생명 창조, 유지 원리입니다.

사람은 하루에 23,000여 번 호흡합니다. 나는 세상에 태어나는 순간부터 호흡했는데 만 100년 839,500,000여 번의 호흡을 하였습니다. 단 한 번도 쉬지 않고 100% 호흡했기 때문에 살아 있습니다.

심장은 하루에 107,000번 박동합니다. 지금까지 심장 박동 수는 셀 수도 없습니다. 분명한 것은 100% 단 1초도 쉬지 않고 박동했다는 것입니다. 우리의 뇌도 뇌세포가 1,000억 개이고, 수십만 km에 달하는 신경회로로 되어 있는데 100% 작동하기 때문에 살고 있습니다.

영혼은 호흡, 심장, 뇌 다 합해도 비교가 안 될 정도로 신비롭고 복잡합니다.

파스칼은 “우주 내 최고 신비와 기적은 인간의 영혼이다.”라고 하였습니다. 그렇습니다. 태양, 공기, 물, 산, 바다 모든 동식물들은 다 없어서는 안 되는 존재들이지만 그것들에는 영혼이 없습니다. 그것들은 하나님과 교제가 안 됩니다. 의식과 판단과 의지가 없습니다. 인간만이 유일하게 영혼이 있어 하나님을 경외하며 예배드리고 교제하고 하나님 심부름을 합니다. 그래서 '천하보다 귀하다'는 것입니다. 만약 인간의 영혼이 죽으면 오히려 '가장 악한 존재'가 됩니다. 하나님께서 하나님의 형상대로 지은 인간들이 하나님과 교제하고 하나님의 뜻을 이루며 살라고 지구를 지으셨는데, 인간들이 범죄하여 영이 죽으면 지구 존재의 의미가 없어집니다. 그러므로 인간이 영적으로 살아 지구 존재의 의미를 살려야 하는 책임이 있습니다.

하나님께서 인간을 천하보다 귀중히 여기시는 이유가 여기에 있습니다. 인간의 영혼이 살아있어야 합니다.

혹시 우리가 단 한 번이라도 "하나님, 나의 호흡, 심장, 뇌 작용이 100%가 안 되도 되겠습니다."라고 할 수 있습니까? 말이 안 되는 말(어불성설[語不成說])입니다. 마찬가지로 "우리가 하나님의 뜻을 100% 지키지 못하겠습니다."라는 것은 어불성설입니다.

사람은 공기압력을 지고 삽니다. 아무도 기압이 무겁다고 불만하거나, '벗어 버리겠다.'는 사람이 없습니다. 왜냐면 벗으면 즉시 죽기 때문입니다.

하나님의 뜻은 공기압력보다 더 무겁고 중요합니다. 그러나 벗으면 그 즉시 영이 죽습니다. 100% 순종만이 영적 생명이 사는 것입니다. 이것만이 가장 평안하고, 모든 활동과 생활에 능력이 있게 됩니다.

하나님의 뜻에 100% 순종하는 것은 결코 어려운 일이 아닙니다. 당연한 일입니다. 심장이 사는 날까지 100% 박동하듯이, 우리가 항상 호흡하듯이, 목회자는 목회 건강을 마지막까지 유지해야 삽니다.

엄밀히 말하면 신앙생활의 핵심은 하나님 뜻에 100% 순종하는 것입니다! 기타는 액세서리(accessory)입니다.

하나님께서는 생명을 창조하시고 100% 상태로 지속하게 하십니다.

하나님의 뜻과 명령에 100% 순종하는 것이 영육이 생명 유지하는 길입니다. 결코 어려운 일이 아닙니다. 당연합니다. 하나님께서 신비의 힘으로 도우십니다. 문제는 내가 100% 순종하느냐입니다.

한번은 퍽 오래전에 김세진 목사(동신교회, 대한예수교장로회 통합 제50회 총회장)께서 중요한 행사의 설교를 하시며 "제가 기도가 막히고 설교를 하는 데 별로 은혜가 되지 않아 곰곰이 생각하니 냉면집에서 필요 이상의 이쑤시개를 가져온 것이 생각나서 회개하고 그 냉면집에 가서 주인에게 지난번에 이쑤시개 여러 개를 가져간 것을 용서해 주세요!" 했더니 퉁명스럽게 "그 따위 것을 뭘 다 회개합니까?" 책망조로 한마디 하더니 선반에서 이쑤시개 큰 통 두 개를 내려 주며 "갖다 쓰세요!" 하더라는 것을 말씀하며 "회개했더니 당장 복을 내려 주시더라."라고 하셨습니다.

젊은 목사인 나는 '그까짓 이쑤시개 같은 것을 말씀하시는가?' 하며 한갓 웃기는 코미디로 평하는 심정이었습니다. 그런데 지금까지 수십 년 지났는데도 아직 내 귓가에 그 음성이 들리는 것 같습니다.

김세진 목사님 영성은 눈알같이 맑고 예민해서, '이쑤시개 통증'을 견딜 수 없어 하나님 앞에 회개하고 냉면 주인에게 사과하였는데, 내 영성은 발바닥같이 둔해져서 '욕심과 거짓'이 남아 있어, 교회를 상하게 하면서도 아픔을 느끼지도 못하니, 영성의 차이가 크다는 것을 실감합니다.

현미경으로나 볼 수 있는 작은 코로나 바이러스가 폐에 들어가 전 인류가 병들고 많이 죽었는데 이쑤시개는 대들보와 같습니다. 이쑤시개를 작게 보는 내가 문제입니다. 죄 바이러스는 코로나 바이러스보다 더 작아 현미경으로도 볼 수 없습니다. 하나님 뜻에 순종하는 영성이 눈알같이 맑고 예민해야 죄 통증을 견디지 못합니다. 발바닥처럼 둔화되면 순종생활이 전혀 안 됩니다.

성경에 보면 "여호와께서 모세에게 이르시되"가 '백 번'도 넘습니다. 모세는 그 말씀대로 다 순종했습니다.

꼭 한 번 므리바에서 물이 없을 때 여호와께서 모세에게 "반석에게 명령하여 물을 내라" 하셨는데, 모세는 "우리가 너희를 위하여 이 반석에서 물을 내랴" 하며 지팡이로 반석을 두 번 쳤습니다(민 20:7-13). 모세의 이 한 번 실수로 불순종한 것이 큰 벌(가나안 진입 인솔권 박탈, 가나안 땅에 들어가지 못함)로 돌아왔습니다. 모세는 그마저 순종했습니다.

하나님의 능력과 영광을 도적하는 것은 큰 죄입니다. 특히 목회자가 짓기 쉬운 큰 죄입니다.

하나님께서는 100% 순종한 여호수아, 갈렙을 쓰셨습니다.

하나님께서 아브라함에게 "고향을 떠나라" 하시면 떠났습니다. "외아들을 바쳐라" 하시면 바쳤습니다. 하나님께서는 책임져 주셨습니다. 순종하여 고향을 떠난 아브라함을 '믿음과 선민의 조상'으로 선택하셨습니다. 순종하여 독자를 바쳤을 때 그 후손이 '하늘의 별, 바닷가의 모래같이 번성'하게 하셨습니다.

하나님의 명령은 우리 인생을 위해 주십니다. 아니 나를 위해, 나라와 민족과 인류를 위해 주십니다. 즉 '명령받는 사람'을 위해 주십니다. 하나님의 명령을 지킴으로 인생의 목적도, 방법도, 비결도, 성공도, 가치도, 복도, 보상도 모두 얻게 됩니다.

설교는 하나님의 말씀에 100% 순종하는 믿음의 결심과 변화가 일어나게 하기 위해 합니다. '하나님 명령 100% 더하기 목회자 순종 100%가 목회'입니다.

바울 사도의 위대성은 자신이 직접 목숨 걸고 하나님의 명령에 100% 완전 순종하는 믿음의 생활을 하면서, 교우들이 100% 순종하는 믿음을 갖게 하기 위해 설교하였다는 점입니다.

교회생활은 믿음을 얻기 위해 합니다! 설교는 왜 합니까? 교인이 믿음을 얻게 하려고 하는 것입니다.

4. 지금 영적으로 원(Want)하는 것, 필요(Need)한 것, 유익(Useful)한 것을 주기 위해 설교합니다.

사람은 일생 자기가 원하는(Want) 것과 필요한(Need) 것과 이익(Profit)이 되는 것을 위해 힘쓰는 본능을 가지고 있습니다. 영적으로도 마찬가지입니다.

바울 사도가 "하나님의 은혜의 복음 증언하는 일을 '마치려 함에는'"이라고 한 것은 물론 시간적으로 마지막까지 끝내겠다는 뜻이 있습니다. 즉 완수한다는 뜻입니다. 그런데 이 "마치려 함에는"의 헬라어 텔레이오오는 "① 완성하다, 완전히 해내다, 이룩하다, 끝마치다 ② 완전하다, 완벽하게 갖추다 ③ 의도한 목표를 끝내다"라는 뜻이 있습니다.

곧 사람의 영적인 Want(원함)와 Need(필요)와 Usefulness(유용성)를 완전히 채워 주는 일을 '마치게' 하겠다는 의미도 됩니다.

제가 교계 지도자들과 원로들에게 이 강의를 하였을 때 원로들 반응이 "이 항목은 뺐으면 좋겠습니다. 지금 한국 개신교 강단 설교가 물질적으로, 현실적으로 필요한 것, 원하는 것, 이로운 것만 강조하여 세속 타락에 기울어지는 것이 문제인데 혼돈하기 쉽겠습니다." 하는 말을 들었습니다. 내가 강조하는 것은 철저하게 영적으로 원하는 것, 필요한 것, 유익한 것입니다.

예를 들어 보겠습니다. 할머니들이 어린 손자에게 등을 긁어 달라고 하는데, 가려운 데는 긁지 않고 엉뚱한 데만 긁으면 "등 하나도 제대로 긁지 못하니? 비켜, 그만둬라." 하고 꾸지람하며 화를 냅니다. 그러나 가려운 데를 정확하게 긁어 드리면, "아이고 내 새끼 장하다! 내 새끼 최고다!" 칭찬하며 좋아합니다.

인생의 가려운 데가 곧 영적으로 Want와 Need와 Usefulness입니다. 교인들이 영적으로 심히 가려워서 교회에 찾아 나왔는데, 설교가 그 영적 Want와 Need와 Usefulness와는 거리가 먼, 도리어 영적이 아닌 육신적으로 현실적, 물질적, 정치적 원하는 것, 필요한 것, 이로운 것을 설교라고 하면 이는 엉뚱한 데만 긁는 것과 마찬가지입니다. 원하지도, 필요하지도, 유익하지도 않은 설교만을 한다면, 교인들은 화만 내게 되고, 설교자를 원망하게 됩니다. '교회에 나오는 것을 원치 않는다, 필요 없다, 유익이 없다'는 반응만 나오게 됩니다.

그러나 영적 Want와 Need와 Usefulness를 시원하게 해결해 주는 설교를 하면 기쁨과 만족감이 충만하여 돌아가며 "역시 교회에 나오기를 원한다! 꼭 필요하다! 매우 유익하다!"는 간증이 나옵니다. "역시 우리 목사님이 좋아! 고마워!"라고 하게 됩니다.

사막에서 목이 타 죽게 되었을 때 원하는 것도, 필요한 것도, 유익한 것도 오로지 '물'입니다. 그러므로 물을 찾아 헤맵니다. 이런 때 물 한 컵을 주면 그야말로 생명수입니다. 천하보다 더 귀한 보배입니다. 한 방울도 남기지 않고 다 마십니다. 그 물 때문에 살게 되고 물을 준 이를 영원히 잊지 않습니다.

예수님께서 (마 6:33)"너희는 먼저 그의 나라와 그의 의를 구하라 그리하면 이 모든 것을 너희에게 더하시리라"라고 하셨습니다. "먼저 그의 나라와 그의 의" 즉 영적 은혜를 구하면, "이 모든 것" 즉 "육적 은혜를 더 주시겠다."라고 말씀하셨습니다.

우리 한국 설교자들은 순서가 잘못되는 경우가 많이 보입니다. 먼저 육적으로 원하는 것과 필요한 것과 유익에 초점을 맞추면 실패 원인이 됩니다.

이는 마치 세상이라는 사막에서 목이 타 죽어 가는 사람에게 '금'덩어리, '다이아몬드'를 주는 것과 같습니다. 사막에서는 '물'이 아니면 죽습니다. 다른 어떤 것도 소용이 없습니다.

'생수' 같은 '하나님의 은혜의 복음'으로 지금 영적으로 '원하는 것' '필요한 것' '유익한 것'에 해결을 주어야 합니다. 그런데 근간 한국 교회 강단에 생명수인 '하나님의 말씀'은 마르고, 세상 육신적 '원하는 것' '필요한 것' '유익한 것'만을 전하는 경향이 많아졌습니다. 위기입니다.

바울 사도는 언제나 사람의 영혼을 살리는 데 우선순위를 두고 주력하였습니다.

5. 신자들에게 증언(證言)하기 위해 설교합니다.

바울 사도는 "하나님의 은혜의 복음을 증언하는 일"이라고 하였습니다.

'증언'은 법정 용어입니다. 소송법상 '증인'이 법원 심문에 대하여 자기가 경험한 바를 그대로 진술하는 일입니다. 또는 그 내용을 아는 그대로 말하는 것입니다. 선서한 증인이 허위의 진술을 하면 위증죄의 문책을 받습니다.

개신교 설교자들이 대부분 증언이 아니라 설득식 설교를 하고 있습니다. 그러므로 일반 사회에서까지 '나에게 설교하지 말라.'라는 거부 용어가 되었습니다. 즉 나에게 설득식 강요를 하지 말라는 말입니다. '설교는 강요다.'가 되었습니다. 개신교 목사들이 설교를 설득으로만 하였기 때문에 거부에 쓰는 유행어가 되었습니다.

사람들은 설득 당하는 것을 좋아하지 않습니다. 왜냐하면 설득자가 듣는 이의 입장은 고려하지 않고 일방적 이론으로 따라오라고 강요하기 때문에 끌려가기 싫고, 따라가고 싶지 않은 것입니다.

설득은 웅변 용어인데 설교는 웅변이 아니라 증언입니다. 특히 증언 아닌 설교가 교인들을 피곤하게 하고 교회를 떠나가게 하고 있습니다.

납득식 증언이 효과적입니다. 납득은 듣는 이와 대등한 입장에 서서 상대방을 이해시켜서 듣는 이가 스스로 뛰게 하는 것이기 때문에 납득은 듣는 이가 고맙게 생각하며, 환영하게 되고, 호감으로 받습니다.

억지로 *끄*는 것이 설득이고, 같은 눈높이에서 밀어주는 자세로 돕는 것이 납득입니다. 설득이 명령형, 강요형이라면, 납득은 협의, 협조, 상의형입니다.

예수님께서 사마리아 여인에게 "물을 좀 달라"라고 하셨습니다. 납득식 방법으로 대하셨습니다. '회개하라'로 즉 설득식 설교로 시작하지 않으셨습니다.

삭개오에게 "속히 내려오라 내가 오늘 네 집에 유하여야 하겠다"고 하셨습니다. 역시 설득식으로, 설교로 대하지 않으시고 납득식 대화로 시작하셨습니다.

그러나 예수님은 사마리아 여인에게 (요 4:16)"가서 네 남편을 불러오라" (요 4:18)"너에게 남편 다섯이 있었고 지금 있는 자도 네 남편이 아니니 네 말이 참되도다"라고 하셨습니다.

삭개오의 회개를 보시고는 (눅 19:9-10)"오늘 구원이 이 집에 이르렀으니 이 사람도 아브라함의 자손임이로다 인자가 온 것은 잃어버린 자를 찾아 구원하려 함이니라"고 하셨습니다.

메시지(Message)는 이성에게 설명하거나 호소하는 것으로 그치는 것이 아니라, 영적 믿음에게 명령하고 선포하는 것입니다.

설교뿐 아니라, 회의할 때에도 목회자는 미리 목표를 정하고 방법까지 짜고 결론을 내려놓고 강요하는 설득식이 아니라, 문제와 제목을 공개하고 다 같이 충분히 토론하고 연구 의논 후 다수결로 정하는 납득식으로 해야 합니다.

상담할 때도 마찬가지입니다. 상대의 사정을 듣고 명령형으로 말하는 설득이 아니라 들은 후에 상대방에게 어떻게 생각하는가를 묻고 이끄는 납득이 좋습니다.

심방할 때, 설득식보다는 납득식으로 증언하는 것이 좋습니다.

행사, 사업할 때(계획, 시작, 진행, 실행, 준공)에도 납득식으로 하는 것이 원만한 방식입니다.

6. 은혜 받기 위해 설교합니다.

설교는 깨닫게 해주는 면도 있고, 즐겁게 해주는 면도 있고, 위로해 주는 면도 있고, 희망과 사명감을 주어야 하지만, 가장 중요한 것은 은혜 받아야 합니다. 은혜 받기 위해 설교합니다.

바울 사도가 "하나님의 은혜의 복음을 증언하는 일을 마치려 한다"고 하였습니다. 하나님의 은혜, 즉 카리스는 전적으로 하나님께서 거저 주시는 선물입니다!

목회에 은혜가 넘치면 무엇을 하든지 다 유익하고, 엄청난 일들이 이루어집니다. 은혜가 없으면, 무엇을 하든지 되는 일이 없습니다. 은혜 만능입니다!

예배를 드렸는데 축도 마치고 일어나는 성도들이 은혜 받고, 환한 얼굴로 기뻐하는 모습을 보면 그렇게 만족할 수가 없습니다. 당회, 제직회, 공동의회 회의를 했는데 모두 은혜를 받으면 그것이 참 목회입니다. 교회학교 각 부서, 제자훈련, 각종 당회 세미나를 비롯한 성경학교 등 모든 교육을 하였는데, 은혜가 넘치면 교회 발전이 빠릅니다.

예배당 건축하고 은혜가 넘치면 교회와 성도들이 영육 간 복을 많이 받습니다. 운동회, 야외 예배 등 각종 행사를 하고 난 다음에도 은혜가 넘치면 효과가 있는 것입니다. 심방을 하는 것도 은혜를 받으면 참 심방이 된 것입니다. 상담을 하고도 은혜를 받으면 상담이 잘된 것입니다.

은혜가 목회입니다! 목회 성공 요인입니다.

그런데 꼭 같은 일을 꼭 같은 방법으로 했는데 A목사는 은혜가 넘치고, B목사는 은혜가 없다면 왜, 무슨 차이일까요?

하나님께서 바울 사도가 "나의 생명을 조금도 귀한 것으로 여기지 아니하노라” 하는 생활을 보시고 그가 전하는 말씀에 은혜를 넘치게 주셨습니다. 바울 사도가 “나의 생명을 조금도 귀한 것으로 여기지 아니하노라” 한 것은 양면성, 즉 하나님 앞에는 목숨 건 충성의 극치이고 듣는 상대방에게는 목숨 건 사랑의 극치입니다.

설교는 하나님 앞에는 목숨 건 신실한 증인으로, 교우들에게는 목숨 건 사랑으로 증언하는 일에 최선을 다하는 것입니다. 목숨 걸고 하나님을 경외하며 순종하는 삶! 목숨 걸고 사람을 사랑하는 열정! 목숨 걸고 복음을 증언하는 사명감이기 때문에, 하나님께서 큰 은혜를 충만히 주셔서 그의 목회는 감동과 감격이 넘쳤습니다.

감리교의 대표적인 신학자 홍현설 박사가 “한경직 목사에게 있어서 설교는 빼놓을 수 없는 중요한 부분입니다. 첫째 그분의 겸손이 설교이고, 또 그분의 간절한 진실의 기도가 설교이며, 그분의 인격이 설교하고 있습니다. 그래서 그분의 설교는 듣는 사람에게 거리가 없고 친근감을 주며 감동적입니다.”라고 하였습니다.

하나님은 목회자의 생활이 감당할 수 있는 만큼 은혜를 5달란트, 2달란트, 1달란트 주십니다.

7. 우리가 설교하는 것은 충분히 준비된 설교를 하기 위해서입니다.

미국 어느 장로교 젊은 목사가 “나는 목사관에서 교회까지 15분간 걸어오는 동안에 설교를 생각해서 설교합니다.”라고 입버릇처럼 말하였습니다. 그 교회 장로들이 목사관을 아주 멀리 옮기고 “설교를 1시간이라도 더 준비하시라고 멀리 옮겼습니다.”라고 했다는 것입니다. 준비 없는 설교를 듣는 것처럼 괴로운 일이 없습니다.

'설교의 성패는 준비에 달렸다.'라고 해도 과언이 아닙니다.

패스트푸드점인 맥도널드(McDonald's)의 영업은 성공률이 높습니다. 성공 비결은 철저한 준비에 있습니다. 맥도널드의 창업주는 하나의 점포를 개설하기 위해 5만 개의 매뉴얼(manual)을 준비하고 그중 하나라도 미흡할 경우 매장을 오픈하지 않는다는 철저한 원칙주의자로 유명합니다. 그래서 흔히 돌아가는 말 가운데, 미국의 정보원들이 뚫지 못하는 나라도 맥도널드 영업 사원들을 보내면 모든 일이 성사된다고 말할 정도로 세계적인 사업체가 되었습니다.

세상 사업도 준비가 성패를 가릅니다. 하나님의 심부름이고 생명을 다루는 설교야말로 준비가 가장 중요합니다.

스펄전 목사는 하루에 보통 18시간씩 설교 준비를 하였습니다. 그러고도 그를 위해 기도해 주는 성도가 많았다고 합니다. 그들은 수천 명이나 되었습니다.

설교는 해산의 고통이 있어야 위대한 생산이 됩니다.

교회의 분규는 암(癌) 예방으로 막아야

교회생활에서 결코 있어서 안 되는 것이 '분규'나 '분쟁'입니다. 분규나 분쟁이 일어나면 교회의 일부분만 상하는 것이 아니라 교회 전부가 상하고 교회로서의 생명을 잃게 됩니다. 분규나 분쟁을 질병으로 비유한다면 감기 정도가 아니라 '암'에 해당됩니다. '암'은 치명적인 난치병입니다. 절대로 걸려서는 안 되는 병입니다. 목회하는 중에 교회 분규는 절대로 있어서는 안 됩니다.

'암'이 누구에게나 생길 수 있는 것처럼 어느 교회든지 분규나 분쟁은 일어날 수 있습니다. 그러므로 교회는 언제나 분규나 분쟁이 일어나지 않도록 최선을 다해야 합니다.

암은 대략 발견했을 때는 고치지 못합니다. 미리 예방만이 방지 가능합니다. 교회 분규나 분쟁이 그렇습니다. 일단 발생하면 해결할 방법이 없습니다. 분규나 분쟁이 발생하지 않도록 미리 예방하는 것만이 방지 방법입니다.

그렇다면 예방 방법은 무엇일까요? 먼저 암의 원인과 증상을 바로 알고, 예방해야 합니다.

1. 암(분규)의 원인

암세포는 정상세포가 돌연변이(突然變異) 하여 비정상 세포가 되는 것을 말합니다. 이는 사람이 정상적인 생활을 하지 않음으로써 발생할 확률이 높습니다.

비정상적인 사회생활, 흡연, 음주, 마약, 비정상적인 남녀관계, 비정상적인 건강관리, 비정상적인 대인 관계와 불법적 사업, 경마, 도박 등 지나친 욕심에 빠지는 비정상적인 요소들이 우리의 체내에 정상적인 세포가 돌연변이하게 하여 암이 발병하게 되는 것입니다. 대략은 질병이 죄에 대한 심판이라면, 암도 일종의 심판일 수가 있습니다.

그러니까 정상적인 생활에서는 '분규'라는 암이 발생하지 않습니다. 목회나 교회 생활에 비정상적인 것이 있으면 암, 즉 분쟁이 싹트기 시작합니다.

가령 목회자가 비정상적인 교리를 가르치거나, 교우들을 편파적으로 차별하거나, 지나치게 명예욕이나 권세욕에 치우치거나, 잘 의논하지 않고 혼자 고집대로 독주하는 경우, 아니면 개인 사생활에 불명예스러운 비정상적 요소가 발생했을 때 분규 분쟁의 암이 싹틉니다.

혹은 당회(장로들)원들이 고의적으로 목회에 비협조하거나, 재정을 비신앙적으로 절차를 밟지 않고 쓸데없는 일에 낭비하거나, 정확하고 깨끗하게 관리하지 않는 경우, 혹은 지방색이나 쓸데없는 편가름을 하거나, 이단에 미혹되어 잘못된 신앙에 빠지는 일 등이 비정상의 분규, 분쟁의 암세포를 만듭니다.

2. 암(분규)의 증상

암은 대체로 발병 5-10년이 되어야 1센티미터까지 자랍니다. 암은 거의 이러한 진행이 이루어진 뒤에야 발견된다고 합니다. 어떤 사람에게 암이 발견되는 시기가 암이 발병한 시기가 아니라는 것입니다. 이미 그 사람 몸에는 암세포가 5-10년 자라고 있었기 때문입니다. 그런데 이렇게 되기까지 발견하지 못하는 것은 이상 현상이 잘 나타나지 않기 때문입니다.

교회 분규가 그렇습니다. 갑자기 일어나는 경우도 있지만 대부분 오랜 잠복기 후에 발생합니다. 노골화되기 시작하면 걷잡을 수 없을 정도로 악화되어 교회 생명을 끊어 버립니다.

3. 암(분규)의 예방법

다행히도 조기에 발견되면 수술이나 치료에 거의 완치가 가능하지만, 그 이후에 발견되면 수술을 한다 해도 한 번 해보는 것이지 치료 가능성은 낮습니다.

암은 언제 생겼는지 모르는 것이 보통입니다. 교회 분규는 평소에 생기는 줄 모르는 사이에 싹 터서 자라는 것이 보통입니다. 일단 암을 발견했을 때는 치료가 어려운 것처럼 교회 분규가 그렇습니다. 폭발이 되면 당회, 노회, 총회까지 가도 해결이 어렵습니다. 미리부터 예방하는 길밖에 없습니다.

그런데 놀라운 것은 암세포가 가장 싫어하는 것은 정상 세포라고 합니다. 암세포가 확장되고 성장하기 이전에 사람이 정상적인 생활을 찾아 정상적인 삶을 살면 그 암세포는 정상적인 세포에 밀려 빠져나갑니다.

문제는 지금 내가 정상적인 삶을 살고 있는가입니다. 모든 일을 멈추고 자신의 삶을 면밀히 돌아보는 것이 중요합니다.

세계적 암 분야 전문의 김의신 박사는 미국 MD앤더슨 암센터 종신 교수이며, 91, 94년 두 차례 '미국 최고의 의사'로 선정 받은 명의입니다. 그는 "신앙인은 암에 대한 저항력이 높습니다. 교회 찬양대원은 일반인보다 면역세포(일명 NK세포)가 1000배나 많다는 것이 입증됩니다."라고 하였습니다. 예를 들면 200-500명 되는 교회 중보기도팀을 만들어 6개월-1년간 기도했는데 중보기도 환자는 치료 효과가 현저히 다른 것을 체험했습니다. 어떤 환자는 5년 치료하였으나 암세포가 뇌까지 올라가 마지막으로 삶을 정리하려고 호스피스 병동으로 갔으나 환자가 신앙으로 나아서 집으로 돌아간 일이 있습니다. 그는 "이런 기적으로 나은 환자 20명을 보았습니다. 한국에서 온 유명 인사들의 암 치료를 해주면서 이런 사실을 들려주며 전도합니다."라고 하였고, "인생에서 가장 가치 있는 것이 무엇입니까?"라는 질문에 그는 서슴없이 "예수 믿는 것입니다.

30년 동안 암환자를 치료하며 죽음에서 삶으로, 절망에서 희망으로 변화되는 것을 많이 보았습니다."라고 하였습니다. 김의신 박사의 이 말은 의사로서의 체험을 입증하는 내용인데 한마디로 "하나님께 믿음으로 간구하면 의학적으로 고치기 힘든 암을 고쳐주신다"는 체험담입니다. 교회의 암이라고 할 수 있는 분규와 갈등이 발생했을 때는 역시 인간의 힘으로는 치유가 어렵지만 하나님께 고쳐 주시기를 간구하며 화해에 힘쓸 수밖에 없습니다.

전에 어떤 유명한 목회자가 "사랑은 주는 사람과 받는 사람 양쪽을 치료하는 약이다."라고 말하였습니다. 인간에게서 나오는 '사랑'으로는 안 되고, 하나님께서 주시는 아가페 사랑이 주는 사람도, 받는 사람도 완전히 고치는 약입니다. 예수님이 십자가 지시며 주신 속죄애가 죄인을 구원하는 것이 증거입니다. 손양원 목사는 이 사랑으로 두 아들을 죽인 원수를 사형을 면케 하여 아들로 삼았습니다.

우리 목회자는 이 속죄 사랑을 첫째로 하는 화목의 목회를 해야 합니다. "공격은 최선의 방어"라는 말이 옛날부터 내려오고 있습니다. 교회에 갈등이나 분규가 나지 않도록 하려는 방어태세보다 아예 속죄애를 실천하기 위한 적극적이고 공격적인 목회를 하면 갈등 분쟁은 미리 예방이 되어 발생하지 않게 될 것입니다.

한국전쟁 직후 나라는 폐허가 되고, 그중에서도 누구의 관심도 받지 못하는 폐가(廢家)처럼 된 컴컴한 나병 환자 수용소에 미국 로터리 클럽

회원들이 방문한 일이 있었습니다. 그런데 그곳에서 오래 있었다는 미국 간호 선교사가 보기에도 참혹한 나병 환자의 고름 난 상처를 치료하고 있는 모습을 보게 되었습니다. 고생 안 해도 되는 미국의 공부한 여성이 왜 이름도 없는 전쟁하는 가난한 나라에 와서 이런 고생을 사서 하는가 했습니다. 뜻밖의 뜨거운 사랑의 장면을 보자, 일행이 충격적인 감동을 받게 되었고, 한 사업가가 그 장면을 카메라에 사진 찍고 "이것은 백만 불짜리 가치가 있는 사진이 될 것입니다." 하고 말했습니다. 그는 "누가 나에게 백만 불을 주어도 이 일을 못할 것 같습니다."라고 하였습니다. 그 말을 들은 미국 간호사는 이 사업가를 바라보면서 "저도 백만 불을 줘도 이 일을 못합니다."라고 대답했습니다. 그러자 그 사업가가 당황하면서 "그런데 어떻게 이 일을 오래도록 해 왔지요?"라고 물었더니 선교사가 "그리스도의 사랑이 저를 강권하기 때문입니다!"라고 했습니다.

십자가에서 나를 향해 보여 주신 조건 없는 그 놀라운 예수님의 사랑! 내가 그분을 믿었을 때 나에게 놀라운 죄 사함의 은혜를 베풀어 주시고, 나를 의롭다 하시고, 나를 하나님의 자녀로 삼아 주시고, 나에게 영생을 허락하시고, 지금 내 삶의 길을 인도하시는 하나님의 사랑! 체험한 사람만이 사랑이 무엇인가를 이해할 수 있고 그 사랑을 보답 않을 수 없게 됩니다! 백만 불 때문에는 이런 일을 안 하겠지요.

예수님의 속죄애에 감사하여 목회자인 내가 오로지 아가페 사랑으로만 목회하고자 하면 주님께서 목회를 감당하게 해주시는 것을 체험하며 형통과 축복을 받게 되지요! 그것이 목회입니다.

원로목사와 담임목사의 관계

1. 원로목사 제도는 한국장로교회의 특산물입니다.

담임목사와 원로목사 제도는 세계적으로 오로지 한국 장로교회에만 있는 제도입니다.

2. 담임목사와 원로목사 제도의 기원과 자격

1922년 장로교 헌법에 항목이 따로 있지는 않지만 한 교회에서 20년 이상 시무하면 은퇴와 동시에 노회에 요청하여 원로로 추대할 수 있다고 되어 있습니다.

1930년 장로교 헌법에는 "담임목사" "임시목사" "동사목사" "원로목사" 항목 별로 명확하게 들어 있습니다.

담임목사는 종신한다(정년제가 되어 있는 경우 정년까지).

원로목사는 한 교회에서 20년 이상 시무한 목사가 은퇴할 때 ① 명예를 보존하기 위해 ② 노후 생활비 보장을 위해 ③ 공동의회 결의로 ④ 노회의 허락을 받아 ⑤ 추대 한다고 되어 있습니다.

원로목사의 노회권은 본래는 은퇴 후에도 노회에서는 시무목사와 같이 되어 있었으나, 기독교장로회에서는 "명예목사"로 고쳤고, 노회권은 정년까지로 하였습니다. 통합 측에서는 노회권은 "언권회원"으로 하였습니다.

3. 담임목사와 원로목사 제도의 장점

1) 목회 본질에 부합한 제도입니다.

예수님께서 (요 21:15-17) 베드로를 목회자로 세우시면서 "네가 이 사람들보다 나를 더 사랑하느냐" 세 번 물으시고, "내 어린양을 먹이라" "내 양을 치라" "내 양을 먹이라"라고 명하셨습니다.

목회는 어린 양 때부터 커서 죽을 때까지 먹이고 치는 사역입니다.

바울 사도가 (살전 2:7-11) "유모가 자기 자녀를 기름과 같이" "아버지가 자기 자녀에게 하듯" 권면하고 위로하고 경계하였다고 했습니다. 목회는 한 가정에서 부모가 자녀를 낳아 키우듯이 하는 것입니다. 어버이가 자녀를 낳아 키우는 데는 최소 20년이 넘어야 합니다.

2) 목회 전념의 교회 체질이 될 수 있습니다.

위임을 받으면 목사는 타 교회로 이동하지 않는 것을 원칙으로 하기 때문에 가급적 어려움을 인내합니다. 교회도 담임목사로 모신 다음에는 목회자에 대하여 신뢰와 협조로 협력하는 것을 원칙으로 합니다.

교회 제도는 크게 나누면, ① 상부 주교나 감독이 목회자를 파송하는 하향식 교파가 있고, ② 지 교회 교우들이 합의하여 청빙하기로 결의하여 상부의 허락을 맡는 상향식 교파가 있습니다. 물론 각각 장점과 단점이 있습니다.

파송 제도로 되어 있는 교파는 목회자나 교회가 미래 목회자와 목회지에 대해 스스로 정하는 것이 아니어서 불안감이 없는 장점이 있습니다. 그 대신 목회자나 교회가 일생 같이할 한 식구로 생각하기보다는 지나가는 손님처럼 생각하고, 목회자도 지나가는 목회지로 여기게 됩니다. 목회자나 교회가 상부 지시에 따라 하기 때문에 정신적으로 피동적이 되기 쉽습니다.

그리고 목회자도 교회도 목회에 전념하기보다는 상부 파송자를 찾아가 목회지와 목회자를 부탁하는 일에 신경을 쓰게 됩니다. 자칫 잘못하면 목회자도 교회도 정치적 활동의 풍이 생기는 단점이 생길 수 있습니다.

이에 비해 청빙제로 되어 있는 교파는 상부를 찾아갈 필요가 없고, 다만 청빙자인 내 교회 교우들을 위해 어차피 같이 살기로 했으니 죽기 살기로 목회에만 전념하게 됩니다.

3) 장기 목회와 건강한 신자 배양의 목회가 정립됩니다.

담임목사와 원로목사 제도는 장기 목회를 전제로 하고 있습니다.

미국 새들백교회 릭 워렌 목사는 "아버지가 자주 바뀌는 집안 자녀들이 제대로 자라 성공하기가 어렵다."라고 하였습니다. 한 신자가 성공적으로 성장하는 데도, 한 교회가 교회답게 발전하는 데도 성경적인 토대 위에서 장기 계획과 노력이 있어야 이루어지게 됩니다.

4) 목회자도, 교회도 함께 성공할 수 있습니다.

원로목사와 추대하는 교회의 공통점은 다음과 같습니다.

① **원로목사의 공통점은** ㉠ 목회 성공한 목사: 항상 새로운 강단, 원만한 교회 행정, 성장과 사업으로. ㉡ 인내의 목회자, ㉢ 존경받는 목사입니다. 통합 측 1만 7천여 명 목사 중 원로목사는 400여 명 정도입니다. 1/42 비율입니다.

② **원로목사 추대하는 교회의 공통점은** ㉠ 좋은 전통이 있는 교회, ㉡ 성장 발전하는 교회, ㉢ 화목하고 은혜로운 교회입니다. 통합 측 8,500교회 중 원로목사를 추대한 교회는 400여 교회입니다. 1/22의 비율입니다.

4. 담임목사와 원로목사 제도의 단점

1) 담임목사가 감당하지 못하면서 원로목사가 되려고 고집할 수 있습니다.

담임목사는 하나님 앞에 영광을 돌리며 교회에 유익을 줄 때 존재 가치가 있습니다. 감당이 안 되면 물러나야 합니다. 그런데 시무하는 교회에서 감당이 안 되면 대략은 다른 교회가 청빙하지 않기 때문에 적당히 옮기기가 어려워져서 부득이 눌러앉아 있을 수밖에 없는 경우가 많습니다. 그리고 시무한 지 10년이 넘었을 경우에는 교회에 유익이 못 되는데도 원로목사가 되고 싶어서 억지로 자리를 고집하게 될 수도 있어 온갖 부작용이 일어나 분쟁이 발생하게 됩니다. 이런 경우에는 원로목사 제도 때문에 걸리기 쉬운 시험입니다.

2) 원로목사 과민 반응(Allergie)이 있습니다.

비교적 은혜롭게 목회하고 있는 장로교 목사가 시무 15년이 넘기 시작하면 원로목사 제도 때문에 다소 신경과민 반응이 일어날 수 있습니다.

①담임목사가 옮길 충동을 받을 수 있습니다.

담임목사가 아직 정년까지 20년 이상이 남아있으면 미리 더 나은 다른 교회로 옮겨 원로목사 추대를 받고 싶어 사임하려고 할 수 있습니다. 이 경우에 지금까지 하나님의 은혜와 교회 협력으로 교회가 은혜 가운데 성장 발전해 왔고, 계속 힘쓰면 더 발전할 것인데 목회자 자신의 꿈만 생각하고 가볍게 미리 피할 생각을 할 수 있습니다. 지금까지는 하나님의 뜻대로 목회하였기 때문에 은혜를 입었지만, 목회자의 꿈 때문에 옮기려는 순간부터는 사람의 생각이므로 내 뜻대로 되지 않는 예가 많습니다. 목회는 마지막까지 하나님의 뜻에 순종하는 것만이 길입니다.

②교회가 특별한 이유 없이 원로목사 추대를 원치 않기 때문에 미리 목사 배척 분위기를 만드는 경우도 있습니다.

지금까지 교회가 성장 발전한 것은 하나님 뜻에 순종했기 때문입니다. 원로 추대를 미리 생각하며 교회 분위기를 만드는 것은 인간 생각이 개입한 것입니다. 사탄은 이 인간 생각을 주도하여 교회 분규를 만들고, 온갖 시험을 끌어들여 혼란을 만들어 큰 실패를 가져오게 합니다.

이런 경우 원로목사 제도 때문에 일어나는 과민 반응이라고 할 수 있습니다. 역시 원로목사 관계도 오로지 하나님의 뜻대로 해야 하는 전제가 필요합니다.

3) 후임 목사 청빙 과정의 부작용이 생길 수 있습니다.

① 원로목사가 원로 추대를 받으면서 후임을 선정 청빙할 경우

장점: 가장 적격자를 택할 수 있고, 선정 절차가 가장 쉽습니다.

단점: 원로목사가 은퇴 후에도 계속 후임 목사 목회에 관여하기 쉽습니다. 이때 당회(장로들)원과 교우가 모두 후임 목사에 대하여 피동적 자세로 관망 내지는 비판자가 되기 쉽습니다.

② 전적으로 당회(장로들) 및 제직(목회자 이외 항존 직분자들) 대표가 선정 청빙할 경우

장점: 자기들이 함께 책임지고 청빙하게 되어 청빙 과정에서도 신앙적으로 준비하며, 청빙 후에 목회에 협력자가 됩니다. 그리고 원로목사가 후임 목회에 초월하게 됩니다.

단점: 적격자를 찾기 힘들고, 합의가 어려워 청빙 합의 기간이 오래 걸릴 수 있습니다.

5. 원로목사와 담임목사와의 관계

일반적으로 "원로목사 있는 교회는 목회 성공하기가 어렵다." "원로목사 있는 교회가 평안치 않고 분쟁이 일어난다."는 말들이 돌고 있습니다. 원로목사와 담임목사와의 관계가 매우 중요함을 엿볼 수 있습니다.

대략 4종 형(Form, Style)으로 나눌 수 있습니다.

1) 단순히 전임자와 후임자와의 관계입니다.

원로목사는 전임자이고 담임목사는 후임자입니다. 이렇게 단순히 전,

후임 관계뿐일 때는, 즉 제도적이고 행정적, 사무적 관계뿐일 때는 비교의식, 경쟁의식, 비판의식, 승부의식이 작용하기 쉽습니다.

① 어떤 원로목사는 자기 후임에 대하여

"그 사람 통 의논할 줄 모르대, 혼자 마음대로 하곤 하거든." "그 사람 버릇이 없더군. 예절을 전혀 몰라." "그 사람 목회 경험이 좀 있는 줄 알았는데 목회가 엉망이야." "전에 내가 하던 일은 그 사람이 모두 반대로 뒤집어 버리고 있어." "그래도 내가 시무할 때는 많이 모였는데 그 사람 온 뒤로는 교인이 많이 줄었어." 하는 말을 많이 듣게 됩니다.

이 원로목사는 담임목사를 단순히 후임으로 보는 눈밖에 없기 때문입니다. 그리고 그의 말은 모두 사실일 수 있습니다. 그런데 원로목사가 계속 이런 발언을 하면 후임 목사에게는 긴장과 불안과 초조와 부담을 주어 목회에 막대한 장애를 주게 됩니다. 심해지면 사임하게 됩니다.

원로목사에게는 교우들의 존경도가 떨어지고, 심하면 전날에 오래 수고한 공로가 모두 없어집니다. 담임목사가 사임하면 "원로목사가 내쫓았다."가 됩니다. 원로목사에 대한 존경이 없어지고 심하면 원로목사 배척이 됩니다. 그렇게 되면 교회가 만신창이가 됩니다.

② 어떤 담임목사는

유명한 원로목사의 후임으로 들어가 설교를 비롯하여 행정과 교회 전반적인 성장 및 발전에 몹시 힘을 써서 잘 적응하고 익숙해졌으며 교회 성도도 전임자 때보다 증가하였습니다. 담임목사의 목회 기반이 서게 되니까 공, 사석에서 처음에는 없었던 발언, 즉 "우리 교회는 전임자 때보다 많이 늘었습니다.” “지금은 전임자 때보다 헌금이 더 많이 나옵니다.” “이번에 실시한 것은 전임자 때는 없었던 일인데 이렇게 잘하였습니다.” “전임자 때 못 지었던 건물을 지었습니다.”라는 식으로 자주 말하곤 하였습니다.

이 담임목사는 단순히 후임자 입장에서 목회를 하다 보니까 의도적으로 성공한 개혁이나 변동으로 전임자와 다르게 하려고 하고, 또 더 잘해서 이기려는 (경쟁)심리가 강해지는 것입니다. 그리고 성공이 될수록 전임자를 이겼다는 승리감 또는 기쁨이 있는 것입니다.

담임목사가 이런 자세로 계속하면 원로목사에게는 염려를 끼쳐드리고, 담임목사 자신에게는 덕이 부족한 사람(薄德者), 경솔한 사람, 사무적, 규칙적, 정치적 인물, 심하면 독선과 교만의 인상까지 줄 수 있습니다.

따라서 교회에는 불안감이 증폭됩니다. 이런 악순환으로 마침내 원로목사 편, 담임목사 편 하는 편파적 분위기가 만들어지고, 점점 나빠지면 노골적인 분쟁으로 충돌할 수도 있습니다. 분쟁은 누구도 만들 수 있는데 분쟁을 수습할 사람은 아무도 없어집니다. 담임목사가 사임할 수밖에 없게 됩니다. 이런 경우는 담임목사의 자승자박이 된 것입니다. 역시 교회가 회복하기 힘들 정도로 상하게 되는 것이 문제입니다.

원로목사와 담임목사와의 관계에서 가장 나쁜 것은 전임자와 후임자 관계가 단순히 제도적이거나 행정적이거나, 사무적일 때뿐입니다.

2) 선배와 후배와 같은 관계

원로목사는 선배이고 담임목사는 후배와 같은 관계로 지내는 것입니다. 본래 좋은 선배를 만나는 것은 인생길에서 가장 빠른 성공 비결이 됩니다. 특별히 목회에 있어서는 더욱 그렇습니다. 좋은 영적인 지도자를 선배로 모시게 된다면 일거일동이 본받을 만한 교과서가 되고 본보기가 됩니다.

예를 들면 구약의 모세와 여호수아나, 엘리야와 엘리사 혹은 신약의 바나바와 바울의 관계를 선배와 후배의 관계로 볼 수 있고, 그들의 관계는 모두 성공적이라고 할 수 있습니다.

선배의 선한 지도와 후배의 무조건 받아들이고 본받으며 순종하는 자세에서 잘 계승하면 도리어 선배보다 더 많은 일을 하는 결과가 오게 됩니다. 그러나 선배와 후배와의 관계도 성공률이 높은 편이 못 되고, 선후배가 바나바와 바울같이 잘 맞지 않기 쉽습니다.

3) 형제와 같은 관계

원로목사는 형님이고 담임목사는 동생처럼 지내는 것을 의미합니다.

형제는 같은 부모 밑에서 한피 받아 태어나고, 한솥밥 먹으며 한 집에서 자란 형제애가 있습니다. 그러나 "형제는 타인의 제일보(第1步)다."라는 말이 있습니다. 형제는 사이가 좋으면 타인보다 낫지만, 사이가 나빠지면 타인만 못할 때가 있습니다. 성경에 보면 형 가인이 동생 아벨을 죽였습니다. 동생 야곱이 형 에서를 속여 장자의 기업과 축복을 빼앗아 원수가 되었습니다. 형들이 동생 요셉을 죽이려다가 노예로 팔기도 하였습니다.

대략 형은 동생이 똑똑하면 시기, 질투, 증오합니다. 동생은 인생 최초의 경쟁 대상이 형이기 때문에 언제나 형을 이기려는 심리가 강합니다. 그러므로 동생이 더 잘되는 경우가 종종 있습니다. 그러니까 형제는 싸우는 수가 있습니다.

원로목사와 담임목사가 형제 같은 관계로 지낸다는 것은 최고의 유형이라기에는 부족합니다.

4) 아버지와 아들과 같은 관계

바울 사도는 (딤전 1:1-2)"믿음 안에서 참 아들 된 디모데에게"라고 하였습니다. 바울은 원로목사이고, 디모데는 담임목사입니다. 이들은 믿음 안에서 아버지와 아들처럼 동역하였습니다. 바울 사도는 디모데를 아들로 여겼습니다. 바울 서신 중 5개 서신에 디모데를 공동 발신인으로 적었습니다. 디모데는 바울이 마지막 순교하기 직전까지 그림자처럼 협력했습니다. 바울의 못 다한 사명을 디모데가 계승한 셈입니다. 바울은 참 믿음의 아버지이고 디모데는 참 믿음의 아들입니다.

원로목사와 담임목사 관계는 바울과 디모데 관계처럼 믿음 안에서 부자(父子) 관계일 때 이상적이고 성공적이 됩니다. 인간관계나 대인 관계에서 가장 친밀하고 행복한 것이 부자 관계입니다.

부자 관계는 일반인 관계와 다릅니다.

A. 아버지로서의 원로목사

① 생명 관계입니다.

"나아준 분"을 아버지라고 합니다. 바울과 디모데는 그리스도의 한 피로 속죄 구원의 새 생명을 같이 나누는 사이였습니다. 바울이 믿음 안에서 디모데를 낳았습니다.

원로목사와 담임목사가 신앙적으로 그리스도의 새 생명을 나누어야 합니다.

아버지와 아들은 닮습니다. 일본 속담에 "부모 닮지 않은 자식은 도깨비 자식이다."라는 말이 있습니다. 신앙적으로 닮아야 합니다.

② 보호자입니다.

아버지는 유일의 보호자입니다. 아버지는 아들을 위해 가장 기도를 많이 합니다. 원로목사가 아버지 마음으로 담임목사를 위해 "건강하게 해 달라" "평안하게 해 달라" "은혜와 능력을 달라" "성공하게 해 달라"는 기도를 많이 드리면 아버지 같은 원로목사입니다.

성경에 보면 아버지가 자식에게 축복을 합니다. 원로목사가 담임목사에게 언제나 축복하면 아버지 같은 원로목사입니다. 원로목사가 언제나 아버지 마음으로 담임목사를 비판하기보다 칭찬을, 책망보다 조언을, 불평보다 위로를, 절망보다 희망을 던져 주면 아버지 같은 원로목사입니다.

③ 아버지 사랑

일반적인 세상 사랑은 상대적이고, 조건적이고, 타산적인 데 비해, 원로목사가 해야 할 아버지 사랑은 절대적이고, 무조건적이고, 무타산적인 사랑으로 담임목사와 교우들을 사랑해야 합니다. "자식을 이기는 부모가 없다."는 말이 있습니다. 원로목사는 담임목사의 단점은 보지 않고 장점만 보고, 덮어놓고 이해해 주고, 도와주어야 합니다. 원로목사의 눈에 담임목사 경험 부족과 미숙이 보이더라도 묻지 않는 것을 고쳐 주려고 하는 것은 간섭이 되기 때문에 결코 언급하지 않는 것이 좋습니다. 언제나 치유적으로 보며 신임해 주고, 일흔 번씩 일곱 번이라도 용서하는 마음으로 담임목사가 하는 일을 도와주면 담임목사를 이기려고 하지 않게 됩니다. 이것이 아버지 같은 원로목사입니다.

B. 아들로서의 담임목사

농담 겸 진담으로 "원로목사 있는 교회는 후임으로 가지 말라."는 것이 상식처럼 되어 있습니다. 그만큼 원로목사 있는 교회 목회가 힘들고 성공률이 높지 못하기 때문입니다.

그러나 원로목사 있는 교회에 후임으로 가는 경우에는 몇 가지 꼭 잘 지켜야 할 점이 있습니다.

① 원로목사를 아버지 모시듯이 하여 영적 효(孝)를 합니다.

옛말에 "열 자녀를 키우는 부모는 있어도 한 부모를 모시는 자식은 드물다."는 말이 있습니다. 담임목사가 원로목사를 아버지처럼 모시고 영적 효를 하겠다는 것은 원리적으로는 이해할 수 있으나 실제적으로는 실행하기가 어렵습니다.

㉠ 마음으로부터 원로목사를 존경하며 사랑하는 것입니다.

저는 부모님이 목회에서 정년(70세)은퇴하신 다음에 20여 년 제 집에 모셨습니다. 저는 별로 한 일이 없고 제 아내는 수고 많이 했습니다. 누가 봐도 효를 한 것처럼 보였습니다. 그런데 제 아내가 한번은 "시어머니 얼굴만 봐도 마음이 긴장되며 이상한 거리감이 일어납니다."라고 한 때가 있었습니다. 시어머니는 역시 며느리에게는 고마운 분만은 아니구나 절실히 느꼈습니다.

원로목사에 대한 담임목사의 감정이 바로 이럴 것입니다. 어쨌건 부모에 대한 효는 마음속에서부터 존경하며 사랑하는 데서 시작됩니다.

제가 오늘에 와서야 깨닫게 되는 것은, 부모님 계실 때 저는 부모님이 무엇을 원하시는지는 전혀 고려하지도 않고 제 주관대로 부모에게 이렇게 하면 효가 되겠지 하는 효만 했습니다. 이제와 보니 부모님은 도리어 괴롭고 불편만 하셨을 것을 알게 됩니다. 이제 다시 기회를 주신다면 무조건 부모님이 원하시는 것을 해드리는 효를 할 것입니다. 그러나 그 생각은 효에 실패했다는 부질없는 후회의 고백일 뿐입니다.

정서적으로 극복하기 힘든 원로목사를 마음속에서부터 친근감으로 대하고 사랑과 존경으로 대하되 원로목사의 마음을 편하게 해드리면 그것이 효입니다.

ⓒ 원로목사를 위해 기도해 드리는 것이 효입니다.

기도와 응답을 체험하며 하나님께서 친히 함께하심을 실감하는 것이 교회생활입니다. 그런 의미에서 교회의 생명은 기도에 있습니다.

원로목사가 최소 20년 이상 목회하며 교우들을 위해 진심으로 간절히 기도한 것이 신자들의 마음에 잊을 수 없고 감사해서 은퇴하신 원로목사님을 위해 기도드리고 싶을 수 있을 것입니다. 그런데 새로 부임한 후임목사는 원로목사를 처음 가까이 모시게 됐을 것입니다. 교인들이 고마운 마음으로 원로목사를 위해 드리는 기도를 후임 담임목사가 옛 목사에 대한 불필요한 미련으로 착각하는 경우, 담임목사의 태도가 원로목사를 멀리하려는 표현으로 비치기 쉽습니다. 후임 담임목사가 원로목사를 위한 교인들의 기도를 자연스러운 보답의 기도로 이해하고, 그것을 동감하는 자세를 가지면 새로 부임한 목회자에 대한 교인들의 호감을 얻는 동시에 목회 적응에 큰 도움이 될 것입니다.

담임목사와 신자들이 원로목사를 위하여 기도하는 모습이 은혜와 화목의 분위기로 나타나며 교회 모든 목회적인 덕성이 풍요하게 넘치게 됩니다.

ⓒ 예의와 인사를 잘 드리는 것이 효입니다.

옛날 효자들은 아침저녁으로 부모에게 문안인사를 드렸습니다. 오늘날은 그런 효자는 없다고 봅니다. 또 필요하다고 생각지 않습니다. 그러다 보니 도리어 부모를 무시 학대하는 시대가 되었습니다. 이런 세상풍조가 교회 안에도 들어와 예의나 인사는 고사하고, 그런 것 없는 것을 당연하게 생각하게 합니다. 이것이 교회생활을 메마르게 합니다.

담임목사는 가끔 자신의 거취를 원로목사께 알리는 정도의 인사, 교회 중요 사업에 대한 구두 보고, 특별행사에 순서 부탁과 초청, 새해 교역자들과의 인사, 애경사에 대한 배려 등이 있으면 효행이 됩니다.

ⓓ 목회 차원의 자문을 구합니다.

담임목사가 원로목사에게 일일이 보고하거나 의논할 필요는 없을 것입니다. 그러나 전혀 하지 않으면 대화가 없어지고 또 관심이 없어져서 피차 소홀해질 수가 있습니다. 그러면 협력해 줄 수도 없게 됩니다.

특별히 담임목사가 해결하기 어려운 문제가 있을 때 원로목사에게 자문을 구하면 원로목사가 적절하게 도와줄 수 있을 것입니다. 피차 유익한 일이 됩니다.

ⓜ 원로목사의 공로와 명예를 예찬합니다.

전 국민이 한 삽씩 깎아내리면 백두산도 무너지고, 한 삽씩 떠올리면 태산이 만들어집니다. 교회가 지나간 사람의 아름다운 발자취를 기억하게 하며 본받도록 하는 것도 현장 교육의 효과를 줍니다. 그래서 지나간 분의 이름을 붙인 장학회, 기념사업, 기념관 운영 같은 것으로 이어지도록 힘쓰기도 합니다. 담임목사가 효과적으로 원로목사의 명예를 높이는 일을 하는 것이 유익을 줄 수 있습니다.

② 계승에 성공해야 합니다.

담임목사나 당회장 직무를 인수하는 일은 어렵지 않고 간단합니다. 그러나 이것만으로는 목회가 되지 않습니다. 그 교회의 좋은 전통과 원로목사의 신앙과 인격 및 생활의 좋은 점과 목회 방법 그리고 교우들의 생활 습관까지도 파악해서 그것들을 인수 계승하는 데 성공해야 합니다. 이것은 결코 간단한 문제가 아닙니다. 시간도 걸리고 노력도 많이 해야 될까 말까 하는 어려운 일입니다. 그러나 꼭 성공해야 하는 중요한 문제입니다.

③ 적응에 성공해야 합니다.

옛날 대가족 제도 때에는 딸을 시집보내면서 "너 벙어리 3년, 귀머거리 3년, 소경 3년을 잘 지켜야 한다."라고 거듭 타이르곤 했습니다. 시집살이를 성공하게 하기 위한 당부였습니다.

전통 있는 남의 집안에 들어가 섣불리 보고들은 대로 말하고 경거망동 하면 공연히 조용하던 집안에 평지풍파가 일어나고, 심하면 파탄이 올 수도 있기 때문에 충분히 적응하기 전에는 함부로 말하지 말라는 의미 였습니다.

교회는 오랜 세월 속에 어떤 전통이 잡힌 하나의 큰 가정과 같습니다. 쉽게 적응되는 것이 아닙니다. 전 교우들이 새로 담임하신 목사님에 대한 신뢰와 안심이 무르익어야 적응이 되는 것입니다. 이렇게 되는 데도 시간이 필요합니다. 적응하기 위해 성급하게 수단을 쓰면 더 적응이 되지 않을 것입니다. 목회는 신뢰와 사랑의 바탕에서만 가능하기 때문에 믿음과 사랑으로 적응에 성공해야 합니다.

④ 개혁에 성공해야 합니다.

담임목사가 원로목사의 목회를 계승하는 일과 교회에 적응하는 일에 성공해야 하는 것은 새로운 목회를 하기 위한 기초 작업이 되기 때문입니다. 그러나 기초 작업만 힘들게 해놓고 새로운 빌딩을 세우지 않으면 의미가 없어집니다. 무능한 목회자가 되고 교회는 새로워지거나 발전하지 않습니다. 반드시 개혁이 필요합니다.

그런데 계승과 적응의 성공 없이 개혁부터 하면 교우들의 반발을 많이 받게 되고 개혁에 성공하기가 힘들게 됩니다. 어떤 목사들은 다 떨어져 나가도 개혁하면 성공이라고 생각합니다. 그러나 개혁을 성공하기 위해 목회하는 것이 아닙니다. 목회를 성공하기 위해 개혁하는 것입니다. 계승과 적응 성공 후에 개혁하면 반발이 많지 않고 교우들의 동조와 공감과 자발적인 동참을 많이 얻게 되어 개혁을 성공합니다.

김태복 목사의 조사에 의하면, 한국의 원로목사들은 명분을 중시하고, 교회 위주로 하여 자기를 희생하며 성자적 생활을 했고, 교인을 인정으로 파고드는 따뜻한 목회를 하였는데 비해, 담임목사들은 실리적으로 물든 현대인들을 상대하기 위해 예배당도 화려하게, 행사도 요란하게, 박사 가운을 챙겨 입고, 승용차도 큼지막한 것을 타며, 정보다는 공의를 내세우는 차가운 편이어서 원로목사와 담임목사 사이에 갭(Gap)이 크다고 보았습니다.

목사가 명분만 찾다보면 바리새화되고, 실리만 찾으면 사두개화됩니다. 바리새화된 원로목사와 사두개화된 담임목사 사이를 메우는 길은 옛날에만 어려웠던 것이 아니라 오늘날도 어렵기 때문에 문제가 발생됩니다. 이 메우기 힘든 깊은 갭은 아버지 같은 원로목사와 아들 같은 담임목사와의 관계형에서 메워지고 원만하게 새로운 교회로서 더 발전하게 됩니다.

6. 교회(당회원과 교우)가 가질 자세

교회는 하나의 가정이나 가족과 같아서 가장 이상적인 것은 원로목사와 담임목사를 꼭같이 존경하고 사랑하는 것입니다

원로목사 있는 교회에 있을 수 있는 몇 가지 유형을 들어본다면,

1) 교우들이 원로목사만 존경하고 생각하는 형이 있습니다.

항상 전의 이야기만 하면서 담임목사의 목회에 비협조하는 형입니다. 이것은 가장 좋지 못한 경우입니다. 목회에 피곤이 오고 교회는 발전하지 않습니다. 이런 교회는 담임목사가 자주 바뀌게 됩니다.

2) 원로목사는 완전히 잊어버리고 담임목사만 중심 하는 형입니다.

그런 대로 목회도 잘되고 교회도 발전할 수 있습니다. 겉모양은 평온해 보이는데 교회 분위기는 마치 부모를 냉대하는 집안 같아서 무언가 냉랭한 바람이 돌고 보이지 않는 갈등이 감돕니다. 그리고 원로목사를 잊어버리는 전통의 교회가 되어 훈훈한 은혜로운 교회가 되었으면 하는 아쉬움을 느끼는 교회생활이 될 것입니다.

3) 노년층과 오래된 교우는 원로목사를 가까이하고, 청년층과 새신자들은 담임목사를 가까이하는 교회 분위기가 되기 쉽습니다.

대략은 자연스럽게 이렇게 되기가 쉬운 편입니다. 이런 교회는 남편 이삭은 큰아들인 에서를 끼고 돌고, 아내 리브가는 작은 아들 야곱을 사랑하여 끼고 돌던 편애하는 집안처럼 분위기도 좋지 않고 갈등이 생겨 은혜와 복을 받기에 부족합니다.

4) 원로목사와 담임목사를 꼭같이 존경하며 사랑합니다.

담임목사의 목회에는 적극적으로 협조하고, 원로목사는 대외적으로 활동하는 자유목회, 예를 들면 중국선교나 일본선교, 목회자 세미나 등을 도와 사역하는 일에 협력하면 효과적이 아닐까 싶습니다.

7. 담임목사 목회와 원로목사의 입장

1) 후임 인계와 적응이 성공하고 교회가 성장하는 경우

선임 목사를 원로로 추대하고, 새로 부임한 담임목사 목회가 잘 적응되어 교회가 더욱 성장하게 되는 것이 가장 좋은 유형입니다. 원로목사에게는 그 이상 없는 영광이 되고, 전일의 수고의 가치가 열매로 나타나는 복이 됩니다. 그리고 원로목사의 대외적 활동과 자유목회에 도움을 받을 수도 있습니다.

2) 후임 적응은 성공적인데 교회 성장이 없는 경우

교회 혼란이나 분열은 없으나, 교회 성장이 없거나 약화되면 교회 분위기가 약간 침체됩니다. 원로목사의 전일노고가 무색해지고, 교회에는 원로목사가 부담을 주는 입장이 됩니다.

3) 후임 적응이 잘 안되고 교회는 성장합니다.

후임 부임과 동시에 변동 과정에서 잡음이 많이 일고, 갈등도 있어 일부 교회를 떠나는 교우도 있는 불상사가 생기나, 교회는 더 모이고 성장합니다. 이런 경우에 원로목사는 어느 편을 들기도 어려운 처지가 됩니다. 겉보기에는 목회가 되는 것 같지만 실제 영적으로는 하나님의 뜻에 순종하는 것은 보이지 않고, 인위적 활동으로 끌고 나가려는 모습만 보이는 상처투성이의 모순적인 교회 체질이 됩니다. 불행입니다.

4) 후임 적응도, 교회 목회와 성장도 안 되는 경우

가장 나쁜 예입니다. 교회가 분열되거나, 담임목사가 사임하기 쉽습니다. 이렇게 되지 않도록 미리부터 최선을 다해야 합니다.

결론

한국의 모든 교회가 원로목사 모시고 화기애애하게 한국과 전 세계를 복음화하는 감동적인 교회가 되었으면 좋겠습니다! 모든 원로목사는 날이 갈수록 존경을 받는 본을 보여 주는 사표가 되었으면 좋겠습니다! 모든 담임목사는 날이 갈수록 목회 성공하기를 기도합니다! 교회는 날이 갈수록 성장 발전하되 은혜로운 좋은 교회가 되기를 기도합니다!

온 교우를 기쁨으로 일하게 하는 목회자의 공통점

성경(딤전 5:17)에 "잘 다스리는 장로들은 배나 존경할 자로 알되 말씀과 가르침에 수고하는 이들에게는 더욱 그리할 것이니라"라고 하였습니다.

"잘 다스리는 장로들"에서 '잘'의 헬라 원어 '칼로스'(καλῶς)는 '탁월하게', '정직하게', '아름답게', '훌륭하게'라는 뜻이 있고, '다스린다'의 헬라 원어 '프로이스테미'(προΐστημι)는 '앞서다', '인도하다', '실행하다'는 뜻이 있습니다.

"존경할 자"에서 '존경'의 헬라 원어는 '티메'(τιμή)인데 뜻은 '특별히 도덕적으로 높은 수준의 평가' '좋은 명예' '깊은 경의를 표하라.'라는 뜻이 있습니다.

"말씀과 가르침에 수고하는 이들"은 '목회자'들에게 그리하라는 뜻입니다. 원어대로 직역하면 '특별히 영적, 도덕적으로 존경할 만하게 탁월하고 앞서가며 실행하는 목회자를 귀히 여기라.'는 말씀입니다.

모든 목회자는 특별히 영적, 도덕적으로 존경 받는 목회를 탁월하게 앞서가며 실행하라는 말씀입니다.

실제 영적, 도덕적으로 존경 받는 목회자에게는 몇 가지 공통점이 있습니다.

첫째, 믿음(신념)이 강합니다.

덴마크가 두 번 전쟁에 패전하면서 나라의 좋은 국토를 모두 빼앗기고 국민은 극도의 가난 때문에 범죄와 타락사회가 되고 말았습니다.

루터교 3대 목사의 아들로 목회에 피곤과 갈등을 느끼며 심신의 심각한 위기에 빠진 42세 그룬트비(Grundtvig) 목사가 하나님 앞에 자신의 교만을 완전히 통곡으로 회개하며, 성령 충만을 받아 신앙이 살아났습니다. 하나님의 말씀을 전하는 것이 달라졌습니다. 그는 "기독교는 철학적, 신학적 논증으로 유지되는 죽은 종교가 아니다! 살아계시는 예수님이 우리와 함께 계셔서 역사해 주시는 기적의 생명 종교다."라고 부르짖으며, 덴마크가 위기에 빠진 것은 전쟁도, 경제 때문도 아니고 국민이 하나님을 떠났기 때문이라고 했습니다. 결국 믿음 문제입니다.

전국 교회마다 매일 목사들의 인도로 예수 그리스도를 직접 모신 예배를 통해 은혜 받고, 신자들에게 "나라 사랑하는 마음으로 낙농기술(酪農技術)로써 나라를 살리자!"고 하며 낙농을 가르쳐서 나라와 사회를 위해 구체적으로 일하는, '생기 있는 믿음의 신자'를 키워냈습니다. 다같이 교회를 중심하여 성인 기숙 교육학교를 설립했습니다. 연령, 성별, 학벌을 초월한 공동대화식 학습을 하는 '국민 고등학교'인 '자유학교' '민중의 대학'을 실시하여 드디어 덴마크에 믿음의 불길이 맹렬히 붙어 올랐습니다. 사람들은 방탕한 타락 생활을 버리고 믿음을 가졌으며, 근면한 생활로 부강한 나라를 만들었습니다.

그룬트비 목사가 백성을 참신자로 만드는 동시에 나라의 일꾼으로 만드는 운동으로 오늘의 덴마크를 세웠습니다. 우리가 이 나라를 살리는 길은 나 먼저 성령 받아 뜨거운 믿음으로 교회를 살리는 것입니다.

둘째, 소망(희망)이 강합니다.

1828년 19세의 링컨은 노예시장을 보고 큰 충격을 받았습니다. 당시 미국은 아프리카 흑인들을 싼 값에 사다가 사람들에게 노예로 팔았습니다. 링컨은 시장에서 흑인 가족이 서로 목을 껴안고 떨어지지 않겠다고 흐느껴 울다가 강제로 따로따로 팔려가는 모습을 보고 '언젠가 저 노예제도를 부수겠다.'는 마음을 가졌습니다.

링컨이 33년 후 52세에 제16대 대통령이 되어 내각이 '총 사퇴'로 반대함에도 불구하고, 1863년 1월 1일 노예 해방령을 선포했습니다. 이로 인해 미국에 남북전쟁이 일어났는데, 도리어 링컨이 속한 북군이 남으로 진격하면 연거푸 패했습니다. 북군 사령관은 링컨 대통령에게 패전 전황을 보고하면서, "대통령님, 어떻게 하여야 좋겠습니까?"라고 물었습니다. 링컨 대통령은 "여보시오, 사령관, 당신은 하나님께서 살아 계심을 믿고 있습니까?"라고 질문을 하였습니다. "물론 살아계신 하나님을 믿습니다."라고 하자 "당신이 믿는 하나님은 정의의 하나님이신가요, 불의의 하나님이신가요?" 했습니다. "그야 정의의 하나님이시지요." "그러면 사령관이 지금 하고 있는 이 전쟁은 정의의 전쟁입니까, 불의의 전쟁입니까?" 이 물음에 낙심하고 있던 사령관은 두 말을 못하고 확실한 승리의 희망을 품고, 용기백배로 싸워 승리하였습니다.

위기에 놓인 미국에, 하나님께 대한 소망을 확고히 가진 링컨이 있었습니다.

이 지구상에서 사람만이 '희망을 가진 존재'입니다. '희망'을 갖지 않으면 사람으로서의 가치가 없습니다. 그 사람의 크기는 그 사람이 품고 있는 희망만큼 큽니다. 위대한 희망을 품고 있는 사람이 위대한 인물입니다.

링컨은 19세에 하나님 안에서 미국을 바로 세운다는 희망을 가졌습니다. 대통령이 되어 선포하였고, 불리해진 전쟁을 승리하기까지 희망을 버리지 않고 달려갔습니다. 하나님께서는 큰 희망을 가진 링컨을 쓰셔서 미국을 바로잡게 하셨습니다. 사람과 나라는 타락하여 망하는 것이 아닙니다. '사람과 나라를 바로잡을 수 있다'는 큰 희망을 가진 사람이 없어서 망하는 것입니다.

하나님께서는 반드시 희망을 가진 사람을 세우시고, 쓰십니다.

바울이 옥중에서 사형을 예감할 수 있는 시간에 (빌 1:20)"나의 간절한 기대와 소망을 따라 아무 일에든지 부끄러워하지 아니하고 지금도 전과 같이 온전히 담대하여 살든지 죽든지 내 몸에서 그리스도가 존귀하게 되게 하려 하나니"라고 하였습니다.

바울 사도 자신의 몸으로 그리스도를 존귀하게 하려는 간절하고 위대한 소망이 그를 온전히 담대하게 하였습니다. 그가 로마를 구원했습니다.

'희망은 믿음의 어버이다.'라는 말이 있습니다. 믿음에 '어버이'라는 희망을 붙여놓으면 하나님께 대한 바울의 소망으로 인류를 구원하는 대역사가 이루어졌듯, 또 링컨을 통해 미국이 변화되었듯 큰 변화가 일어납니다. 교인들에게 희망을 주는 목회자야말로 참 목회자입니다.

지난날 나라 뺐고 미신 강요하는 일제 강점기, 무신론 나라 만들려고 자멸 침략한 6·25전쟁, 폐허빈곤으로 세계 최후진국으로 낙후된 상황에서 맨손으로 대한민국을 다시 세우며 울부짖은 이름 없는 참 목회자들과 신자들의 소망이 오늘의 한국 교회를 이어왔습니다.

하나님께서 그 소박하고 순수한 소망을 가진 목회자와 신자들을 친히 쓰셨기 때문에 한국 교회 안에 링컨의 기적과 바울의 승리 같은 일이 있었습니다. 교회에 이런 희망을 품은 그리스도인이 있으면 앞으로도 한국을 살리고! 북한을 살리고! 세계를 살려 나가게 됩니다! 참 그리스도인다운 소망으로 승리를 향해 달리십시다!

셋째, 기쁘게 합니다.

성경에 (살전 5:16-18)"항상 기뻐하라 쉬지 말고 기도하라 범사에 감사하라 이것이 그리스도 예수 안에서 너희를 향하신 하나님의 뜻이니라"라고 하였습니다.

종교개혁가 존 칼뱅은 "사람의 제일 되는 목적은 하나님을 영화롭게 하는 것과 그를 영원토록 즐거워하는 것"이라고 하였습니다. 마르틴 루터는 "기독교인은 마음속으로 기뻐할 수 있는 사람이다. 즐겁기 때문에 찬송과 춤과 기쁨의 표현을 할 수 있는 행복한 사람이다."라고 하였습니다.

사람은 위로 하나님을 기쁘시게 하는 동시에 아래로는 많은 사람을 기쁘게 하기 위해 사는 존재입니다.

새뮤얼 존슨(Samuel Johnson)은 "우리는 모두 누군가를 기쁘게 한다는 보람 때문에 산다."라고 말했습니다. 만약 사람이 자기 자신의 기쁨만을 위해 산다면, 그것만큼 비참한 일이 없을 것입니다.

대략 동양인보다는 서양인들이 고상한 유머(humor)로 많은 사람들을 기쁘게 하는 편이라고 할 수 있습니다. 예를 들면 미국 대학생선교회(C.C.C.)의 창시자인 빌 브라이트 박사가 6·25전쟁으로 폐허가 되고 가난해진 한국을 대학생선교 운동을 비롯해 여러모로 도왔는데, 가끔 방문하면 대중 집회를 가지기도 했습니다.

어느 학교 교정에서 대중 집회를 할 때였습니다. 약 1,000여 명 정도 모인 것 같았습니다. 사회자의 소개를 받고 단에 올라선 빌 브라이트 박사가 첫 발언을 "저 뒤에 보니까 제 초상화를 크게 그려 메고 섰는데 너무 멋있게 잘 그렸네요?" 했습니다. 모두가 그 초상화를 일제히 바라봤는데 아주 크게 그린 빌 브라이트 박사의 초상화였습니다. "제가 미국 제 집으로 돌아갈 때 저 그림을 가지고 가고 싶은 마음이 간절하네요. 그런데 걱정은 제 아내가 저 그림하고 살겠다고 할까 봐 염려가 됩니다!"라고 하여 모두가 같이 웃었고, 그 한마디가 모두에게 흐뭇한 기쁨과 호감의 감동을 느끼게 했습니다. 지금까지도 제 기억에 그때 그 한마디가 남아 있는 것을 보면 고상한 유머가 명언이었음을 알 수 있습니다. 초상화 그린 사람의 노고를 알아주고 고상한 유머로 모두에게 기쁨을 주려는 호감의 목회자로 바뀌었습니다.

저는 목회하는 중에 가끔 고상한 유머로 분위기를 바꾸어 보려고 노력하였습니다. 목회에 참고하도록 몇 가지 예를 들어보겠습니다.

① (일반 교우와 대화) 노량진교회가 아직 그리 크지 않을 때 매우 열심 있고 활발한 나이 많은 권사의 남편 집사가 세상을 떠났습니다. 말하자면 호상(好喪)인데 입관예배를 인도하려고 상가(喪家)인 권사 집

으로 찾아갔습니다. 이미 많은 권사들과 남편의 친지집사들 그리고 자손들과 가까운 젊은 집사들이 모여 있었습니다. 장수해로하셨으며 많은 자손들까지 교회 직분을 가진 집안으로 울 필요가 없는 분위기입니다. 담임목사인 제가 가니까 모두가 영접을 해 주시는데, 제가 상을 당한 권사님에게 "권사님, 남편 집사님 먼저 가셔서 섭섭하시지요?" 위로의 말씀을 드렸더니, 대뜸 모든 사람이 다 들을 만큼 큰 음성으로 "잘 믿다가 천국 갔는데 섭섭하기는 뭐가 섭섭합니까?"라고 하기에, 제가 그 말을 듣자마자 "권사는 만점권사는 틀림이 없는데 아내로는 빵점 아내네요?"라고 하였더니 모두가 다 웃으며 상 분위기를 한층 밝게 느끼게 했던 기억이 납니다.

② (개 교회 회의 때) 노량진교회 당회(장로모임) 하는 중에 나이가 중간 정도인 L장로가 갑자기 화를 내며 당회 분위기를 얼어붙게 만들었습니다. 이런 분위기로는 중요한 결의를 하기 힘들겠구나 싶었습니다. 특히 우리 교회는 당회원이 많아 간단히 분위기가 잡히지 않습니다. 그때 당회장인 제가 "우리 교회는 L(화낸 분)장로 같은 분이 계셔서 저는 늘 감사히 생각합니다. L장로님은 청년들에게 성경을 조리 있게 가르쳐 잘 인도하고 있고, 제가 지난번 지방에 갔는데 우리 L장로님이 그곳에 출장 가 있는 동안에 노량진교회를 잘 알려서 L장로님 덕분에 제가 칭찬을 많이 들으며 감동을 받았습니다. 그런데 L장로님은 정확하지는 않지만 3년에 한 번 정도 화를 내시는 것 같은데 제가 그 화를 안 내게 해드릴 수 없을까 연구 중인데 아직 잘 안 되고 있습니다."라고 하였더니 그 많은 당회 원들이 모두 소리 내

웃었습니다. 다행히 긴장됐던 분위기가 확 풀려서 원만히 회의를
할 수 있었습니다.

③ (총회회의 때) 제가 총회 서기로 있을 때였습니다. 지방에서 총회
(제60회)로 모이고 있었는데 그해에 총회 총무(지금의 사무총장격)가 일
을 잘못 처리하였다고 특히 장로총대들이 회의에서 항의를 하였습
니다. 실무한 당사자 총무는 가만 있고 서기인 제가 "제 책임입니
다." 하고 몇 차례 대신 사과를 하였더니 서기인 저에게 (왜 대신 사과
하느냐 하는) 미움의 화살이 날아 왔습니다. 멀리 뒷자리에서 발언하
는 장로 회원이 사과하는 저를 향해 화난 어조로 "서기께서 앉아서
말씀하지 말고 일어서서 말씀하세요."라고 했습니다. 사회하는 총
회장이 "서기는 지금 서서 말씀하고 있습니다."라고 설명하였고, 제
가 "저는 앉으나 서나 비슷합니다."라고 하였더니 회원 전체가 웃음
바다가 되어버려 분위기가 풀어졌습니다. 그 이후부터 저에게 '앉
으나 서나 같은 사람', '작은 거인' 등 별명들이 생겼습니다.

④ (총회 회의 때) 제가 총회장으로 서울 영락교회에서 총회(제68회)하는
중 미국 하와이 한인교회 예배당 건축헌금 보조청원 건을 의논하고
있을 때 일부에서는 보조청원이 많아 개교회가 힘들다는 반대의견
도 있었습니다. 그러자 회의 분위기가 보조반대 편에 힘이 실려 가
기에 총회장인 제가 하와이 교회 사정을 설명하며 도와줘야 한다고
발언하였습니다. 그런데 총회서 발언 유력하기로 알려져 있는 K목
사가 발언권을 받아 "총회장께서 미리 마음으로 도와줄 생각을 하

고 안건을 내놓은 것이니까 어려워지지 않습니까?"라는 식으로 발언을 하여 보조 거부 분위기를 한층 높였습니다. 그래서 총회장인 제가 "우리 총회에 저렇게 총회장 속마음을 꿰뚫어 투시하는 회원이 있는 줄 모르고 도울 마음을 숨겨 속이려다 그만 들켜버렸네요?" 하니까 회원 전체가 크게 웃어버려 분위기가 풀렸는데 누가 "도와주기로 동의합니다." "재청합니다."로 가결한 일이 있었습니다. 유머가 즉각적 소통을 만든 것입니다.

⑤ (외국인과 사석 대담 때) 어느 겨울날이었습니다. 일본선교협력회(약 30년 계속함) 관계로 일본 목사들과 한국 목사들이 같이 승합차를 타고 인천국제공항에서 88고속도로로 들어섰을 때 일본 오사카 한국인 교회 담임목사인 김덕성(일본선교협력회 설립자) 목사가 차내 분위기를 바꾸려고 일본 목사들에게 농담 섞인 유머로 "여러분 아십니까? 본래 이 한강은 겨울에 얼음이 얼었는데 림인식 목사가 한강변 아파트에 살게 되면서부터 낚시하려고 얼지 않게 하여 지금은 겨울인데도 얼지 않습니다."라고 약간 비약한 조크(joke)를 했습니다. 제가 그 말을 듣자 곧 받아 "김 목사님! 그건 하나님과 저만이 아는 특급비밀인데 어떻게 알아냈죠?"라고 하며 웃은 일이 있었습니다. 일본선교협력회를 오래하며 회원 일본 목사들과 한국 목사들이 아무 농담도 할 만큼 가까워졌습니다.

그런데 유머는 주의할 점이 있습니다. 먼저 유머는 목회의 필수 조건이 아닙니다. 무리하게 하면 대략은 실패합니다. 어떤 설교자는 설교 시작하면서나 설교 도중에 교인들을 웃겨야 좋다고 생각하여 설교 내용과 전혀 관계도 없는 남의 유머 책에 있는 웃기는 이야기를 하는데, 아무도 웃지 않고 도리어 설교 분위기를 완전히 망쳐 버리는 것을 봅니다. 설교를 기다리는 교인들은 은혜의 말씀을 기다리는데 마치 코미디 유머를 기다리는 대상 취급을 받는 불쾌감으로 실망과 반발이 일어납니다.

어떤 목회자는 교인들을 기쁘게 해준다고 아무데서나 분위기에 맞지 않는 유머를 하는 버릇이 붙은 이가 있는데, 도리어 목회자의 품위를 잃어버리는 역효과만 받게 됩니다. 유머는 억지로 만들어지지 않습니다. 경건과 품위를 높이는 고상한 유머만이 효과가 있습니다. 교인들이 은혜 받아 기쁘게 하려는 관심보다 개그맨 유머로서 기쁘게 해주려는 것은 이미 목회자가 서투른 개그맨 행동을 하는 것입니다. 더욱이 동양권에서는 함부로 우스갯소리를 하는 사람을 실없는 사람으로 천시하는 풍토가 있기 때문에 그 유머를 듣고는 억지로 웃으면서도, '우리 목사님은 저런 얘기는 안 했으면 좋겠다.'는 실망을 갖게 합니다. 목회에 손해를 줍니다. 목회자의 유머는 개그맨이 흉내도 낼 수 없는 품격을 높이고 분위기를 바꾸어 주는 신앙적 고차원의 유머이어야 합니다.

중국에는 "웃는 낯을 보일 수 없는 사람은 장사꾼이 될 수 없다."라는 말이 있습니다. 설교자 찰스 스펄전 목사는 "웃을 줄 모르는 사람은 장의사(葬儀士)가 되어 죽은 사람을 장사하는 편이 나을 것이다. 왜냐하면 그는 결코 산 사람에게 영향을 미치지 못하기 때문이다."라고 했습니다.

사람의 '얼굴'에서 '얼'은 '영혼'이라는 뜻이고, '굴'은 '통로'라는 뜻이

　　　　　　　　　　　　　　　　　　　　　　　목회백화

라고 합니다. '볼 수 없는 영혼을 7,000가지의 표정을 지으며 밖으로 나타내는 신비로운 역할을 하는 것이 얼굴입니다. 그런데 최고의 얼굴은 '은혜 받은 얼굴'입니다. 언제나 은혜 받은 얼굴로 사람을 대하면 그는 가장 성공적인 삶을 사는 사람이고, 행복한 목회를 하는 목회자입니다.

전 세계를 가장 많이 웃긴 희극배우 찰리 채플린이 죽을 때 "나는 숱한 사람을 웃겼지만 실상 나 자신은 하루도 정말 기뻐서 마음속으로부터 웃어 본 적이 없었다."라고 하였답니다. 그렇게 사람을 웃기었어도 집에 오면 근심, 허무, 고독만 있었다는 것입니다. 세상에는 참 기쁨과 즐거움이 없다는 증거입니다.

(시 16:11) "주의 앞에는 충만한 기쁨이 있고 주의 오른쪽에는 영원한 즐거움이 있나이다"라고 하였습니다. 목회자가 항상 하나님 주시는 기쁨과 즐거움을 받아, 사람에게 나누어주는 '웃는 얼굴'이면 목회 성공이 됩니다. '영'이 성령 충만하여 기쁨이 가득 차 있으면 언제나 '웃는 얼굴'로 삽니다. 웃는 얼굴로 대하면 고상한 유머 10배, 100배 이상 상대를 기쁘게 해주는 목회자입니다.

넷째, 칭찬(격려) 합니다.

A. 좋은 칭찬

예수님은 언제나 잘하는 것을 보면 칭찬하셨습니다. 예루살렘 성전에서 (눅 21:2-3) "어떤 가난한 과부가 두 렙돈[엽전] 넣는 것을 보시고" 많은 사람 앞에서 "이 가난한 과부가 다른 모든 사람보다 많이 넣었도다" 하고 칭찬하셨습니다. 또 예수님께서는 (마 26:6-13) "베다니 나병환자 시몬의 집에 계실 때에 한 여자가 매우 귀한 향유 한 옥합을 가지고 나아와서 식사하시는 예수의 머리에 부으니” 그녀에게 “내게 좋은 일을 하였느니라”라고 말씀하시며 “온 천하에 어디서든지 이 복음이 전파되는 곳에서는 이 여자가 행한 일도 말하여 그를 기억하리라”라고 칭찬하셨습니다.

예수님께서 (마 8:5-10, 참고 눅 7:1-10) 가버나움 백부장의 믿음을 보시고 “내가 진실로 너희에게 이르노니 이스라엘 중 아무에게서도 ‘이만한 믿음’을 보지 못하였노라”고 칭찬하셨습니다.

그리고 (눅 19:1-10) 키가 작은 세리 삭개오가 예수님을 즐겁게 영접하며 자기 소유의 절반을 가난한 자들에게 나누어 주겠고, 누구의 것을 토색한 것이 있으면 네 배로 갚겠다고 아뢰니 주님이 “오늘 구원이 이 집에 이르렀으니 이 사람도 아브라함의 자손임이로다”라고 구원의 선언과 동시에 칭찬해 주셨습니다.

미국 소설가 마크 트웨인(Mark Twain)은 “한마디의 슬기롭고 바른말을 듣는 것이 만 명의 병력을 얻는 것보다 낫다. 찬사를 훌륭하게 하는 것은 고도의 기술이며 그 기술을 가진 이는 드물다.”라고 말하였습니다.

목회자가 예수님 닮아 남의 잘하는 점을 보는 눈이 밝고, 때를 놓치지 않고 그것을 올바로 잘 칭찬하는 입이 있으면 그 목회는 점점 좋은 방향으로 크게 발전하게 됩니다. 교인들도 목회자를 닮아 서로 남의 잘하는 점에 관심을 가지고 좋은 칭찬을 나누는 따스한 온기가 도는 삶을 느끼게 됩니다. 비록 처음 찾아온 사람에게도 교회 안에 보이지 않는 훈훈한 기운에 마음이 끌리게 됩니다.

반대로 목회자의 눈에 남의 잘하는 것은 잘 못 보고 혹시 보고서도 못 본체하고 도리어 남의 잘못하는 것만 빨리 많이 보고 칭찬은 한마디도 없이 책망하는 말을 날카롭게 계속 많이 하게 되면 교회 분위기는 날이 갈수록 썰렁하고 냉랭하게 됩니다. 뭔가 생기를 느낄 수 없게 되어 교인들은 또 찾아오고 싶지 않게 되지요. 교인들도 목회자 닮아서 남의 잘못하는 것은 빨리 보고 그것을 지적하며 비난하는 것이 옳다고 생각하게 됩니다.

목회 성공 비결 중 하나가 신앙에서 적절한 칭찬을 아끼지 않는 것입니다.

성경에 (잠 27:21)"도가니로 은(銀)을, 풀무로 금(金)을, 칭찬으로 사람을 단련(鍛鍊)하느니라"라고 하였습니다. 가령 공부 잘하는 아이, 피아노 잘 치는 아이, 운동(야구, 축구) 잘하는 아이를 가끔 많은 사람들 있는데서 칭찬하면 훨씬 빨리 더 열심히 발전합니다. 칭찬이 가장 효과 있는 단련을 만들어주는 격려가 됩니다.

(롬 2:29)"칭찬이 사람에게서가 아니요 다만 하나님에게서니라"라고 하였습니다. 목회자 자신이 하나님께서 주시는 칭찬을 받아야 하고, 하나님 주시는 칭찬과 같은 칭찬을 신자들에게 하면 신자들이 더 온전하게 발전하게 됩니다.

칭찬은 사람에게 좋은 활력소가 되기 때문에 칭찬하는 사람이 반갑습니다. 고마운 사람입니다. 또 만나고 싶습니다. 유익을 주는 분입니다! 마음을 열고 가까워지고 화목이 이루어집니다. 서로 도움이 됩니다! 칭찬 속에서 세상에 없는 환희와 감격이 생기고, 형통이 옵니다. 칭찬을 많이 받고, 많이 하는 교회는 또 가고 싶은 교회입니다.

신앙적 칭찬만이 유익합니다. 그러나 반대로 나쁜 칭찬도 있습니다.

① (막 10:17-18) "예수께서 길에 나가실새 한 사람이 달려와서 꿇어 앉아 묻자오되 선한 선생님이여 내가 무엇을 하여야 영생을 얻으리이까 예수께서 이르시되 네가 어찌하여 나를 선하다 일컫느냐 하나님 한 분 외에는 선한 이가 없느니라"

아첨(阿諂)성 칭찬은 과장(誇張)이 들어있기 때문에 불순합니다. 그런 이는 경계해야 합니다.

② 유혹(誘惑)성 칭찬은 굉장히 달콤하지만 특히 이성간에 이런 칭찬은 성적(性的) 독이 들어있어 망하게 합니다. 미리 멀리해야 합니다. (잠 7:21) "여러 가지 고운 말로 유혹하며 입술의 호리는 말로 꾀므로"

③ 거짓칭찬은 작란(作亂) 끼가 들어있어 상대방에게 혐오감을 주는 칭찬입니다.

④ 습관성 칭찬은 버릇처럼 누구에게나 하는 하나마나한 칭찬인데 아무런 효과가 없습니다.

⑤ 간혹은 모함(謀陷)성 칭찬도 있습니다. 겉보기는 칭찬 같은데 실제는 그 칭찬 때문에 곤경에 빠지게 되는 음흉한 칭찬입니다. 이런 칭찬은 안한 것보다 더 나쁩니다.

'내가 성령님 감동으로 남을 정직하고 진실하게 칭찬하는 사람으로 사는 것'이 귀중합니다. 만약 '내가 남에게 칭찬 받고자 하는 마음'이 생기면 사탄이 먼저 알아채고 나쁜 칭찬에 걸리게 유인합니다. 사탄은 가장 적절하게 시험의 올무로 고꾸러뜨리는 명수입니다. 간혹 목회자 중에 나쁜 칭찬에 걸리거나 나쁜 칭찬을 하거나 하여 실패하는 이가 있습니다. 목회자가 일생 칭찬 받고자 하는 마음을 가지지 않으면 사탄이 와서 건드릴 수가 없습니다. 참 목회자는 '일생 남에게 칭찬 받고자 하지 않고, 남을 칭찬하며 진실하게 살자.'가 삶의 철학이 되어야 합니다.

교회 모든 신자들이 예수님에게 칭찬받는 신자가 되는 것입니다. 그리고 신자가 만날 때마다 서로 진실한 칭찬을 많이 하면 교회 분위기가 교회 오고 싶어 견딜 수 없게 달라집니다.

다섯째, 위로합니다.

(눅 7:11-17)예수님께서 나인성 과부의 젊은 외아들이 죽어 장례하는 현장에 찾아가서서 불쌍히 여기시며 "울지 말라" 하시고 가까이 가서 그 관에 손을 대시니 멘 자들이 그 자리에 섰습니다. 그러자 예수님께서 "청년아 내가 네게 말하노니 일어나라" 하시니 죽은 자가 일어나 앉고 말도 하자 예수님께서 그를 어머니에게 주셨습니다. 예수님께서는 세상에서 누구도 해결해 줄 수 없는 슬픔을 당한 홀어머니에게 죽은 외아들을 살려주셔서 그 이상 없는 참 위로를 주셨습니다.

예수님께서 나인성 과부의 죽은 외아들을 살려주신 이 사건은 홀어머니의 슬픔을 위로 해결해 주신 일이지만 단순(單純) 사건으로만 보면 미흡합니다.

(고후 1:3-4)"찬송하리로다 그는 우리 주 예수 그리스도의 하나님이시요 자비의 아버지시요 모든 위로의 하나님이시며 우리의 모든 환난 중에서 우리를 위로하사 우리로 하여금 하나님께 받는 위로로써 모든 환난 중에 있는 자들을 능히 위로하게 하시는 이시로다"라고 하였습니다.

"자비의 아버지"시고 주 예수 그리스도의 하나님이신데 "위로의 하나님"이 곧 친히 슬픔과 절망을 당하고 있는 인류에게 불쌍히 여기는 사랑으로 위로를 주신 일이라고 깨달아야 합니다. (사 40:1)"너희의 하나님이 이르시되 너희는 위로하라 내 백성을 위로하라" 하시며 친히 육신을 입고 우리 속에 오셔서 위로해 주신 것입니다. 그러므로 예수님의 위로를 본받아 신자들을 위로하는 목회자가 참 목회자입니다.

1. 예수님 위로는 '불쌍히 여기는 마음'입니다.

홀어머니의 외아들이 죽었다는 것은 아들의 육신이 죽었다는 것만이 아닙니다. 어머니 마음속에 가지고 있는 사랑과 삶의 의미와 목적이 아들의 죽음과 같이 죽은 것입니다. 이 홀어머니는 더 이상 살아있을 수가 없게 되었습니다. 예수님은 그것을 불쌍히 여기신 것입니다.

예수님이 말씀하신 탕자 비유에서, 작은 아들이 아버지께 "법적으로 내가 가져가야 할 분깃, 재산까지 다 주시오." 했습니다. 아버지는 아들을 만류하지 않고 다 줘서 나가는 대로 버려두었습니다. 단순히 혈통과 호적상 아들이 멀리 떠나가는 것을 붙잡지 않고, "내 아들을 잃었다. 죽었다."라고 하였습니다.

그러나 그날부터 아버지 마음으로 초조하게 노심초사 염려하며 기다리다가 어느 날 돌아오는 아들을 상거가 먼데도 달려 나가 목을 안고 입을 맞추고 영접하였습니다. 나갈 때 아들은 몸은 집에 있지만 마음은 방탕도시에 가 있었고, 아버지 재산 다 가지고나가서 허랑 방탕으로 완전히 탕진하여 죽은 상태가 되어 아버지께 돌아왔습니다. 돌아온 아들은 "품꾼의 하나라도 좋습니다." 하는 겸손한 아들입니다.

이제는 참 아버지를 압니다. 참 사랑을! 참 은혜를! 참 자유를! 참 순종을! 참 효를 압니다. 참된 생명이 무엇인지를 아는 아들이 됐습니다. 완전히 달라진 새 아들입니다. 죽었다가 다시 살아난 아들입니다. 몸이 아니라 그 마음이 돌아왔습니다. 새로 지음을 받아서 돌아왔습니다. 다시는 나가지 않는 아들로 돌아왔습니다. 아버지는 이런 아들을 기다렸습니다. 이 탕자의 아버지가 집나간 아들을 '불쌍히 여기는 마음'으로 사랑한 것입니다. 참 목회자는 '불쌍히 여기는 마음'으로 교인을 사랑하는 위로자입니다.

예수님께서 비유로 말씀하셨습니다. 어느 임금이 종을 불쌍히 여겨 1만 달란트 빚을 탕감해 주었는데 탕감 받은 종이 자기에게 백 데나리온 빚진 다른 종을 옥에 가두자 임금이 탕감받은 그 종을 다시 불러 (마 18:33)"내가 너를 불쌍히 여김과 같이 너도 네 동료를 불쌍히 여김이 마땅하지 아니하냐" 하며 옥에 가두게 하였습니다. 목회자는 하나님께 1만 달란트 빚진 종, 즉 영원히 갚을 수 없을 만큼 불쌍히 여김을 받았으니 교인과 모든 사람에게 평생 '불쌍히 여기는 마음'으로 사랑해야 합니다.

2. 찾아가 가까이 함께하며 "울지 말라"고 말씀하며 위로하셨습니다.

현대 문명인의 모든 병은 피곤과 스트레스에서 기인됩니다. 문명사회일수록 가장 많이 팔리는 것이 '피로회복제'입니다. 그것으로도 피로가 잘 안 풀리니까 술을 마시고 마약을 써서 알코올, 마약 중독자가 되어 망하는 것입니다.

위로는 감정의 해독제라고 할 수 있습니다. 부부가 아침에 일어났을 때 남편이 아내의 손등을 쓸어주며 "당신 수고가 많아요! 항상 고맙게 생각해요!” 한마디 위로해 주면 그날은 하루 종일 허리가 안 아프다는 것입니다. 가족끼리도 가정예배 드리고 서로 위로하는 가정은 건강하고 행복하게 됩니다. 가정에 서로 위로가 필요합니다.

교회에서 예배당 헌당식이나 임직식 같은 큰 행사를 치른 뒤에 친교실에서 식사 끝나고 일어설 때 목회자가 주방 쪽을 한번 바라보며 수고하는 이들에게 “오늘 국은 누가 끓였습니까? 참 맛있었어요.”라고 위로의 말을 건네면 “김 권사님이 끓였습니다.”, “아닙니다. 이 집사님이 끓였습니다.” 하며 서로 미루며 기뻐합니다. 많은 이들이 보며 박수 쳐주면 그렇게 기뻐할 수가 없습니다. 간단한 위로 한마디가 교회를 위해 수고하는 많은 식구에게 “이 다음에도 또 봉사해야겠다! 교회를 위해 일하는 것보다 더 행복한 일은 없구나!” 하는 감격과 충만한 기쁨을 안겨 줍니다. 교회에 위로가 필요하고 중요합니다.

(롬 12:15-18)“즐거워하는 자들과 함께 즐거워하고 우는 자들과 함께 울라 서로 마음을 같이하며 높은 데 마음을 두지 말고 도리어 낮은 데 처하며 스스로 지혜 있는 체 하지 말라 아무에게도 악을 악으로 갚지 말고 모든 사람 앞에서 선한·일을 도모하라 할 수 있거든 너희로서는 모든 사람과 더불어 화목하라”라고 하였습니다. “기뻐하는 자와 함께 기뻐하면 그 기쁨이 배나 더 기뻐지고, 슬픈 자와 함께 슬퍼하면 그 슬픔이 절반으로 감해진다”는 말이 있습니다. 위로는 찾아가 만나서 그와 함께하며 대화하는 것입니다. 옛날에는 목회자들이 봄 심방, 가을심방, 중간심방, 대심방을 정규적으로 하였고, 기타는 유고 심방, 새 신자 등록심방 등을 많이 하

　　　　　　　　　　　　　　　　　　　　　　　　

였습니다.

그런데 지금은 심방이 거의 없다시피 되면서 위로가 소홀해졌습니다. 물론 시대와 생활 변천에 따라 옛날처럼 심방을 회복할 수는 없지만 지금은 거의 전부가 독신 세대가 되면서 위로가 더 필요한 때가 되었기 때문에 셀(cell)목회나 소그룹 모임 등 방법을 다양하게 바꾸어서 찾아가 만나 위로하는 일을 힘써 실천해야 합니다. 그래도 대하기 힘들면 그 대상을 위한 집중 기도를 통해 찾아가 만나 "울지 말라"고 해야 합니다.

'경험자가 가장 위로자입니다.' 가령 예를 든다면 입학 실패자에게 과거 입학 실패해 본 사람이 가서 경험을 얘기해 주면 힘을 얻습니다. 사업 실패한 이에게, 코로나 환자에게, 남편 세상 떠난 이에게, 자녀 사고 당한 집에, 화재로 집을 잃은 가정에, 최근 탈북 월남한 이에게 과거 신앙 안에서 경험한 이가 같이 가면 위로와 힘을 얻게 해주는 데 도움이 됩니다. 목회자도 과거 고생을 많이 한 목회자일수록 교우들 위로에 권위가 있습니다.

물론 예수님은 우리 죄인의 속죄주로 오셨습니다. 마구간에서 탄생하시고 십자가에 죽으심까지 전 생애가 우리를 위한 고난과 희생이었습니다. 예수님은 가장 참혹하게 당하셨고, 죽으시기까지 하시고 부활하셨습니다. 예수님을 믿고 구원 얻은 신자의 신앙생활에서 예수님의 삶이 어떤 고난과 상황에서도 위로가 되고도 남는 것은 예수님이 미리 경험하시고 아시며 이기시고 대해 주시기 때문입니다.

사람의 정신적 피곤과 스트레스를 가장 잘 해독해 주는 효과적인 명약(名藥)은 예수님 이름으로 위로를 주는 것입니다.

3. 예수님께서 죽은 자를 살려주셨습니다.

예수님이 세상에 오신 것은 살려주기 위해서입니다. (요 3:16)"하나님이 세상을 이처럼 사랑하사 독생자를 주셨으니 이는 그를 믿는 자마다 멸망하지 않고 영생을 얻게 하려 하심이라"(요 14:6)"예수께서 이르시되 내가 곧 길이요 진리요 생명이니 나로 말미암지 않고는 아버지께로 올 자가 없느니라."죄로 인해 멸망할 인생을 속죄 구원하기 위해 오셨습니다. 오로지 예수님을 통하여 하나님께로 나아가게 됩니다.

꼭 필요할 때 기적도 행하셨는데 성경에 죽은 사람을 살려주신 일은 세 번 기록되어 있습니다. 회당장 야이로의 어린 딸이 아직 침대에 누워 있을 때 죽은 몸을 향하여 "달리다굼""소녀야 일어나라"고 하셔서 살려주셨습니다. 나인성 홀어머니의 외아들은 죽어 관에 메고 나가는 것을 멈추게 하고 "청년아 내가 네게 말하노니 일어나라" 하시며 살려주셨습니다. 베다니 나사로는 죽어 무덤에 장사하여 죽은 지 나흘이나 되어 냄새가 났는데, 예수님이 큰소리로 나사로를 부르시며 (동굴)무덤에서 살아 나오게 하셨습니다. 예수님께서는 침대나 관이나 무덤동굴, 즉 환경과 상관없이 살려주셨고, 죽은 시간이 즉시이거나 오래됐거나 관계없이 살려주셨고, 죽은 사람의 나이나 신분 차별 없이 살려주셨습니다. 이 이상 큰 위로가 또 있겠습니까!

우리 목회자는 예수님의 '생명적 살리는 일'을 심부름하며 전달하는 자입니다. 예수 그리스도를 믿음으로 사죄와 구원을 얻으면 죄로 죽은 영이 살아납니다. 죽은 믿음이 살아나고, 사랑도 살아나고, 지혜도, 능력도, 인격도, 삶도, 가정도, 교회도, 나라와 민족도 모두 살아납니다. 물론 육신이 죽은 후에도 살려주십니다. 엄밀히 말하면 (요삼 1:2)"사랑하는 자여 네 영혼이 잘됨같이 네가 범사에 잘되고 강건하기를 내가 간구하노라." 영혼이 첫째이고, 둘째가 육신과 다른 모든 것이 살아나 강건해집니다. 목회는 예수님 이름으로 이 모든 것을 살려주는 사역입니다. 이 이상 더 중요하고 큰 위로가 없습니다.

실제 예를 든다면, 일제강점기에 김익두는 당시 모든 사람의 미움의 대상이고, '저런 인간은 없어져야 한다.'고 여기는 세상에 최고 악질 깡패였는데, 그가 예수 믿고 회개하고 은혜 받아 평양 장로회신학교를 졸업하고 목사가 되었습니다. 목회자로, 대부흥사로, 총회장까지 하면서, 150여 곳에 교회를 개척해 세웠고, 무수히 많은 설교를 했습니다. 그는 776번의 부흥 사경회를 인도했으며, 그의 집회는 죄를 회개하는 일과, 병 고침을 받는 치유의 은사가 나타나, 많게는 만여 명이 모였고, 새신자 28만 명, 병 나은 자가 일만 여 명에 달했습니다. 그의 집회를 통한 감화로 목사가 된 이가 한국 교회를 대표하는 주기철 목사, 대부흥사 이성봉 목사, 신학자 김재준 목사를 비롯하여 200여 명이 됩니다. 한국 교회 발전 성장에 큰 공헌을 하였으며, 해방 후 북한 공산지역 교회의 정신적 지주 역할을 감당했습니다. 그는 황해도 신천교회 새벽기도회를 인도하던 중 패퇴하던 인민군에 의하여 76세에 순교하였습니다. 한국 교회에 큰 업적을 남긴 목사입니다. 젊은 김익두가 죄로 영이 죽어있을 때는 깡패였으나 예수님을 믿고 영이 사죄 구원 얻으니 세상을 살리는 일이 이루어졌습니다.

여섯째, 좋은 욕망(欲望)을 일으켜 줍니다.

사람은 자기가 원하는 것, 즉 욕망 흔히 꿈이라고도 표현합니다만, 욕망이나 꿈이 있을 때 활동하고 노력하게 됩니다. 욕망이 없으면 노력도 근면도 없습니다. "거상(巨商)이 되겠다."라는 욕망이 있으면 돈벌이에 열중하게 되고, "학자가 되겠다."는 욕망이 있으면 열심히 공부도 하고, 외국 유학도 가게 됩니다. 또 "올림픽 금메달을 따겠다."라는 욕망이 강하면 스스로 맹훈련을 하게 됩니다. 목회자도 평범한 일상목회로 만족하지 않고, 특별히 인재 양성, 사회봉사, 세계 선교 등에 욕망이 커서 적극 힘쓰게 되면 그런 방향의 활동이 커지게 됩니다. 교우들과 교회가 함께 욕망도 갖게 되고 노력도 하게 됩니다. 자기 혼자뿐만 아니라, 교우들에게 욕망을 갖게 해 주는 것이 중요합니다.

예수님께서 (눅 12:49)"내가 불을 땅에 던지러 왔노니 이 불이 이미 붙었으면 내가 무엇을 원하리요"라고 말씀하셨습니다. 물론 불(火)은 하나님께서 창조하신 물질로 생명, 필요, 태움, 녹임, 깨끗이 함, 익힘, 힘(火力) 불변, 빛, 뜨거움, 행복의 근원 등의 역할을 합니다. 그러나 여기서 불은 (행 2:3)"성령의 불"과 (요 1:26)'복음의 불'인 동시에 '거룩한 욕망'을 말씀하신 것으로 해석됩니다. 예수님은 거룩한 방화자(放火者)입니다. 예수님이 여리고 가까이 가셨을 때 길가에 앉아 구걸하던 맹인이 (눅 18:38-43)"다윗의 자손 예수여 나를 불쌍히 여기소서" 하고 시끄러울 정도로 계속 소리 지르자 예수님께서 "데려오라" 하시고 "네게 무엇을 하여 주기를 원하느냐" 물으시자 "주여 보기를 원하나이다" 했습니다. 예수님이 "보라 네 믿음이 너를 구원하였느니라" 말씀하시자, 그가 곧 눈을 떠 보게 되었고 하나님께 영광을 돌리며 예수님을 따르니 백성들이 다 이를 보고 하나님을 찬양하였습니다.

예수님께서 예루살렘 베데스다 못가에 누워 있는 38년 된 병자에게 (요 5:2-9)"네가 낫고자 하느냐" 물으시고 "그동안 무척 힘썼으나 도와주는 이가 없었습니다"라는 말을 들으시고 예수님께서 "일어나 네 자리를 들고 걸어가라" 하시니 그 사람이 곧 나아서 자리를 들고 걸어갔습니다.

예수님께서 물론 믿음을 보셨지만 맹인이 보고자 원하는 욕망이 있는가, 38년 된 병자가 낫고자 하는 욕망이 얼마나 강한가를 확인하시고 고쳐 주셨습니다. 예수님께서 '욕망 있어야' 보는 일도, 건강도 필요하다는 것을 확인하신 것입니다.

어떤 아버지가 어릴 때부터 귀신들린 아들을 예수께 데리고 나와 (막 9:21-27) "무엇을 하실 수 있거든 우리를 불쌍히 여기사 도와 주옵소서" 하고 부탁을 하자 예수님께서 "할 수 있거든이 무슨 말이냐 믿는 자에게는 능히 하지 못할 일이 없느니라" 책망하시자 그 아이의 아버지가 소리를 질러 "내가 믿나이다 나의 믿음 없는 것을 도와 주소서" 하였습니다. 그때 예수님께서 그 아이에게서 귀신을 내쫓아주셨습니다. 역시 예수님께서는 믿음도 욕망도 적은 것은 책망하시고 믿음이 확실하고 강한 욕망을 갖게 하시고 귀신을 내쫓아주셨습니다. 예수님께서는 믿음과 거룩한 욕망을 불붙여 주는 분이십니다. 신앙생활 할 때는 언제나 계속 (마 7:7) "구하라 그리하면 너희에게 주실 것이요 찾으라 그리하면 찾아낼 것이요 문을 두드리라 그리하면 너희에게 열릴 것이니"라고 하셨습니다. 거룩한 믿음의 욕망은 날이 갈수록 계속 점점 더 붙어 올라가도록 힘쓰라는 말씀입니다.

목회자 중에는 소방(消防)형 목회자가 있습니다. "기도도 너무 지나치게 산기도나 기도원 같은 데는 가지 말고 교회에서만 기도하라."는 식으로 지나치게 뜨거워지는 것을 경계하는 목회자가 대부분입니다. 이는 지나치게 뜨거워져서 자칫 '더 은혜 받아야 한다.'며 탈선집단에 따라다니는 일이 발생하거나 잘못된 교리를 주장하는 데 미혹을 빚어 이단집단에 귀를 기울이고 교회생활에 타격을 받게 되는 것을 막아 주려는 목회자의 배려가 들어 있는 것입니다. 그러나 뜨거워지지 않거나 불이 활활 붙어 오르지 않으면 놀라운 발전이나 기적 같은 것은 경험하지 못하게 됩니다. 그것은 참 신앙이라고 할 수 없습니다.

그런가 하면 방화(放火)형 목회자가 있습니다. 목회자 자신을 비롯하여 온 교회가 뜨거운 기도와 열심 있는 성경공부와 은혜를 받기 위한 다양한 활동을 열심히 힘씁니다. 교회는 성령의 불이 붙으면 성령의 아홉 가지 열매인 사랑, 기쁨, 화평, 오래 참음, 자비, 양선, 충성, 온유, 절제 모두가 성도들 각자에게 충만해지는데, 이렇게 되면 초대교회처럼 은혜와 능력이 충만한 교회가 됩니다.

세상에는 없는 교회의 성령의 불길이 마치 거센 바람을 탄 산불처럼 선교의 불이 되어 세상 사방으로 번져나가게 된 것이 교회 역사입니다. 참 목회자는 언제나 예수님처럼 교인들의 거룩한 욕망을 불러일으켜 줍니다.

일곱째, 의리(義理)-신의(信義)가 있고, 인정(人情)이 많습니다.

"사람이 정의(正義)를 위해서는 죽지 않되 의리(義理)를 위해서는 죽는다.”라는 말이 있습니다. 일반적으로 합리적인 사람보다는 의리를 아는 사람이 친구가 많습니다. 의리 있는 사람이 사람들에게 많은 유익을 주기 때문에 따르는 사람이 많아집니다. 간혹 목회자 중에 합리적인 인물이 대형교회에서 목회하는 경우가 있습니다. 그런데 실제로 가까운 친구가 별로 없는 것을 봅니다. 과연 성공적인 목회라고 할 수 있을까요? 작가 이광수는 궁예의 일대기를 그린 소설《마의 태자》에서 “너는 의리를 위해 죽는 졸병이 될지언정 사욕을 위하여 사는 영웅이 되지 말라.”라고 썼는데, 이 말은 옳습니다.

제가 오래전에 집회 인도차 일본에 갔을 때, 일본 NHK TV 밤 대담에서 중국의 정치가 장학량(張學良, 장쒜량)과 일본 기자가 대담하는 프로그램을 봤습니다. 장학량은 부친 장작림(張作霖, 장쭤린), 장개석(蔣介石, 장제스)과 함께 만주 사변 때 중화민국 국민정부의 주역이었습니다. 그는 “나와 장개석은 친구 이상으로 가깝지만, 정치에 있어서는 정적이다.”라고 말하였습니다. 특히 대(對)일본 정책에서 뜻이 달라 정적이 되었고, 전쟁까지 하였습니다. 그러면서도 서로 상대가 죽게 되는 위기를 당하면, 피할 길을 열어 주곤 하였습니다.”라고 하였는데 이것이 의리입니다.

목회자가 가져야 하는 의리는 이렇습니다.

고전 13:4-8, 사랑장 “사랑은 오래 참고 사랑은 온유하며 시기하지 아니하며 사랑은 자랑하지 아니하며 교만하지 아니하며 무례히 행하지 아니하며 자기의 유익을 구하지 아니하며 성내지 아니하며 악한 것을 생각하지 아니하며 불의를 기뻐하지 아니하며 진리와 함께 기뻐하고 모든 것을 참으며 모든 것을 믿으며 모든 것을 바라며 모든 것을 견디느니라 사랑은 언제까지나 떨어지지 아니하되 예언도 폐하고 방언도 그치고 지식도 폐하리라.”

바로 이 말씀이 목회자가 가져야 하는 참사랑입니다. 이 사랑을 가진 목회자는 교인이 아무리 많더라도 (행 2:46-47) “날마다 마음을 같이하여 성전에 모이기를 힘쓰고 집에서 떡을 떼며 기쁨과 순전한 마음으로 음식을 먹고 하나님을 찬미하며 또 온 백성에게 칭송을 받으니 주께서 구원 받는 사람을 날마다 더하게 하시니라”, 찬송가(220장 사랑하는 주님 앞에) “내 주 예수 본을 받아 모든 사람 내 몸같이 환난 근심 위로하고 진심으로 사랑”하는 교회생활을 하게 됩니다. 정치가의 의리 정도가 아닙니다. 예수님의 속죄애 성격의 의리로 교우 한 사람에게도 배신감을 주지 않을 뿐 아니라, 세상에서는 맛볼 수 없는 참 사랑과 의리를 교회에서 성도들과 나누며 사는 것이 참 목회자요 명실상부한 참 교회가 됩니다.

3

목회자의 영성

기도는 호흡

저는 목회자로 최선을 다해 힘썼는데 막상 인생 종착역에 다다르게 되어 회고하니 한 일이 별로 없습니다. 후회막급할 뿐입니다. 그런데 생각해 보니 일생 생명에 관한 일은 어김없이 지속해 왔습니다. 바로 숨 쉬는 일입니다. 출생 이후 이 순간까지 어김없이 숨 쉬고 있습니다. 그런데 숨 쉬는 일이야말로 대단히 중요한 일임을 새삼 깨닫습니다.

사람은 평소 1분에 12-20회 정도 숨을 쉽니다. 하루에 평균 2만 1천여 회를 숨 쉬는 것이고, 100년이면 근 8억 회를 호흡하는 것입니다. 그것도 단 1초도 쉬지 않고 계속합니다. 이것이 제 생명을 유지하는 필수 조건임을 절실히 깨닫습니다. 그런데 숨은 내가 쉬고 살긴 내가 살았지만 전적으로 하나님께서 100% 주도하셔서 이루어진 일입니다. 내게 가장 중요한 일이지만 내 맘대로나 내 힘으로는 가능하지 못한 하나님의 섭리와 신비로운 능력에 의해 이루어졌습니다. 성경은 (살전 5:17) "쉬지 말고 기도하라"라고 하였습니다. 이는 호흡하듯이 기도하라는 말씀입니다.

육신의 생명을 위한 호흡과 영혼의 생명을 위한 기도는 같은 원리로 유지됩니다. 사람은 영혼이 살아야 인생으로서의 가치가 있습니다. 그러나 인간만의 힘으로는 영적생명도 육적생명도 유지할 수 없습니다.

첫째, 사람은 호흡하는 일을 우선순위(優先順位)의 첫 번째로 합니다. 특히 목회자는 숨 쉬듯이 기도해야만 영혼이 살 수 있음을 반드시 기억해야 합니다. 호흡은 생명 유지를 위해 최우선으로 먼저 해야 하는 기능입니다. 기도도 마찬가지입니다. 기도가 아닌 다른 것을 먼저 하면 영혼의 생명을 잃습니다.

호흡하지 않으면, 건강은 물론이고 생명까지 전부 잃습니다. 안정적으로 꾸준히 호흡하면 건강과 생명 모두를 얻습니다. 기도도 마찬가지입니다. 쉼 없이 기도해야 영의 생명과 건강을 얻습니다. 나아가 영생까지 얻습니다. 그러므로 기도는 인생의 전부입니다. 특별히 목회자에게 기도는 곧 생명이며 전부입니다.

둘째, 호흡하듯 중단 없이 기도해야 합니다. 지속해야 합니다. 살아 있는 한 생명체는 숨 쉬지 말라고 해도 중단하지 않고 계속 숨 쉽니다. 마찬가지로 살아 있는 영혼은 쉬지 않고 항상 기도해야 합니다.

셋째, 숨 쉴 때 한번 내뱉은 공기를 도로 들이마시지 않고, 매번 신선한 새 공기를 마십니다. 매번 받은 하나님의 새로운 은혜에 감사하며 새롭게 기도해야 합니다.

넷째, 무시로 무조건 기도해야 합니다. 병들거나 고난당하는 중에만 드리는 것이 아니라 평안하고 형통할 때도 무조건 기도해야 합니다. 숨 쉬는 데는 어떤 이론이나 구실이나 이유가 필요 없습니다. 무조건 숨 쉬어야만 살 수 있듯이 기도를 연구하거나 가르치거나 강조하는 것만으로는 소용없습니다. 실제로 행해야만 영혼이 살 수 있습니다.

다섯째, 호흡은 스스로 자기 자신이 해야 합니다. 누구의 도움을 받는 것도 아니고 누구에게 부탁하여 대신 해 달랄 수도 없습니다. 호흡은 결코 힘든 일이 아닙니다. 누구의 권면이나 지시에 따라 피동적으로 숨 쉬는 사람은 없습니다. 호흡하지 않으면 훨씬 더 고통스럽습니다. 기도는 나 자신이 스스로 해야 합니다.

여섯째, 숨 쉬는 것이 특별한 행사가 아니듯이 기도 또한 특별한 일이 아니어야 합니다. 기도는 일상생활이어야 합니다. 교회에서 주일예배 때만 드릴 것이 아니라 일상에서 수시로 기도해야 합니다.

하나님은 (행 17:25)"만민에게 생명과 호흡과 만물을 친히 주시는" 분이라고 하였습니다. 알고 보면, 숨쉬기마저도 인간이 마음대로 하는 것이 아닙니다. 하나님이 호흡을 주시고, 주도(主導)하십니다. 기도도 마찬가지입니다. 우리가 마땅히 기도할 바를 알지 못할 때, 오직 성령이 (롬 8:26)"말할 수 없는 탄식으로 우리를 위하여 친히 간구"하시며 우리의 연약함을 도우시고, 기도를 가르쳐 주십니다. 기도할 마음을 주시고, 기도 제목과 기도할 힘과 능력을 주십니다. 물론 응답도 주십니다. 기도하게 해 주시는 그 크신 은혜에 감사하고 감격하며 기도하면 우리는 영육 간의 생명은 물론이고, 신비와 기적까지 받게 됩니다.

《탈무드》에 "기도를 습관으로 하고 있는 사람의 기도는 진실하지 않다."라는 말이 있습니다. 호흡을 단지 습관처럼 하는 사람처럼 습관으로 기도하다 보면 영적으로 죽게 됩니다.

일곱째, 호흡하는 일은 열심히 많이 할수록 생명을 얻습니다. 건강을 얻습니다. 모든 것을 얻습니다. 보통 때보다 달리기할 때나, 육체노동을 열심히 할 때는 몸을 많이 움직여 유익이 있습니다. 평소보다 호흡을 크고 많이 하게 되어 산소를 몸 안에 많이 들이마셔 건강에 유익한 것입니다. 기도가 그렇습니다. 보통 때 기도가 부족하다고 생각되면 기도원에 가서 특별히 기도를 많이 드립니다. 예수님께서 공생애에 나서시기 전에 광야에서 40일 금식 기도를 하셨고, 가끔 한적한 곳에서 혼자 기도하셨습니다. 십자가를 앞에 놓으시고는 겟세마네 동산에서 피땀기도를 드리셨습니다. 모두 본받아야 할 기도생활입니다.

무디 목사는 "나는 위대한 설교가가 되기보다는 기도의 사람이 되기를 원한다. 예수 그리스도께서는 제자들에게 어떻게 설교할 것인가에 대해서는 가르치지 않으셨으며, 단지 어떻게 기도할 것인가에 대해서만 가르치셨을 뿐이다."라고 말하였습니다.

권능 있는 설교, 은혜로운 목회, 적극적인 전도와 선교, 사랑의 봉사를 하고 싶다면, 먼저 하나님 앞에 호흡하듯이 기도드려야 합니다. 기도 없이 목회하겠다는 것은 숨도 안 쉬면서 살겠다는 것이나 마찬가지입니다. 먼저, 기도의 사람이 되어야 비로소 목회자가 됩니다. 일생 호흡보다 중요한 일이 없음을 깨닫듯이 목회에 있어서도 기도보다 중요한 일이 없음을 깨닫고, 호흡하듯이 기도한다면 혹여 다른 것이 좀 미흡하더라도 문제가 되지 않을 수 있습니다.

스펄전 목사는 "기도하지 않고 성공했다면, 성공한 그것 때문에 망할 것이다."라고 말하였습니다. 극단적으로 말하자면, 기도하지 않고 설교하여 성공한 목회자는 그 설교 때문에 망하게 될 것입니다. 기도하지 않고 예배당을 지어 성공했다면, 그 예배당 때문에 망할 것입니다. 설교보다 예배당보다 그 어떤 목회 사역보다 기도가 먼저입니다.

16세기 영국 스코틀랜드의 종교개혁가 존 녹스는 "기도하는 한 사람은 기도하지 않는 한 민족보다 강하다."라고 말하였습니다. 호흡하듯이 기도하는 목회자가 목회에 성공하고, 민족을 구원할 것입니다. 기도는 곧 영혼의 호흡입니다!

목회자의 고난

　고난을 좋아할 사람은 아무도 없습니다. 고난은 육체적인 면에서 물질을 빼앗아 갑니다. 정신적인 면에서 기쁨과 즐거움도 빼앗아 갑니다. 영적인 면에서는 미래의 계획과 희망을 빼앗아 갑니다. 고난이 닥치면 쓰리고 아픕니다. 슬프고 답답합니다. 불안하고 두렵습니다. 육체적으로든 정신적으로든 영적으로든 괴로움을 겪습니다. 아무리 보아도 고난을 축복이라고 말할 수 없습니다. 고난은 위기요 징계요 저주요 형벌이요 심판입니다.

　그런데 시조 아담 이래 세상에 태어난 목회자치고 고난 없는 이는 단 한 명도 없었습니다. 태반의 목회자들이 고난 때문에 실패하였습니다. 그러므로 고난이라는 문제를 바로 해결하지 않고는 목회 문제를 해결할 수 없습니다.

첫째, 스스로 만든 고난이 있습니다.

구약의 야곱은 자신의 허물과 실수와 죄악으로 인해 징계로서 고난을 받았습니다. 습관적으로 남을 속이고 남의 것을 빼앗던 죄악 때문에 집에 있을 수도 없게 되어 20여 년간 멀리서 온갖 고생을 하며 타향살이해야 했던 것입니다. 목적이 좋으면 수단과 방법을 가리지 않는 식의 목회에 빠지기 쉽습니다만 그러면 반드시 고난을 겪게 될 것입니다. 이런 고난은 창피하고 보람 없는 고난입니다. 목회자가 삶의 태도와 방법을 바로 고치기 전에는 고난이 해결되지 않습니다.

야곱은 악착같이 노력하여 재물을 모았습니다. 가축과 재산도 늘렸고, 가족도 많아졌습니다. 그러나 행복은 오지 않았습니다. 스스로 만든 고난은 외형적인 조건이나 환경을 다 바꾸어 놓아도 해결되지 않습니다. 야곱은 고향으로 돌아가는 길이었지만 집이 가까워질수록 불안하고 심히 두려워졌습니다. 얍복 나루에 이르러서는 가축과 가족 모두 먼저 건너보내고 홀로 남아 밤새도록 하나님 앞에 완전히 회개하여 송두리째 바뀌고 나서야 고난의 해결이 임했습니다.

생각 외로 목회자 스스로 만드는 고난이 비율적으로 많은 편입니다. 기본적 신앙이나 사명에 대한 열심은 간절한데, 자기 자신의 잘못된 인생관과 철학(무신론, 공산주의는 물론이고, 율법주의, 신비주의, 무교회주의, 해방신학, 세속주의, 종교다원주의 등), 잘못된 생활 태도(술과 담배, 도박, 아편은 물론이고, 낚시, 장기, 바둑, 골프 등 지나친 취미 활동)나 그릇된 행동과 방법(사기, 횡령, 투기는 물론이고, 정치 성향, 독재형, 방임형, 사업형, 허풍형, 배신형, 변덕성 등) 때문에 오는 고난입니다. 근본적으로, 목회자 자신이 회개해야만 스스로 만든 고난의 문제가 해결됩니다.

둘째, 남의 죗값으로 받는 고난이 있습니다.

구약의 요셉은 형들의 시기와 질투와 증오의 죄 때문에 노예가 되어 고난을 겪게 된 것입니다. 바로의 신하 친위대장 보디발의 아내가 품은 정욕의 죄와 모함 때문에 요셉은 감옥에 갇히는 고난을 겪을 수밖에 없었습니다. 이런 고난은 억울하고, 필요 없는 고난이라고 생각하기 쉽습니다.

그러나 고난이 죄인에게는 형벌과 심판과 저주와 멸망이 되지만, 죄 없는 이에게는 단련과 훈련과 축복과 보상이 됩니다. 요셉은 남의 죗값으로 고난을 받았지만, 그 덕분에 하나님께서 친히 그와 함께해 주시는 것을 체험하였습니다. 그리고 그 고난을 통하여 순수한 신앙을 얻게 되었습니다. 대인 관계의 성실함을 익히고, 사랑을 실천하는 능력도 얻게 되었고, 옳은 일을 위한 인내력을 얻었습니다. 결국 그는 (창 41:41)"애굽 온 땅의 총리" 자리에까지 오르게 되었습니다. 고난은 당시 온 세상 사람을 살려 내는 능력자가 되는 성공의 요인이 되었습니다.

요셉이 남의 죗값으로 고난을 받은 것은 무죄하신 예수님께서 인류의 죄를 대신 짊어지고 대속의 십자가 지신 속죄의 상징이 되므로 가치가 있습니다. 목회자가 남의 죄를 대신하여 고난을 받는 것은 예수님의 고난을 본받는다는 점에서 큰 가치가 있습니다. 이런 고난은 아무나 가질 수 없는 능력을 지닌 하나님의 사람이 되게 하고, 관록이 됩니다. 그러므로 남의 죗값으로 받는 고난이 많은 목회자일수록 큰일을 잘 감당하게 되고, 감동적인 목회를 하게 됩니다.

셋째, 스스로 택하는 고난이 있습니다.

신약의 바울 사도는 (빌 1:20)"지금도 전과 같이 온전히 담대하여 살든지 죽든지 내 몸에서 그리스도가 존귀하게 되게 하려" 한다고 말하였습니다. 또한 (골 1:24)"나는 이제 너희를 위하여 받는 괴로움을 기뻐하고 그리스도의 남은 고난을 그의 몸된 교회를 위하여 내 육체에 채우노라"라고 말하며 때를 얻든지 못 얻든지 복음 증거 하는 일만을 위해 전력했습니다.

그는 굶주리고 헐벗은 상태로 전도했습니다. 유대인에게도 로마인에게도 무수한 핍박을 받았습니다. (고후 11:24-25)"유대인들에게 사십에서 하나 감한 매를 다섯 번 맞았으며 세 번 태장으로 맞고 한 번 돌로 맞고 세 번 파선하고 일주야를 깊은 바다에서" 지냈습니다. 감옥에도 수없이 갇혔습니다. 그러나 고난의 이유를 단 한 번도 묻지 않았습니다. 불평하거나 고민하는 일이 전혀 없었습니다. 도리어 기뻐하였습니다. 그는 (롬 8:18)"생각하건대 현재의 고난은 장차 우리에게 나타날 영광과 비교할 수 없도다"라고 했습니다. 앞으로도 고난을 얼마든지 감수하겠다는 뜻입니다. 그는 고난을 만족하고 자랑스럽게 여기며 영광으로 생각했습니다. 그가 스스로 택한 고난이었기 때문입니다.

예수님께서 제자들에게 (마 16:24)"누구든지 나를 따라오려거든 자기를 부인하고 자기 십자가를 지고 나를 따를 것이니라"라고 말씀하셨습니다. 스스로 고난을 택하지 않은 사람은 목회자가 될 수 없다는 말씀입니다. 하나님의 뜻을 이루기 위하여 스스로 고난을 택하며 충성하는 목회자야말로 참 목회자입니다.

넷째, 스스로 알 수 없는 고난이 있습니다.

바울 사도가 온 세상에 복음을 전하기 위해 힘쓰고 있을 때 (고후 12:7)"육체에 가시 곧 사탄의 사자"라고 할 만한 큰 고난이 닥쳤습니다. 성경학자들은 이것이 '지중해 말라리아', 곧 '학질'이나 '간질병' 또는 '안질'이었을 것이라고 추측을 하지만, 성경이 분명히 밝히고 있지 않으므로 알 수 없습니다. 분명한 것은 '사탄의 사자'라 고한 것을 보아 그 모든 병을 다 합친 것보다도 더 견디기 힘들었을 것이라고 생각됩니다. 그리고 좀 더 괴로운 것은 고난의 의미를 알 수 없는 점입니다. 바울 사도는 (고후 12:8) '이것이 나에게 필요 없는 고난이라'고 여겨져 주께 "이 가시를 나에게서 떠나게 해 주소서" 하고 세 번이나 간구 드렸습니다. 고난을 주시는 이도, 고난을 해결하시는 이도 하나님뿐이십니다. 그러므로 고난 문제를 해결하려면, 기도드리는 것이 가장 올바른 자세입니다. 하나님께서 고난을 해결해 주시는 방법에는 여러 가지가 있는데, 먼저 즉시 고난을 제거해 주시는 방법이 있고, 고난의 뜻, 곧 의미를 깨닫게 해 주시는 방법이 있으며, 그 고난을 이길 수 있도록 능력을 주시는 방법이 있습니다.

하나님께서는 바울의 기도를 들으시고, 그의 고난을 즉시 없애 주지 않으셨습니다. 그 대신에 바울 사도가 남달리 지극히 큰 계시와 기적을 경험하였기에 그에게 (고후 12:7)"육체에 가시"를 통하여 "너무 자만하지 않게 하려 하심"이라는 사실을 깨닫게 하셨습니다. (고후 12:9)"내 은혜가 네게 족하도다 이는 내 능력이 약한 데서 온전하여짐이라"라고 말씀하심으로써 고난의 의미를 깨닫게 해 주시고 도리어 더 큰 은혜를 계속 주셨습니다.

이처럼 하나님께서는 사랑하는 자녀들에게서 고난을 쉽게 제거해 주시지 않습니다. 그것이 문제 해결에 별 도움이 되지 않기 때문입니다. (단

6:16-22)다니엘이 사자 굴에 던져졌을 때, 하나님은 사자들을 죽이지 않으셨습니다. (단 3:19-26)사드락과 메삭과 아벳느고가 7배나 뜨거운 풀무 불에 던져졌을 때도 불을 꺼 주시지 않았습니다. 그 대신 은혜를 족하게 주셔서 모든 고난을 능력으로 이겨 넘어가게 해 주셨습니다.

바울 사도는 하나님의 이렇듯 오묘한 섭리를 깨닫고서는 자기에게 육체의 가시가 있는 것을 도리어 크게 기뻐하며 (고후 12:9-10)"나의 여러 약한 것들에 대하여 자랑"하며 은혜 받는 일이라면 "약한 것들과 능욕과 궁핍과 박해와 곤고를" 기뻐한다고 고백했습니다. 그의 육체의 가시는 없어지지 않았지만. 대신에 그가 육체의 피곤을 느끼지 않도록 은혜를 넘치게 주셨습니다.

영국의 종교개혁자 존 웨슬리 목사는 설교를 42,000회나 했습니다. 연간 평균 7,000km, 곧 17,850리 거리를 순회하며 매일 평균 3회 이상 설교하였습니다. 그런데 83세 때 일기에 "나 자신도 알 수 없다. 설교하고 글을 쓰며 여행을 그렇게 많이 다녔어도 피곤을 모른다."라고 기록하였습니다. 한국의 방지일 목사님은 말년에 글을 써서 책을 내고, 국내는 물론이고 전 세계를 돌아다니며 설교하시다가 만 103세에 부름 받아 가셨습니다.

바울 사도는 대로마 제국이 거국적으로 박해하였는데도 단 한 번도 굴복한 일이 없습니다. (행 16:25-34)도리어 그가 감옥에서 기도드리면 지진이 나서 옥문이 열리고, 간수가 회개했으며, 그의 온 집안이 세례를 받았습니다. (행 27:14-25)유라굴로 광풍 가운데서도 바울은 하나님의 능력을 나타내며 전도하였습니다. 결국, (행 28:1-31)멜리데섬에서 가장 높은 사람 앞에서나 로마에서 유대인 중 높은 사람들에게까지 선교에 큰 영향을 주었습니다. 육체에 가시를 지닌 몸으로 건강한 사람도 도저히 할 수 없는 엄청난 일들을 해낸 것입니다. 바울 사도는 그야말로 고난의 의미를 알고 도리어 그 고난을 통하여 하나님의 능력과 은혜를 넘치도록 받아 초인간적인 위대한 목회를 할 수 있었습니다.

목회자에게는 그 자신이 스스로 알 수 없는 고난까지도 은혜 받는 데 유익할 수 있습니다. 고난은 고난 자체만 보아서는 이해가 되지 않습니다. 고난을 주시는 보다 높고 크신 하나님의 뜻을 읽어야 합니다.

욥의 인내와 결말에 대하여

성경에 (약 5:11)"보라 인내하는 자를 우리가 복되다 하나니 너희가 욥의 인내를 들었고 주께서 주신 결말을 보았거니와 주는 가장 자비하시고 긍휼히 여기시는 이시니라"라고 하였습니다.

구약의 욥기는 인생의 고난을 보여 주는 책이 아니라 고난을 어떻게 대처하느냐를 보여 주는 말씀입니다. 욥은 인간으로는 감당하기 어려운 고난을 겹겹이 당하였습니다. 소나기처럼 잠깐 당하고 끝나는 고난은 누구나 감당할 수 있으나 장맛비처럼 계속되는 고난은 이겨내기가 어렵습니다. 욥은 장맛비 이상으로 길고 깊은 고난을 인내로 이겼습니다.

첫째, 물질 고난을 인내했습니다.

(욥 1:3)"동방 사람 중에 가장 훌륭한 자"로 손꼽히던 욥이 천재(天災)와 인재(人災)로 삽시간에 모든 것을 잃었습니다. 그런데도 그는 (욥 1:21)"내가

모태에서 알몸으로 나왔사온즉 또한 알몸이 그리로 돌아가올지라 주신 이도 여호와시요 거두신 이도 여호와시오니 여호와의 이름이 찬송을 받으실지니이다"라고 고백하며 오히려 하나님께 영광 돌렸습니다.

욥은 하나님의 사람으로서 살아가야 하는 목회자들에게 올바른 물질관을 보여 줍니다. 목회자는 '알몸' 물질관(物質觀)으로 오로지 하나님의 영광을 나타내어야 합니다. (눅 10:1-4)예수님께서 70인을 두 명씩 전도 내보내시며 "내가 너희를 보냄이 어린 양을 이리 가운데로 보냄과 같도다" 하시면서, 그들이 하는 전도가 농사의 추수와 같은 것임을 명심하라고 하셨습니다. 그러면서 "전대나 배낭이나 신발을 가지지 말며"라고 하셨습니다. 예수님 말씀을 풀어쓰면 "지금 내가 전도하라고 너희를 보낸다. 이리떼가 많은 곳에 한 어린 양 같은 너희를 보낸다. 핍박이 심하다. 오로지 복음 전하는 것 외에는 일체 다른 데 신경 쓰지 마라! 그러므로 전대(錢臺), 즉 일용할 양식 이상의 물질 수입을 위한 노력은 일체 하지 말라."라는 말씀입니다. 배낭은 일용품을 가져가는 이상은 가지지(携帶) 말고, 신발도 여분 있게 가질 필요가 없다고 말씀하셨습니다.

이 말씀의 뜻은 (마 6:33)"내가 너희를 파송하니 이리떼의 핍박을 내가 막아주겠다. 무엇을 먹을까 무엇을 마실까 염려하지 말라. 너희는 먼저 그의 나라와 그의 의를 구하라 그리하면 이 모든 것을 너희에게 더하겠다."라는 것입니다.

그리고 (눅 22:35)"내가 너희를 전대와 배낭과 신발도 없이 보내었을 때에 부족한 것이 있더냐"라고 밝혀 주셨습니다. 전도자나 목회자는 주님께 보냄을 받아야 하며 동시에 주님 말씀을 믿고 순종하면 전적으로 책임져 주십니다. 목회자는 전도, 즉 구령이 목적이고, 생활은 수단이며 과정입니다.

목회자의 물질관: 목회자는 욥과 같이 '알몸' 물질관이어야 합니다. 나의 모든 물질은 내 것이 아니고 하나님의 것이기에 하나님의 뜻대로 쓰며 관리합니다. 이것만은 놓을 수 없다고 주장할 만한 물질을 갖지 않습니다. 또 신앙과 양심에 맞지 않는 물질을 갖지 않습니다. 또한 남들이 보면 곤란한 물질도 갖지 않습니다. 자기 소유가 아닌 물질은 하나라도 갖지 않습니다.

목회자의 헌금 관리: 교인이 하나님께 바친 헌금은 하나님의 소유입니다. 그러므로 소유주 하나님의 뜻대로 써야 합니다. 목회자뿐 아니라 당회, 제직회, 재정부 등도 헌금(獻金)을 현금(現金), 즉 단순한 물질로 보면 안 됩니다. 하나님의 것으로 알고, 사람이 임의로 하면 안 되는 하나님께 바친 제물 성격이 있음을 알고 써야 합니다. 목회자가 교회서 받는 생활비는 많거나 적거나 사람이 주는 것이 아니라, 하나님께서 주시는 것으로 받아야 합니다. 그리고 목회자의 생활 수준은 교우들의 평균 또는 그보다 약간 상위 정도가 좋습니다.

목회자는 청지기 정신으로 헌금 관리, 보관, 사용 등을 가장 신앙적이고 깨끗하게, 감동적으로 해야 합니다. 목회자가 사재(私財)와 교회 재정을 혼동하거나 사용 목적을 변경하면 범죄가 됩니다. 목회자는 교인과 돈거래를 해서는 안 되며, 필요한 돈을 하나님께 구하여 사람에게 베풀어야 합니다. 그 대신 목회자의 생활은 시무하는 기간에 목회자 자신이 생활에 얽매이지 말고, 서무(署務)부가 맡아 실제 보살펴 드리는 것이면 아주 잘하는 것일 것입니다. 그리고 시무 마칠 때에 염려 없도록 노후 대책으로 보험이나 연금에 미리 가입하여 실시하는 것은 성경적으로 지혜로운 일입니다.

둘째, 자녀로 인한 고난을 인내하였습니다.

욥은 (욥 1:2-19) "아들 일곱과 딸 셋" 십 남매를 두었는데, "거친 들에서 큰 바람이" 불어와서 집이 무너지므로 열 자녀가 모두 한자리에서 죽었습니다. 그런데도 욥은 (욥 1:21) "주신 이도 여호와시요 거두신 이도 여호와시오니 여호와의 이름이 찬송을 받으실지니이다"라고 하였습니다. 그는 자녀가 살아있을 때 매일 자녀를 위해 번제를 드리는 아버지였습니다.

구세군을 창시한 윌리엄 부스 대장은 "만약 나의 자녀들이 하나님을 위해 살지 않을 것이면 차라리 데려가 주십시오."라고 말했다고 합니다. 자기 자녀가 아니라 하나님께 완전히 바치는 자녀라는 정신입니다. 목회자는 자기 자녀부터 하나님께 완전히 바쳐야 합니다. 즉 자기 자녀부터 참 목회를 시작해야 합니다.

제 경험으로는 세상에 태어나 젖 먹을 때부터 마지막 세상 떠나는 시간까지 매일 가정예배 드리는 것이 저와 온 가족 특히 자녀들에게 신앙생활의 원동력이 된다는 것을 체험하였습니다.

셋째, 질병으로 인한 고난을 인내하였습니다.

욥은 (욥 2:7) '발바닥에서 정수리까지 종기가 나는 괴질'에 걸렸습니다. 그런데도 그는 (욥 13:15-16) "그가 나를 죽이시리니 내가 희망이 없노라 그러나 그의 앞에서 내 행위를 아뢰리라 경건하지 않은 자는 그 앞에 이르지 못하나니 이것이 나의 구원이 되리라”라고 고백했습니다. 극치의 병고 속에도 하나님 사랑의 섭리가 있음을 확신한 것입니다.

목회는 육체에 대한 의지를 완전히 버려야 합니다. 육적인 힘을 완전히 버릴 때, 성령께서 역사하십니다. 바울 사도는 (갈 5:24)“육체와 함께 그 정욕과 탐심을 십자가에 못 박았느니라”라고 하였습니다. 욥은 질병의 고난을 통해 육체 의존을 완전히 버리고, 전적으로 하나님만 의뢰하게 된 것입니다.

넷째, 부부 생활 고난을 인내하였습니다.

욥의 아내가 남편을 향하여 (욥 2:9)“당신이 그래도 자기의 온전함을 굳게 지키느냐 하나님을 욕하고 죽으라”라고 저주하였습니다. 아내는 “당신이 하나님과의 관계를 가장 중요시하니까 고난이 오는 거예요. 하나님과의 관계를 중요시하는 생각을 버리면 편해질 거예요.”라는 뜻으로 한 말입니다. 한 몸이라고 하는 가장 가까운 아내가 하나님 없는 부부사랑을 요구합니다. 그러나 욥은 아내에게 (욥 2:10)“그대의 말이 한 어리석은 여자의 말 같도다 우리가 하나님께 복을 받았은즉 화도 받지 아니하겠느냐”라고 대답하였습니다. 부부가 하나님을 배반하는 입장에서 서로 상대하면 어리석은 사랑이 됩니다. 인생 일생 사는 동안에 하나님을 중심하는 ‘신앙적 부부애’(夫婦愛)가 부부는 물론이고, 자녀와 가족에게 좋은 영향을 주고, 축복이 임하고, 기타 모든 대인관계에 성공적 요소가 됩니다. 목회자의 신앙적 부부애는 고난 중일수록 하나님과의 관계를 더욱 중요시해야 부부와 가정은 물론 목회적 성공과 형통이 임합니다.

다섯째, 오해와 비난받는 고난을 인내했습니다.

욥의 세 친구가 위로하러 찾아왔다가 (욥 22:4-5)"하나님이 너를 책망하시며 너를 심문하심이 너의 경건함 때문이냐 네 악이 크지 아니하냐 네 죄악이 끝이 없느니라"하며 욥의 허물을 정죄하였습니다.

"거짓 친구는 봄에 왔다가 겨울에 간다."는 속담이 있습니다. 거짓 친구들은 봄날처럼 희망에 차 있고, 잘나가고 즐거울 때는 가까이하지만, 겨울처럼 혹독하게 추운 고난이 닥치면 모두 떠나가고 도리어 비난한다는 뜻입니다.

도화(道話)에 이런 이야기가 있습니다. 한 승려가 거룩하게 보이려고 눈을 지그시 감은 채 가마를 타고 가고 있었습니다. 행인들이 "저 승려는 죽은 것 같다."라고 수군거렸습니다. 승려는 살아있는 것을 나타내기 위해 기침을 했습니다. 그러자 사람들이 "죽은 게 아니라 병자로구나." 하였습니다. 승려가 "어험!" 하고 큰 소리를 내며 헛기침하였습니다. 이번에는 사람들이 "병자가 아니라 죄수인가 보다."라고 말했습니다. 화가 난 승려가 "나는 죄수가 아니다!"라고 외치자 사람들이 "아, 죄수가 아니라 광인(狂人)이로군." 하였다는 이야기입니다.

세상 사람들은 멀쩡한 사람을 '죽었다.' '병자다.' '죄수다.' '미친 사람이다.'라고 비난합니다. 까닭 없이 이런 비난을 받으면 자기 욕망이나 자존심이 살아 있는 사람일수록 크게 반항하며 다툼이 붙게 됩니다. 그래서 세상은 날이 갈수록 시끄러워지고 점점 살벌해집니다.

가끔 고속도로에서 '기분 나쁘게 했다.'고 차를 멈춰놓고 싸우다, 달려온 차에 치어 둘 다 죽었다는 뉴스를 보며 '기분 나쁜 일이 목숨을 버릴 만한 일인가?' 쓴웃음을 짓게 됩니다. 그런데 실제는 차량 고속도로보다 더 귀중한 인생 고속도로에서 하나마나한 비난 같은 일 때문에 서로 다투다 인생을 송두리째 망쳐 버리는 일들을 많이 보게 됩니다.

예수님께서는 (벧전 2:23)"욕을 당하시되 맞대어 욕하지 아니하시고 고난을 당하시되 위협하지 아니하시고 오직 공의로 심판하시는 이에게 부탁"하셨습니다. 사람들의 비난에 직접 대응하기보다는 하나님의 심판에 맡기셨습니다.

욥은 세 친구의 오해와 비난에도 불구하고, 오로지 하나님을 끝까지 신뢰하는 신앙으로 인내하여 그의 귀로 듣기만 하던 신앙에서 눈으로 보는 신앙으로 변화되었고, 생각만 하던 것을 손으로 만지듯이 확신을 갖게 되었습니다. 마침내 그는 (욥 23:10)"내가 가는 길을 그가 아시나니 그가 나를 단련하신 후에는 내가 순금같이 되어 나오리라"라고 고백하는 믿음의 사람, 의인 경지에 이르렀습니다. 욥이 고난을 겪기 전에는 동방의 의인이었다면, 고난을 겪은 후에는 완전한 하나님의 사람이 되었습니다.

인내의 결말

하나님께서 욥에게 갑절의 복을 주셨습니다! (히 11:6)"믿음이 없이는 하나님을 기쁘시게 하지 못하나니 하나님께 나아가는 자는 반드시 그가 계신 것과 또한 그가 자기를 찾는 자들에게 상 주시는 이심을 믿어야 할지니라", (히 11:26)"그리스도를 위하여 받는 수모를 애굽의 모든 보화보다 더 큰 재물로 여겼으니 이는 상 주심을 바라봄이라."

하나님께서는 믿음으로 승리하는 신자에게 반드시 상을 주십니다. 하나님이 주시는 상은 세상 모든 재물과 영화보다 더 큰 상급입니다. 욥은 처음 가졌던 재산과 자녀들과 건강과 아내와 친구들을 잃었지만, 고난을 통하여 더 귀한 참 신앙을 얻게 되었습니다. 하나님과 함께하는 삶 속에서 새로 받은 물질과 자녀와 건강과 아내와 친구들이야말로 참 복입니다. 거기다 수명까지 갑절인 140년을 더 살며 누렸습니다. 이것이 갑절의 복입니다. 목회자가 오로지 하나님만 믿고 의지하는 인내로 고난을 이긴 다음에 주시는 갑절의 복을 받으면 최고의 상급이요 복을 누리는 것입니다!

고통이 가득한 말세에 부르심을 받은 우리 목회자들이 다짐하십시다!

첫째, 나 스스로 만든 고난의 문제를 야곱이 얍복강에서 한 것처럼 근본적인 회개로써 깨끗이 해결 받자! 둘째, 남의 죗값으로 대신 받는 고난이라도 피하지 말고 요셉처럼 감수(甘受)함으로써 도리어 훈련이 되고, 교육이 되며, 전환과 연단을 받게 하자. 셋째, 그리스도와 교회와 인류를 위하여 바울처럼 스스로 고난을 택하여 복음 증언에 매진하자! 넷째, 이해할 수 없는 고난이 와도 욥처럼 오로지 하나님만 믿고 기도 드려, 하나님께서 깨닫게 해주시고, 고난을 통하여 주시는 능력을 받아 승리하는 목회를 하여 갑절의 상을 꼭 받자!

고난 문제를 바로 해결할 때, 목회에 희망과 형통과 축복과 성장 발전과 많은 결실과 승리와 영광이 찾아옵니다!

목회자의 건강

예수님께서는 (막 2:17)"건강한 자에게는 의사가 쓸 데 없고 병든 자에게라야 쓸 데 있느니라 나는 의인을 부르러 온 것이 아니요 죄인을 부르러 왔노라"고 하셨습니다. 성경은 (요삼 1:2)"사랑하는 자여 네 영혼이 잘됨같이 네가 범사에 잘되고 강건하기를 내가 간구하노라"라고 하였습니다.

'의사의 아버지'로 불리는 고대 그리스의 히포크라테스가 "돈을 잃으면 적게 잃은 것이고, 명예를 잃으면 많이 잃은 것이고, 건강을 잃으면 전부를 잃어버린 것이다."라고 말한 것은 인생 누구에게나 불멸의 진리입니다. 목회자에게도 틀리지 않는 진리입니다.

저는 어렸을 때 병약하여 모두에게서 "쟤는 몸이 너무 약해서 제구실하기 힘들 거야."라는 걱정의 말을 많이 들었습니다. 제 병력(病歷)은 화려합니다. 꼬마 때 두 살 아래 여동생과 동시에 티부테리(목이 부어 숨 막혀 죽는 병)에 걸렸는데, 동생은 가고 저만 기적적으로 살아났습니다. 보통

(초등)학교 시절에는 난치병에 시달렸고, 평양 장로회신학교에 들어갈 무렵에는 장티푸스를, 전도사 사역을 시작하고는 뇌염을, 6·25 전쟁 때 군목으로 복무하던 시절에는 결핵을 앓았습니다. 모두 당시에 사망률이 가장 높은 병들이었습니다.

목회자는 목회가 건강하면 다 건강해집니다

어떤 이가 "병은 인생의 가장 큰 기쁨의 하나를 준다."라고 말하였는데, 저 역시 인간의 힘으로는 감당할 수 없는 질병을 통하여 큰 기쁨을 얻었습니다. 하나님께서 저 같은 것을 기적적으로 살려주셨으므로 하나님의 사랑과 섭리와 보호와 치유와 인도를 직접 체험하고 확신하게 되었으며, 하나님의 뜻에 순종하며 하나님의 심부름만 하리라는 삶의 새로운 목표와 방식을 찾게 된 것입니다. 저는 조상 대대로 신앙을 물려받은 모태 신앙인으로 특은(特恩) 중의 특은을 입은 사람인데, 질병 덕분에 모태 신앙인에게 있기 쉬운 피동적 평안에 안주하려는 습관성 신앙생활에서 벗어나 능동적인 체험 신앙을 갖게 되었습니다.

목회를 본격적으로 시작하면서부터는 몸이 건강해져서 씩씩하게 뛰어다녔습니다. 심지어 불사조(不死鳥), 철인(鐵人)이라는 별명을 듣기도 하였습니다. 목회하는 중에는 통원 치료는 물론이고, 약 한 봉지도 먹지 않았으니 건강 때문에 걱정해 본 일이 전혀 없습니다. "목사님의 건강 비결은 무엇입니까?"라는 질문을 자주 받곤 했는데, 그럴 때마다 "건강 비결이 없는 것이 비결입니다."라고 대답할 수밖에 없었습니다.

사실 목회에 전념할 때는 제때 먹거나 자지 못했고, 과로하기 일쑤였습니다. 건강법에는 전혀 맞지 않는 무리한 생활을 하였습니다. 솔직히 건강에 관한 관심이 전혀 없어서 주의나 노력을 기울여 본 적도 없습니다. 그런데 오히려 그전보다 더 건강했습니다. 제 일생 중 목회한 기간이 가장 건강한 기간이었다고 말할 수 있습니다.

저는 이것이 바로 목회자의 건강법임을 체험적으로 알게 되었습니다. 즉 목회자는 비록 건강법에 맞지 않게 생활을 하여도 건강한 목회를 하면 신체도 건강해진다는 체험입니다. 반대로 말하면, 목회가 건강하지 못하면, 어떤 건강법을 다 지켜도 건강해지지 않고 도리어 온갖 병에 걸린다고 할 수 있습니다.

어떤 이가 "질병은 몸의 고장(故障)이 아니라 마음의 고장이다."라고 말했습니다. 목회자의 경우는, "질병은 몸의 고장이 아니라 목회의 고장이다."라고 할 수 있습니다. 그러므로 목회자는 '육체 건강'에 앞서 '목회 건강'부터 찾아야 합니다.

그런데 문제는 '목회의 건강'을 찾기가 쉽지 않다는 데 있습니다. 목회자라면 누구나 다 건강한 목회를 바라고 또 힘쓸 것입니다. 그러나 그전에 피곤이 찾아오고, 쉬이 병들기도 합니다.

건강한 목회를 하려면, 먼저 세 가지를 살펴야 합니다.

첫째, "하나님의 뜻에 100% 순종하는 목회를 하고 있는가?"를 살펴야 합니다.

목회가 건강하다는 것은 목회자가 하나님의 뜻에 100% 순종하며 교우들과 교회 전체가 하나님의 뜻에 100% 순종하는 생활을 하는 것을 의미합니다. 순종이 부족하면 병에 들게 되고, 불순종하면 목회자와 교회가 죽게 됩니다.

그런데 하나님의 뜻에 순종하기란 쉽지 않습니다. 아니, 매우 어렵습니다. 아벨처럼 하나님께서 기쁘게 받으시는 예배를 드리고, 날마다 양식을 먹듯이 하나님의 말씀을 봉독하며, 시시각각 숨 쉬듯이 기도 생활을 하면서, 마치 운동하듯이 봉사와 전도를 힘 있게 하여야 비로소 하나님의 뜻을 깨닫게 되고, 또 실천하는 힘도 생기기 때문입니다.

하나님의 뜻에 완전히 순종하는 목회자와 교회는 마치 죽은 사람과 산 사람의 차이처럼 극명(克明)합니다. 100% 순종하는 목회자와 교회는 모든 일을 믿음으로 하고, 영적인 힘이 있으며, 생활의 경건이 살아 있습니다. 병든 심령과 생활을 치유하여 건강에 이르게 합니다.

가령 아침에 일어났는데 심장이 99%밖에 작동하지 않는다고 하면 즉시 119를 불러 병원으로 달려가 100% 작동하도록 고쳐야 생명이 유지됩니다. 심장만 아닙니다. 호흡도 100% 계속해야 합니다. 맥박도, 뇌 작용도 생명에 관한 것은 모두 100%여야 살게 됩니다. 이것이 하나님의 창조 원리입니다. 심장은 100% 완벽하게 박동할 때가 비로소 가장 살아 있는 평안한 때입니다.

신앙생활, 특히 목회야말로 가장 소중한 영적 생명 운동입니다. 100% 하나님의 뜻대로 사는 것, 하나님의 뜻에 100% 순종하는 것이 곧 건강입니다. 이런 건강이 있어야 모든 활동과 생활에 능력이 있고, 활기차게 일하게 되고, 평안해지며 큰 행복이 찾아옵니다. 하나님께서는 지킬 수 없는 것을 명령하시지 않습니다. 하나님의 뜻을 100% 지키라는 것이 뭐가 어렵습니까? 수많은 사람들이 항공회사와 비행기 기능과 기장과 승무원들의 기술을 100% 믿고 비행기를 탑니다. 저 높은 하늘에 올라가 한 시간에 약 1000km 속도로 10여 시간 날아가 목적지에 내리는 항공여행은 자초(自招)하면서, 인간을 억만 배 사랑하시고 전능하신 창조주 하나님을 믿으려 하지 않는다면 그런 어리석은 모순과 불신이 어디 있습니까? 하나님을 무조건 100% 믿고 그 뜻대로 순종하며 다 맡기는 것이 신앙생활이고, 목회입니다.

믿고 비행기를 타면 그다음부터는 내가 하는 것이 아닙니다. 꼬마 자녀는 부모를 100% 믿는 것 하나만으로 모든 것을 다 해결 받고 삽니다. 명령자 하나님을 확신하는 믿음으로 하나님의 뜻에 100% 순종하는 것은 결코 어려운 일이 아닙니다. 하물며 하나님께서 반드시 명령하신 것을 지키려고 최선을 다해 힘쓰면 할 수 있게 해주십니다. 당연한 일입니다. 사는 동안 심장이 날마다 100% 박동하듯이 목회자는 마지막까지 건강한 목회를 유지해야만 살 수 있습니다.

둘째, "사람을 사랑하는 목회인가?"를 살펴야 합니다.

목회자는 하나님의 사랑, 즉 대속(代贖)의 사랑을 모든 사람에게 실천하는 사람입니다. 그러므로 사람을 사랑하기 위해 목회해야 합니다. 건강한 목회를 하는 목회자는 교리, 신학, 믿음, 교회법, 행정, 사업 등을 언제나 사람을 사랑하기 위해 적용합니다. 예수님께서 (막 2:27) "또 이르시되 안식일이 사람을 위하여 있는 것이요 사람이 안식일을 위하여 있는 것이 아니니"라고 말씀하셨습니다. 신앙생활과 목회에 있어서 안식일(비영성과 인격인 존재, 즉 율법, 교리, 신학, 교회 법 등 기타 모든 것은 '목회 실존')은 영성과 인격적 존재인 사람을 위해 있습니다. 즉 '사람(목회 본질)이 먼저이고, 그 밖의 비영성과 비인격적 모든 것(목회 실존)은 주된 사람(목회 본질)을 위해 있다.'는 말씀입니다. 반대로 덧붙여 '사람(목회 본질)이 첫째가 아니고 안식일을 비롯한 그 밖의 것(목회 실존)을 위하면 그것은 이단, 우상이 되는 것이다.'라고 말씀하신 것입니다.

그런데 시끄러워진 교회에 가보면, 목회자가 목회 실존인 목회와 교리와 교회법을 철저히 지키기 위해 목회 본질인 사람을 미워하고 차별하며 치리하고 있습니다. 예수님은 목회 본질인 사람을 죄에서 구원하기 위해 육신을 입고 세상에 오셨고, 구원해 살려주시려고, 즉 사람을 사랑하기 위해 십자가를 져 주셨는데, 도리어 사람을 정죄하고 치리하기 위해 목회한다면 그것은 병든 목회입니다. 혹시 범죄한 사람을 치리하는 일이 일어나면 그를 죄에서 벗어나 살려주기 위해 치리해야 합니다. 사람을 사랑하지 아니하는 목회는 목회가 아닙니다. 사람을 사랑하는 교회가 건강한 교회입니다.

목회는 예수님의 속죄 구원의 복음을 사람들에게 전달하고 베푸는 일입니다. 그러므로 목회자는 사람을 대할 때 겸손한 마음가짐과 사랑이 있어야 합니다. 남의 마음을 상하게 하거나 비난하는 말은 한마디도 하지 않아야 합니다. 예의에서 벗어나는 저속한 말도 절대 하지 말아야 합니다. 항상 상대방을 높이고, 즐겁게 하는 말, 위로하고 격려하는 말, 배움과 깨달음을 주는 말을 해야 합니다. 대화를 나눌수록 친밀감이 더욱 높아지는 사랑의 말을 해야 합니다.

그리고 목회자는 매사 원수가 없도록 경건하게 행동하고, 화목하게 살아야 합니다. 교회는 분쟁이 없어야 하고, 그리스도의 사랑을 나누는 화목한 작은 천국이어야 합니다. 은혜롭고 화목한 목회와 교회가 건강한 목회와 교회입니다.

셋째, "우선순위의 첫째가 목회인가?"가 분명해야 합니다.

사람은 우선순위의 첫째를 위해 산다고 해도 과언이 아닙니다. 그러므로 목회자의 최우선 순위는 목회여야 합니다. 근간 '목회가 세속에 물들었다.'는 지적의 소리가 들려 안타깝습니다.

옛날 바울 사도는 목회하면서 (빌 3:8)"내 주 그리스도 예수를 아는 지식이 가장 고상하기 때문이라 내가 그를 위하여 모든 것을 잃어버리고 배설물로 여김은 그리스도를 얻고"라고 고백하였습니다. 그는 목회를 위해 자신의 시간과 건강과 물질과 가정, 심지어 자신의 생명까지도 아낌없이 희생하였고, 송두리째 주님을 위해 바쳤습니다. 오로지 그의 인생의 최우선 순위인 목회만을 위해 살았습니다. 이것이 건강한 목회입니다.

어느 목공이 나무를 깎아 그릇을 만들면서 "이 그릇이 어떤 인생을 기쁘게 해 줄까?"를 생각하며 행복감에 젖어 즐겁게 일하곤 하였습니다. 어느 날, 한 손님이 "그렇게 해서 돈이 됩니까?" 하고 물었습니다. 목공은 "나는 돈을 만들고 있는 것이 아니라 행복을 만들고 있습니다."라고 대답하였습니다. 목공의 최우선 순위는 돈이 아니라 행복이었습니다.

미국의 한 실업가가 인도 콜카타에 들러 테레사 수녀가 빈민굴에서 300명의 고아를 힘겹게 돌보는 모습을 보고, "우리 실업가들은 하루에도 수천 명씩 고아를 먹입니다. 수녀님은 겨우 300명의 고아를 먹이는데, 하나님께서는 이를 어떻게 보실까요?" 하고 물었습니다. 테레사 수

녀는 침착하게 "하나님께서는 저를 성공하라고 부르신 게 아니라 충성하라고 부르셨습니다."라고 대답하였습니다. 테레사 수녀의 최우선 순위는 성공이 아닌 충성이었던 것입니다.

목회자가 돈이나 성공에 관심을 두면, 행복도 충성심도 잃게 됩니다. 결국 목회가 병들게 됩니다. 목회를 최우선 순위에 확실히 두어야만 건강한 목회이고, 저는 "목회가 건강하면, 목회자는 모든 건강을 받는다."는 사실을 체험하였으며, 이를 확신하며 간증합니다. 이것은 "목회자의 건강법" 질문에 대한 동문서답 같은 대답이지만 정답 중의 정답이라고 믿습니다!

노경 7M의 복

시 71:9, 18 "늙을 때에 나를 버리지 마시며 내 힘이 쇠약할 때에 나를 떠나지 마소서 … 하나님이여 내가 늙어 백발이 될 때에도 나를 버리지 마시며 내가 주의 힘을 후대에 전하고 주의 능력을 장래의 모든 사람에게 전하기까지 나를 버리지 마소서"

시편 71편은 다윗이 썼을 것으로 짐작됩니다. 그는 (시 71:18)"하나님이여 내가 늙어 백발이 될 때에도 나를 버리지 마시며 내가 주의 힘을 후대에 전하고 주의 능력을 장래의 모든 사람에게 전하기까지 나를 버리지 마소서"라고 간구하고 있습니다.

늙어서 가장 두려운 일은 버림받는 것입니다. 평생 해로해 오던 남편이나 아내에게 버림받거나 아니면 사랑하는 자녀에게서 버림받거나 이웃이나 나라나 사회에서 버림받는 것은 가슴 아플 뿐만 아니라 두렵고 불행한 일입니다.

근간에 노인 자살자가 많아지는 것은 노년에 버림받아 외로워졌기 때문입니다. 그래서 스스로 목숨을 끊는 것입니다. 특히 평생 목회자로서 하나님의 심부름을 하며 교회를 섬겨 온 목사들은 늙어서 교회에서 버림받거나 하나님께 버림받는 것이 가장 두려운 일입니다. 옛날 다윗은 화려한 인생을 산 유대의 왕이었음에도 늘그막에 혹시 하나님께 버림받을까 두려워하며 특별히 그 문제를 위해 간절히 기도드렸습니다.

목회자도 노년의 두려움을 위해 기도하는 동시에, 버림받지 않기 위해 최선을 다해야 합니다. 목회자의 노경(老境)에 버림받지 않으려면, 영어 "M"자로 된 단어 일곱 가지를 갖추어야 합니다. 그럴 때 가장 복된 노경이 될 것입니다.

첫째, 메시아(Messiah)입니다.

퍽 오래전에 일정 말 때 평양 장로회신학교 교장을 지내신 목사님이 6·25전쟁 때 피난하셔서 부산과 서울에서 목회하고 은퇴하셨습니다. 그분이 병중에 계셔서 옛날 그 어르신에게 가르침을 받은 제자들 중에 지금은 총회장을 지내고, 신학교 교장을 하고 있는 목사, 목회목사로 성공하고 설교가로 알려진 목사, 총회 사무총장을 지냈고 일 많이 한 목사 등 5-6명 제자들이 함께 문병을 갔습니다. 예배를 드리고, 위로의 말씀을 드리며 대화를 나누었는데, 평소 제자들에게도 노소동락하시며 재담을 많이 하시던 목사님이 그날은 자리에서 일어나지 못하셨고 말씀도 많이 못하셨습니다. "목사님, 속히 일어나셔야지요." 하고 누가 말씀드리니까 "내가 금년 88세야. 팔팔 날아 하나님께로 갈 거야."라고 대답하셔서 모두 웃었습니다.

마지막에 모두 나오려는데, 누가 "목사님, 저희를 가르쳐 주신 스승님으로서 제자들인 우리에게 마지막 한 말씀을 주시지요!" 하고 여쭈니 잠시 계시더니 큰 음성으로 "예수 잘 믿어!" 하고 힘주어 말씀하셨습니다. 현재 한국 교회 지도자들인 제자들에게 "민족 복음화를 이루어라."도 아니고, "세계 선교에 힘써라."도 아닌 "예수 잘 믿어!"라는 말씀을 주셔서 잊히지가 않습니다. 그 후 얼마 가지 않아 세상을 떠나셨으니, 그때 말씀이 제자들에게 마지막으로 남기신 말씀입니다. 우리가 일생 많은 일을 하였다고 하더라도 분명히 해야 할 마지막 한 가지는 "예수 잘 믿는 것"입니다.

예수님께서 제자들이 성공적으로 전도하고 돌아와 (눅 10:17)"주여 주의 이름이면 귀신들도 우리에게 항복하더이다" 하고 기뻐하자 예수님께서는 (눅 10:20)"귀신들이 너희에게 항복하는 것으로 기뻐하지 말고 너희 이름이 하늘에 기록된 것으로 기뻐하라"라고 말씀하셨습니다. 귀신을 내쫓고, 병을 고치고, 죄인을 회개시키는 것은 목회의 '과정'이고 '방법'입니다. 그러나 '이름이 하늘에 기록되는 것'은 목회의 '목적'입니다.

예수님께서는 '과정'이나 '방법'인 귀신 내쫓는 일이나, '병 고치는 일'은 아무리 많이 해도 죄인의 이름이 하늘에 기록되지 않는다는 것을 깨우쳐 주신 것입니다. '예수 잘 믿어야' 구원 얻고 이름이 하늘 생명책에 기록됩니다. 그런데 심지어 목회자까지도 목회에 전념하다 보면 과정과 방법인 귀신 내쫓는 일이나 병 고치는 일에만 집중하고, 목적인 자신의 구원은 등한하지 않는지를 돌아보고 깊이 반성해야 합니다.

바울 사도도 (고전 9:27)"내가 내 몸을 쳐 복종하게 함은 내가 남에게 전파한 후에 자신이 도리어 버림을 당할까 두려워함이로다"라고 고백했습니다. 바울 사도는 남의 구원을 위해 전파하는 일까지도 과정과 방법이라고 지적하며, 자기 구원을 위하여 '예수 잘 믿는 일'에 전력을 기울여야 한다고 하였습니다. 목회의 목적은 "예수님은 나의 메시아"라는 믿음이 확실한 신자 되는 것입니다. 노경에는 더욱 확실해야 합니다.

둘째, 메시지(Message) 곧 증언입니다.

옛날 다윗은 (시 71:18)"내가 주의 힘을 후대에 전하고 주의 능력을 장래의 모든 사람에게 전하기까지"라고 하였습니다. 늙어 세상을 떠나는 순간까지 주의 힘과 능력을 전하는 일을 하게 해 달라는 기도입니다. 바울 사도는 (행 20:24)"내가 달려갈 길과 주 예수께 받은 사명 곧 하나님의 은혜의 복음을 증언하는 일을 마치려 함에는 나의 생명조차 조금도 귀한 것으로 여기지 아니하노라"라고 하였습니다. 그의 삶의 목적은 "하나님의 은혜의 복음을 증언하는 일"이라는 것입니다.

목회자는 대부분 강단에서 복음을 증언합니다. 은퇴하고 나면 한 강단이 아닌 모든 강단과 모든 장소에서 때를 얻든지 못 얻든지 증언하기 위해 살아야 합니다. 흔히 복음 증언은 강단에서 하는 것으로 알고 있습니다. 그러므로 은퇴하면 복음 증언을 마쳤다고 여기기 쉬운데, 이는 매우 크게 잘못된 생각입니다. 예수님은 강단에서 설교하신 일이 없으십니다. 바울 사도도 강단 설교를 한 일이 거의 없습니다. 예수님도, 바울 사도도 어디서든 개인에게 혹은 여럿에게 설교하셨습니다.

존 웨슬리 목사는 36세에 중생하여 88세까지 설교를 42,000회 하였고, 연평균 7,000km 거리를 순회하였는데, 전부 야외 설교였습니다. 이것이 영국을 살렸습니다. 그런데 한국의 많은 목사는 은퇴하면 설교를 끝냅니다. 아닙니다. 그제야 비로소 나라와 민족을 살리는 설교를 자유자재로 할 때가 된 것입니다.

저는 교회 시무할 때부터 본래 여행할 때 버스나 기차나 배(船)나 비행기를 타면, 옆자리에 앉은 이에게 먼저 좋은 이웃이 되려고 힘쓰며, 대화가 열리면 전도하곤 하였습니다. 오래전에 일본 후쿠오카로 집회 인도 가는 비행기에서 옆자리에 앉은 일본 사람 미네(峯) 씨에게 같은 방법으로 전도하였는데, 그가 예수를 믿고 세례를 받아 해마다 크리스마스이브 예배는 노량진교회에 와서 촛불 예배로 같이 드리곤 하기를 10년이나 했습니다. 국내에서도 결실을 맺은 일이 많습니다. 은퇴한 지금은 시내에서 택시를 탈 때마다 기사들에게 같은 방법으로 전도하곤 합니다. 대부분 잘 받아들입니다. 복음을 증언하는 일보다 더 귀하고 복된 일이 또 있을까요? 메시지가 죽으면, 목사의 생명은 없어지는 셈입니다. 생애 마지막까지 메시지를 전하다 가십시다!

셋째, 메디컬(Medical) 곧 건강입니다.

"건강을 잃으면 인생의 전부를 잃는다."는 말은 특별히 노년에는 더욱 진리입니다. 인생의 노경에 건강은 총재산입니다. 건강이 없으면 다른 것이 아무리 많아도 다 소용이 없습니다. (요삼 1:2)"사랑하는 자여 네 영혼이 잘됨 같이 네가 범사에 잘되고 강건하기를 내가 간구하노라"는 말씀대로 먼저 영혼의 건강이요 다음이 범사의 건강이며 그리고 육신의 건강입니다.

육신의 건강이 중요하지만, 치매에 걸리면 육신이 건강해도 노경이 더 어렵게 됩니다. 먼저 영혼이 건강해야 합니다.

건강 비결이 무엇이냐는 질문을 받을 때마다 저는 "신자는 교회생활이 건강하면 다 건강해진다.", "목사는 목회가 건강하면 모두 건강해진다."라고 대답하곤 합니다. 목사는 목회가 건강하지 못하면, 헬스클럽을 다니고 등산과 운동을 해도 더욱 피곤해질 뿐이며, 도리어 온갖 병, 심지어 암에까지 걸립니다. 그러나 목회가 건강하면, 제때 먹지 못하고 제때 자지 못할 정도로 과로해도 피곤한 줄 모르고 뛰어다니게 됩니다. 신비스러울 정도로 건강해집니다. 목회자는 일선에서 물러나 은퇴해도 목회적 건강을 그대로 유지하기만 한다면, 범사에 잘되고 모든 면에서 건강해집니다.

만약 은퇴와 동시에 목회적 건강을 잃는다면, 모든 면에서 건강이 급격히 나빠지며 삶의 리듬이 깨지게 됩니다. 그러므로 은퇴 후에도 목회적 건강을 유지하는 것이 노경의 건강 비결이라고 믿습니다.

넷째, 멘탈(Mental) 곧 마음가짐입니다.

늙을수록 정서가 거칠어지기 쉽습니다. 공연히 노여워하기 때문에 부부간은 물론이고, 자녀들과도 자주 다투게 됩니다. 또 욕심과 고집이 늘고, 사람을 대할 때 이해타산하게 됩니다. 이가 안 나는 사람은 공연히 미워하고, 함부로 욕하며 비난하기 쉽습니다. 그렇게 되면 고마운 노인이 아니라 미운 노인이 되기 쉽습니다. 만나고 싶은 노인이 아니라 또 만날까 봐 겁나는 노인이 되어 주변 사람들이 다 떠나가 버립니다.

그러므로 늙어서 복되게 살려면, 마음가짐을 바꾸어야 합니다.

① 주인 자리를 아낌없이 내주는 것이 좋습니다. ② 주도하지 말고 따라가는 것이 편합니다. ③ 이해시키려고 하지 말고, 이해하려고 노력하

 목회백화

는 것이 옳습니다. ④ 노파심을 버리고 믿어 주는 것입니다. ⑤ 직설적으로 책망하지 말고, 지혜롭게 조언해야 통합니다. ⑥ 고집을 버리고 넓은 마음을 가지고 아량 있게 대해야 합니다. ⑦ 직접 가르치려 하지 말고 후진들에게 맡기십시오. ⑧ 말(言)을 많이 하지 말고, 많이 들으십시오. ⑨ 받기만 하지 말고 주십시오. ⑩ 언제나 건망증이 있음을 전제로 하고, "내가 이즘은 잘 잊어버려! 미안해!"라고 하며 사람을 대하는 것이 틀림없습니다.

지금까지 살아온 습성을 꼭 반대로 바꾸어야 하기 때문에 매우 어렵습니다. 그러나 이렇게 정서를 바꾸고 나면, 인간관계가 날이 갈수록 더욱 좋아질 것입니다. 행복은 하나님이 주시지만, 마주 대하는 사람을 통하여 주십니다. 대인 관계가 좋아야 행복을 얻습니다.

다섯째, 매너(Manner) 곧 몸가짐입니다.

일반적으로 노인이 되면 사람을 대하는 데 조심성이 없어지고, 수치심도 느끼지 않게 됩니다. 그래서 대부분 무례해집니다. '젊은것들이 뭘 안다고?' 하는 생각으로 존댓말도 하지 않고 함부로 말하고, 남의 말은 들으려고 하지도 않으며, 매사에 명령하는 말투가 됩니다. 그러니 사람들에게 좋은 인상을 주지 못하게 됩니다. 한마디로 매너가 없다며 싫어합니다.

노인이 될수록 항상 조심해야 합니다. 평소 누구를 대하든지 한마디라도 고운 말을 쓰는 자세가 중요합니다. "반갑습니다. 고맙습니다. 미안합니다. 괜찮습니다. 수고했습니다. 잘했습니다. 좋습니다. 기쁩니다. 실례했습니다. 제가 잘못했습니다. 먼저 하세요."와 같은 말을 자주 하면, 매너 있는 어르신으로 집안사람들뿐 아니라 모든 사람에게서 존경받고 사랑받을 것입니다.

여섯째, 머니(Money), 돈입니다.

노경에는 돈벌이가 여의치 않으니 의식주 문제를 해결하기가 쉽지 않습니다. 목회자도 예외가 아닙니다. 초대형 교회나 원로목사 추대를 받으면 별문제가 없습니다. 목회자가 최선을 다하여 20년 이상 충성하면 가능한 교회는 원로목사로 추대하여 은혜롭고 화목한 교회생활을 하는 것이 가장 바람직한 신앙생활입니다. 그러나 교회가 약한 경우에는 목회자 은퇴 후 생활을 도울 수가 없습니다. 한국 교회 절대 다수가 자립할 수 없는 약한 교회들입니다. 부득이 각 교단 차원에서 목회자 은퇴 후를 위한 연금제도를 만들어 염려 없게 하는 것이 필요할 것입니다.

옛날 바울 사도는 (살전 2:9)"형제들아 우리의 수고와 애쓴 것을 너희가 기억하리니 너희 아무에게도 폐를 끼치지 아니하려고 밤낮으로 일하면서 너희에게 하나님의 복음을 전하였노라"라고 하였습니다. 바울 사도가 데살로니가 교회 개척할 때 자기가 직접 일하여 생활문제를 해결하며 목회하였습니다. 흔히 말하는 직접 자기 생활을 위해 일하면서 선교하는 자비량(自備糧) 목회를 하였습니다. 오늘날에도 목회자 자신이 은퇴 후의 생활에 대하여 미리 준비하는 지혜를 가져야 할 것입니다.

일곱째, 미션(Mission), 곧 사명입니다.

하나님의 부르심을 받은 목회자는 늙어도 끝까지 사명감이 있어야 합니다. 모든 직무에서 은퇴하여도 자유로운 입장에서 교회와 이웃을 위하여, 나라와 민족을 위하여 자신이 할 수 있는 일, 남에게 해줄 수 있는 일을 하는 것이 사명이어야 합니다.

일반적으로 늙은이가 가지고 있는 몇 가지 고귀한 재산이 있습니다.

첫째는 삶의 지혜와 지식입니다. 젊을 때는 용기가 있지만, 실제 삶이 짧기 때문에 지혜나 생활지식은 나이 많은 분에게 배워야 합니다. 인생 길에서 중요한 것이 지혜입니다. 요셉이나 다니엘처럼 하나님께서 주시는 영감이나 지혜가 있습니다. 이는 특별한 경우라고 할 수 있고, 일반적으로 인생을 살아가면서 배우고 익히는 과정에서 얻는 지혜가 있습니다. 그것은 오래 산 노년만이 가지는 지혜입니다. 젊은이들은 그것을 배우는 것이 중요하고, 노인들은 후진들에게 나누어 주어 인생을 바르게 살 수 있게 해주는 것이 필요하고 중요한 일입니다.

둘째는 경험입니다. "경험이 지혜를 가르친다."는 속담이 있습니다. 경험은 모든 활동의 스승이자 해결자입니다. 경험 없이는 세상일이 잘 이루어지지 않습니다. 경험에서 터득한 요령은 오래 산 노인에게서 얻을 수 있습니다. 남들에게 경험을 말해 주는 것도 유익한 일입니다.

셋째는 영향력입니다. 소위 리더십은 한마디로 영향력을 의미합니다. 살아온 연륜이나 업적은 어떤 면으로든 남에게 영향을 끼치게 되어 있습니다. 남에게 유익을 주도록 최대한 노력해야 합니다. 현역 시절에는 의무적으로 봉사하였다면, 은퇴 후에는 순수하게 자발적으로 남을 위해 살 수 있습니다. 마지막까지 자원봉사자로 살다가 가는 것은 참으로 복된 일입니다.

물론 7M이 노경에만 필요한 것은 아닙니다. 인생 누구에게나 중요합니다. 하지만 특별히 오늘날 장수시대가 되면서 노경이 길어지게 되어 새롭게 다짐해야 하는 중요 항목이 된 것입니다.

이 7M은 모두 하나님께서 주시는 것입니다. 다윗은 일곱 가지 M을 하나님께 구하였습니다. 복된 노경이 되도록 우리도 하나님께 7M을 간구하며, 인생의 마무리이자 목회의 마지막을 승리와 영광으로 채우십시다!

최선만이 참 목회

하나님께서 (막 12:30)"네 마음을 다하고 목숨을 다하고 뜻을 다하고 힘을 다하여 주 너의 하나님을 사랑하라"라고 명령하셨습니다. 예수님께서는 제자들에게 (마 16:24)"누구든지 나를 따라오려거든 자기를 부인하고 자기 십자가를 지고 나를 따를 것이니라"라고 하셨습니다. 하나님께서는 목숨 거는 최선 신앙을 가지고 따르라고 하십니다.

사람들이 어떤 일을 할 때 취하는 세 가지 태도가 있습니다. 목숨 걸고 최선을 다하는 태도와, 그만하면 됐다는 태도와, 적당히 하자는 태도입니다. 신앙생활도 마찬가지입니다. 목숨 거는 신앙은 '최선 신앙'입니다. 그만하면 됐다는 믿음은 '차선 신앙'이고, 적당히 믿는 것은 '최악의 신앙'입니다.

나병 고침을 받은 나아만 장군

열왕기하 5장에 보면, 옛날 아람 왕의 군대 장관 나아만이 나병에 걸려 죽게 되었습니다. 하나님의 사람 엘리사에게 찾아가니까 미리 소식을 전해들은 선지자 엘리사는 사람을 그에게 보내 (왕하 5:10)"너는 가서 요단 강에 몸을 일곱 번 씻으라 네 살이 회복되어 깨끗하리라"라고 전하였습니다. 나아만은 선지자를 찾아갔지만 그는 하나님의 능력과 엘리사 선지자의 말씀은 생각지도 듣지도 믿지도 않고, '선지자가 직접 나와 여호와의 이름을 부르며 나병 부위를 만져서 고치지 않고 사람을 시켜 보잘 것없는 요단강에서 목욕이나 하라고?' 화를 내며 자기 생각에 맞지 않는다고 불만을 터뜨리며 "돌아가자"고 하였습니다.

하나님에 대한 신앙과 선지자의 말씀에 순종하는 것은 관심도 없고 병만 낫기를 바라는 이런 신앙의 태도는 '적당히 믿는 최악의 신앙'입니다. 그것은 신앙이 아닙니다. 오늘날도 이런 신자가 많습니다. 다행이 나아만은 지혜로운 부하들의 권유로 요단강에 가서 몸을 씻었습니다. 그런데 병이 낫게 된 과정이 중요합니다. 한 번 씻으니까 조금 나아지고, 두 번째 씻으니까 더 나아지다가 마지막에 이르러 완전히 나은 것이 아닙니다. 여섯 번 씻을 때까지는 아무런 변화가 없었는데, 일곱 번째 씻고 나니까 완전히 나았습니다. 요단강물에 효능이 있어서 병이 나은 것이 아닙니다. 오로지 하나님의 능력으로 고쳐 주신 것입니다. 문제는 나아만이 하나님의 말씀을 100% 믿는가를 확인하시는 것입니다. 요단강이나 물이 귀중한 것이 아닙니다. 나아만의 믿음이 중요합니다.

만약 그가 여섯 번까지 씻고 나서 "이것 봐라. 아무런 효과가 없지 않은가?"하며 중단했다면 그는 실패했을 것입니다. 신앙생활 열심히 하다가 중도에 그만두는 신앙은 '그만하면 됐다는 차선의 믿음'입니다. 이는 마치 선수가 잘 달리다가 결승점까지 가지 않고 중도 포기하는 것과 같습니다. 그런데 오늘날 그만하면 됐다는 차선 신앙인이 너무 많습니다. '신자'라는 이름은 가졌어도 실제는 나환자일 뿐입니다. 세상은 이런 이들을 지적하며 교회를 비난합니다. 나아만 장군이 끝까지 오직 선지자의 말씀대로 믿고, 일곱 번까지 완전히 최선을 다하여 순종하였을 때 병 나음을 받았습니다. 하나님께서 나아만의 신앙을 시험하시고, 최선을 다하는 신앙을 인정하시고 고쳐 주셨습니다.

하나님께서 보시는 초점은 나아만의 나병이 아니라, 나아만의 믿음입니다. 나아만이 체험한 것은 무엇입니까? 하나님께서는 오로지 최선 신앙으로 100% 순종할 때 나병을 고쳐주셨다는 체험입니다. 나아만이 나병을 고침 받은 것보다, 나병을 고쳐주시는 하나님을 알고 믿게 된 것이 큰 소득인 것입니다. 즉 '최선 신앙인'이 된 것이 큰 축복입니다. 세상 사람들이 이렇게 고침 받은 나아만을 보고는 놀라움으로 하나님께 영광 돌리며 그 하나님을 믿게 된 것입니다!

성령 충만을 받은 최선의 신자들

예수님께서 (고전 15:6)"오백여 형제에게 일시에" 보이고 승천하시면서 (행 1:4)"예루살렘을 떠나지 말고 내게서 들은 바 아버지께서 약속하신 것을 기다리라" (행 1:8)"오직 성령이 너희에게 임하시면 너희가 권능을 받고 예루살렘과 온 유대와 사마리아와 땅끝까지 이르러 내 증인이 되리라" 라고 약속하셨습니다. 그들은 약속의 말씀을 믿고, 마가의 다락방에 모여 성령을 받기 위해 기도하기 시작했습니다.

그런데 열흘 뒤까지 남아서 성령 충만함을 받은 '최선 신자'는 약 120명이었습니다. 500명 중에 '적당히 믿는 최악의 신앙인'은 처음부터 따라가지 않았고, '그만하면 됐다고 하는 차선의 신앙'을 가진 신자들은 중간에 돌아가 버렸습니다. 500명 신자 중에 4분의 3인 380명은 차선의 신앙을 가진 신자와 최악의 신앙을 가진 신자들이었는데 그들은 구원받지 못했고, 4분의 1인 약 120명 간절히 기도한 '최선의 신자'들에게 하나님께서는 성령 충만을 주셨습니다. 이들은 열흘이 걸리건 사십 일이 걸리건 기어이 성령 충만함을 받고야 말겠다고 자리를 떠나지 아니하는 '목숨 건 최선의 신앙'을 가진 신자들입니다.

최선 목회자

목회자도 '목숨 걸고 하는 최선(最善)의 목회'가 있습니다.

바울 사도는 (행 20:24)"내가 달려갈 길과 주 예수께 받은 사명 곧 하나님의 은혜의 복음을 증언하는 일을 마치려 함에는 나의 생명조차 조금도 귀한 것으로 여기지 아니하노라"고 하였습니다. 바울 사도가 최선 목회자의 본보기가 됩니다. 바울처럼 첫째는 "달려갈 길"과 "주 예수께 받은" 즉 부르심 받은 소명(召命)이 확실해야 합니다. 둘째는 "은혜의 복음을 증언하는" 즉 사명(使命)에 최선을 다해야 하며, 셋째는 목숨 바치는 최선의 충성이어야 하고, 넷째는 마치기까지 완수해야 합니다. 이 네 가지가 다 최선이면 그것이 모세나 바울처럼 인정받을 최선 목회자입니다. 그런데 인간의 결심이나 노력만으로는 최선이 어렵습니다. 성령께서 같이해 주실 때 최고의 만족감으로 감당하게 됩니다. 그러므로 (행 1:4, 8) 예수님께서 먼저 성령세례를 받으라고 하셨습니다.

예수님께서 비유의 말씀을 주시면서 (마 25:20)"다섯 달란트 받았던 자는 다섯 달란트를 더 가지고 와서 이르되 주인이여 내게 다섯 달란트를 주셨는데 보소서 내가 또 다섯 달란트를 남겼나이다" 했고, (마 25:22)"두 달란트 받았던 자도 와서 이르되 주인이여 내게 두 달란트를 주셨는데 보소서 내가 또 두 달란트를 남겼나이다"라는 보고를 했습니다.

보고를 받은 주인은 다섯 달란트와 두 달란트 맡았던 종에게 꼭같이 (마 25:21, 23)"잘하였도다 착하고 충성된 종아""네가 적은 일에 충성하였으매""내가 많은 것을 네게 맡기겠다"라고 하셨습니다. 이 말씀은 하나님께서 직접 (민 12:7)"내 종 모세와는 그렇지 아니하니 그는 내 온 집에 충성함이라"라고 말씀하신 것과 같은 말씀이고, (잠 22:4)"겸손과 여호와를 경외함의 보상은 재물과 영광과 생명이니라"라고 하신 말씀에 해당되는 큰 보상입니다.

"네 주인의 즐거움에 참여할지어다"라고 하셨습니다. 영성(靈性)이나 인격(人格)적 존재는 사랑만큼 가까이합니다. 하나님께서 주인의 즐거움에 참여하게 해주신 이상 큰 사랑이 없습니다. 하나님께서는 최선 목회자에게는 반드시 어마어마한 보상을 내려 주십니다.

차선 목회자

'그만하면 됐다'라는 차선(次善) 목회가 있습니다.

설교자가 설교를 100% 은혜롭게 전하기 위해 최선을 다하여 준비도 하고 전하기도 하며 90%가 넘어갈 정도로 잘 감당하여 온 교회가 은혜를 받으며 모여드는 교회가 되면, 교인들은 예배 시간마다 서로 앞자리에 앉으려고 서두릅니다. 예배 분위기가 기쁨과 감사로 충만합니다. 예배 끝나면 예배 더 드렸으면 좋겠다는 얼굴로 서로 반갑게 인사를 나누며 대화합니다. 어느덧 교회는 화목하고 분위기가 훈훈하고 성장합니다. 목회자는 천하에 아무것도 부러울 것이 없는 만족한 감격을 느끼게 됩니다.

그런데 설교자가 자기 설교에 대해 계속 100% 은혜롭게 전하기 위해 최선을 다하면 향상할 수 있고, 하나님께서 더욱 풍성한 은혜를 부어 주실 것인데 만약 '그만하면 됐다'는 자만심이 들면, 설교가 90% 이상 100%에는 올라가지 못하고 그 시간부터 90% 이하로 내려가게 됩니다. 세상 모든 일이 그렇듯이 올라가기는 매우 힘들지만 떨어지기 시작하면 너무 빨리 무능해집니다. 곧바로 교인들은 설교를 통해 은혜를 받지 못하게 되고. 하나님께 영광 돌리는 일도, 죄인이 회개하는 일도, 구원 얻는 심령도 생겨나지 않습니다. 예배 분위기가 냉랭해지며 교인들의 심령이 메말라지고 병들게 됩니다. 예배 모임이 줄고 앞자리는 텅 비며, 끝나기 바쁘게 아무도 나누지 않고 모두 도망가듯이 가버립니다. 그것이 목회 실패의 증거입니다.

기도도 마찬가지입니다. 100% 은혜와 능력을 받으려고 몹시 힘써 기도에 주력하면 응답의 체험이 많아집니다. 교인들이 모두 성령의 역사와 은혜 충만이 눈에 보일 정도로 새로워집니다. 감사와 기쁨이 넘쳐 모두 교회 봉사를 자진해서 열심히 합니다. 영적 은혜를 받으면 육신 생활도 복을 받게 됩니다. 그런데 신앙생활의 위기는 은혜 많이 받을 때 옵니다. 어느 틈엔가 '그만하면 됐다'는 생각이 들면서 기도의 간절성이 식어지고 열심이 떨어지게 됩니다. 그때부터 기도가 줄어지고, 응답도, 기적도 받지 못합니다. 떨어져 내려가기는 쉬운데 다시 올라가기는 매우 어렵습니다. 100% 은혜와 축복으로 올라가 보지도 못한 채 은혜에서 멀어지는 생활에 떨어지기 쉽습니다.

목회에 생명을 걸고 열심히 뛰다가도, '그만하면 됐다'는 마음이 들면, 그다음부터는 목회에 아무런 변화나 발전이 없고, 그렇게 되면 기적도 일어나지 않습니다. 교회는 '무사안일 상태'가 되고, 목회는 단순히 경험과 습관으로 늘 하는 그대로 되풀이하게 되어 하나의 매너리즘(mannerism) 목회가 됩니다.

제가 30대 중반 한참 미칠 듯이 목회에 전념하고 있을 때, 제 또래로 보이는 낯선 지성인 신자가 몇 주일 예배에 참석하기에 가정에 심방을 갔더니, 저에게 충격적인 충고를 해 주었습니다. 물론 그 신자는 우리 교회에 오지 않았습니다. 그는 "오늘날 한국 교회는 모두 매너리즘에 빠져 있습니다. 이 교회도 마찬가지입니다."라고 하였습니다. 목회 초기에 들은 이 한마디가 목회 일생 제 귓가에서 떠나지 않았습니다. 항상 자극을 주었고 검토를 하게 하였습니다. '성령의 역사가 없는 교회', '생명력과 사랑이 메마른 채 분주하기만 한 목회'는 교인들이 볼 때 매너리즘에 빠진 교회로 느껴져 교회를 떠나갑니다.

예수님께서 (마 7:22-23) "그날에 많은 사람이 나더러 이르되 주여 주여 우리가 주의 이름으로 선지자 노릇 하며 주의 이름으로 귀신을 쫓아내며 주의 이름으로 많은 권능을 행하지 아니하였나이까 하리니 그때에 내가 그들에게 밝히 말하되 내가 너희를 도무지 알지 못하니 불법을 행하는 자들아 내게서 떠나가라"라고 말씀하셨습니다.

이들은 예수님 이름으로 선지자 노릇 하였고, 귀신 내쫓고, 권능도 많이 행했습니다. 우리는 이 정도면 성공적 목회자라고 생각할 것인데, 예수님 께서는 이들을 "도무지 알지 못한다." "내게서 떠나가라."라고 하셨습니다. 모두 불합격입니다. 그 이유는 목회의 목적이 잘못되었기 때문입니다.

목회 목적은 '선지자'라는 직분이 아닙니다. 그런데 대부분의 목회자 들은 목회자와 목회를 목적으로 생각하며 시간과 노력을 거기다 모두 쓰며 바쁩니다. 귀신 내쫓는 것이나 권능을 행하는 '기적'도 아닙니다. 그런데 우리 목회자들은 귀신 내쫓는 일과 병 고치는 일과 교인 많이 모 이는 성장이 목적인 것처럼 집중해 노력합니다. 예수님께서 그것은 목 회 목적이 아니라고 밝혀 주셨습니다. 목회 목적은 오직 성령님의 감동 으로 예수님의 뜻을 실행하는 것과 하나님께 영광 돌리는 것입니다. 한 마디로 삼위 하나님께서 주도하시고 역사하셔서 사람을 죄에서 구원 얻 게 하시는 것이 참 목회입니다. 자칫 목회자가 목회에 익숙해질수록 '내 가 하는 것은 다 하나님의 뜻대로다.'라고 착각하기 쉽습니다.

예를 들면, 한국에 교파가 많아진 것은 목회자들이 '내 신앙이 참 신 앙인데 맞지 않는다.'며 갈라섰기 때문입니다. 그것은 목회자 생각이지 하나님의 뜻은 아니었습니다. 나중에 잘못됐다고 회개하지만 실질적으 로 교회가 많이 상하였지요. 이렇게 하나님 뜻대로 한다면서 자기가 주 도하고, 자기를 이롭게 하려고 하거나, 자기 목회철학이나 자기 교파이 익을 달성하기 위해 힘쓰기 쉽습니다. 하나님께서는 이런 목회자들에게

"불법을 행하는 자들아 떠나가라"라고 하십니다. 그것은 속죄구원이 이루어지는 것이 아니기 때문입니다. 이런 목회자 주도나 목회철학에서 인간적인 갈등, 분쟁, 교파분열이 나오기 때문입니다. 그것은 목회가 아닙니다.

오늘날 대다수가 '그만하면 됐다'는 태도에 머무는데, 이는 '차선 목회자'입니다. '향상도, 발전도 없는 목회,' '무사안일 목회'입니다. 이들이 교회 운영, 예배당 건축, 선교 사업, 교단 활동 등을 해 나갑니다. 겉보기에는 하나님의 일을 많이 하고, 화려해 보입니다. 그러나 기도드리다가도 그만하면 됐다는 정도로 끝내는 생활을 하고 있습니다. 그때부터는 간절함이 없어지는 것입니다. 그러니까 응답을 받지 못합니다. 하나님께서 그런 정도의 신앙은 용납하시지 않기 때문입니다. 목회자들은 언제나 '그만하면 됐다'는 차선에 머무르면 결국 최선에 못 올라가게 됩니다. 그러므로 차선(次善)은 최선(最善)의 적(敵)임을 잊지 말아야 합니다. 신앙생활과 목회는 단 한 번도 '그만하면 됐다'가 있으면 안 됩니다. 오로지 100%를 향한 최선이어야 합니다. 마치 생명을 위한 심장은 살아있는 동안 단 한 번도 '그만하면 됐다'가 없는 것과 같습니다.

최악의 목회자

'적당히 하자는 최악(最惡)의 태도'입니다. 한 달란트 받았던 자는 와서 이르되 (마 25:24-30) "주인이여 당신은 굳은 사람이라 심지 않은 데서 거두고 헤치지 않은 데서 모으는 줄을 내가 알았으므로 두려워하여 나가서 당신의 달란트를 땅에 감추어 두었었나이다 보소서 당신의 것을 가지셨나이다”라고 보고하였습니다. 그 주인이 “악하고 게으른 종아”라고 책망하였습니다.

한 달란트 받은 종의 악한 점은 **첫째**로, 주인을 믿고 순종하지 않고 자기생각으로 판단하고 자기방법으로 대한 점입니다. **둘째**는, 주인의 달란트를 묻어둔 점입니다. 가령 ‘나의 생명!’ ‘나의 시간!’ ‘나의 사랑’ ‘나의 능력!’ ‘나의 재능’ ‘나의 직책!’ ‘나에게 주신 믿음과 복음’은 모두 주인께서 나에게 맡겨 주신 달란트입니다. 하나님께서 맡겨주신 것은 우리 자신이 만들 수 없는 귀한 것입니다. 그것을 쓰며 살게 되고, 쓰면 쓸수록 성장발전하게 되며, 그것으로 하나님의 일을 할 수 있습니다. 그런데 그것을 쓰다가 남기지 못한다면 그것은 문제가 아닙니다. 쓰지 않고 묻어두었다는 것은 주인에 대한 배신행위입니다. **셋째**는 일하라고 준 달란트를 묻어두고, 일하지 않은 것이 게으른 죄입니다. (살후 3:10)“누구든지 일하기 싫어하거든 먹지도 말게 하라”고 하였습니다.

그리고 주인은 **중한 벌**을 내렸습니다. ①“그에게서 그 한 달란트를 빼앗아 열 달란트 가진 자에게 주라”고 하셨습니다. 즉 사람은 달란트를 모두 빼앗기면 사람으로 살아갈 수 없는 쓸모없는 짐승만도 못한 존재가 됩니다. 가장 무서운 벌입니다. ②“무익한 종을 바깥 어두운 데로 내쫓으라”고 하였습니다. 즉 악한 종은 (갈 4:30)바울 사도가 “아브라함의 아들 이삭이 유업을 받는 자리에서 여종과 그 아들 이스마엘을 유업을 받지 못하는 곳으로 내쫓으라”고 한 것처럼 자격을 상실하여 유업을 받지 못합니다. ③“거기서 슬피 울며 이를 갈리라” 즉 (마 13:49-50) 세상 끝에 “천사들이 와서 의인 중에서 악인을 갈라내어 풀무 불에 던져 넣으리니 거기서 울며 이를 갈리라"고 한 대로 영원한 심판을 받는다는 말씀입니다.
문제는 '지금 내가 한 달란트 받은 종이 아닌가?'를 살피고 고치는 것이
급선무입니다.

4

목회자의 심정

"사람은 변하지 않아!"를 아는 목회

하루는 영락교회 시무하시는 한경직 목사님께서 저를 부르셔서 저녁 시간에 영락교회 사택(당시는 교회 경내)으로 가서 뵙고 이야기를 나누던 중에 재건 숭실대학교 초대이사장이신 배민수 목사님이 찾아왔습니다. 두 분이 대화하는 중에 다른 어떤 분의 이야기를 나누다가 한 목사님이 "사람은 변하지 않아! 사람은 변하지 않아!"를 두 번 강하게 말씀하셨습니다. 대 목회자인 한경직 목사님이 강하게 하신 그 말씀이 젊은 목회자인 제 귀에서 사라지지 않았습니다.

성경은 그리스도 안에서 (골 3:9-10)"옛 사람과 그 행위를 벗어 버리고 새 사람"이 되라고 말씀합니다. "변하지 않는다."라고 하신 한 목사님의 말씀은 무슨 뜻인지 의문이 됩니다. 한 목사님께 직접 여쭈었다면, 정답을 받았을 것인데 묻지 못하였기에 제 머릿속에 풀리지 않는 수수께끼로 남게 되었습니다. 첫째도 목회, 둘째도 목회인 제 관심에 한 목사님께서 강하게 말씀하신 "사람은 변하지 않는다."가 무슨 뜻인지 풀어야만 하는 목회 의문(疑問) 항목이 되었습니다. 한 목사님의 정답은 받지 못했지만, 사람이 변하지 않는 것에 관해 답을 찾아야 제 목회의 걸림돌을 치울 수 있기에 몇 가지를 생각해 보면서 그 참뜻을 찾아보고자 합니다.

첫째, 사람은 속죄 구원 받는 길 외에는 죄인이 변하지 않는다는 뜻입니다.

세상에 종교가 많지만 악하고 나빠진 인생을 고치는 일은 모두 실패하고 있기 때문에 세상은 갈수록 더 악해지고 있습니다. (요 14:6)오직 예수님의 속죄만이 죄인을 의인으로 변하게 하는 유일한 길입니다.

한 목사님께서 "사람은 변하지 않아!"라고 하신 말씀은 "죄인은 변하지 않아!"라는 뜻입니다. 교육을 받아도, 수양을 쌓아도, 종교 생활을 하여도 죄인은 변하지 않습니다. 그렇다면 목회의 초점은 분명해집니다. 목회는 죄인을 예수님께로 올바로 인도하여 구원을 얻어 새사람 되게 하는 데 초점을 맞추어야 합니다. 이 초점이 맞지 않으면, 하나님의 일을 100명이 모여서 하거나, 1,000명이 모여서 하거나 변하지 않은 사람들과 함께해야 합니다. 변하지 않은 사람이 하나님의 일을 할 수는 없습니다. 그것은 목회가 아닙니다. "변하지 않아!"라고 해야 할 죄인을 예수 그리스도를 믿어 구원 얻게 하는 곳이 교회입니다.

그런데 자칫 잘못하면, 죄인을 예수님께로 인도하여 구원 얻게 하는 목적은 잊어버린 채 예배, 교육, 봉사, 전도와 선교, 교회 행정과 사업에 힘쓰느라 몹시 바빠지기 쉽습니다. 그리고 교회에 모여드는 교인 수가 늘면, 목회에 성공한다고 생각하기 쉽습니다.

목회는 교회에 나오는 '교인'보다는 예수를 믿고 구원 얻은 '신자'가 늘어야 성공입니다. 그러므로 "예수님으로 말미암지 않고는 사람은 변하지 않아!"를 거듭거듭 깊이 생각하며, 목회의 첫째가 되고 모든 목회 활동의 요소가 되도록 해야 합니다! '교인'이 증가하는 데서 멈추지 말고, '신자'가 증가하도록 최선을 다하십시다! 한경직 목사님은 자신이 산 증인으로 사시면서 변하지 않는 사람이 예수 그리스도를 믿고 구원 얻어 새사람으로 변하게 하는 일에 오로지 초점을 맞추고 힘쓰신 참 목회자이셨습니다.

둘째, 사람의 성품, 곧 성격은 변하지 않는다는 의미입니다.

"늑대는 이빨을 잃어도 그 천성은 잃지 않는다."라는 말이 있습니다. 늑대는 늑대의 피를 받고 태어났기 때문에 늑대입니다. 사람의 성품은 후천성이기보다는 다분히 선천성입니다. 십인십색(十人十色)이란 말은 사람마다 성격이 제각기 다르다는 뜻입니다. 인간은 각자 독특한 개성을 가지고 있으며, 이는 한 번 형성되면 결코 바뀌지 않습니다. 각기 다른 사람들이 모여 다양한 세상을 만들어 가는 것입니다.

그런데 성품은 도구와도 같습니다. 칼을 강도가 쓰면 악을 행하고, 의사가 쓰면 선을 행하듯이 성품은 누가 쓰느냐에 따라 선하게 쓰일 수도 있고 악하게 쓰일 수도 있습니다. 예를 들면, (요 18:10) 베드로 사도가 겟세마네 동산으로 예수님을 체포하겠다고 온 무리에게 칼을 뽑아 휘둘러서 대제사장의 종 말고의 귀를 베어 버렸습니다. 베드로는 성품이 열정적이고 과격했습니다. 예수님께서는 그의 열정적이고 과격한 성품이 도움이 되지 않기 때문에 당장 책망하셨습니다. 그리고 (눅 22:51) 말고의 귀를 즉시 고쳐 주셨습니다. 성경에서 믿음 없이 기적적인 은혜를 입은 사람이 바로 말고입니다. 주님께서 원수를 사랑하시어 고쳐 주셨다고 할 수

목회백화

있고, 동시에 제자 베드로의 실수를 덮어 주기 위해서 바로 고쳐 주셨다고도 보입니다. 베드로의 과격한 성품이 문제를 일으킨 것입니다. 그런데 오순절 성령 강림 이후에는 베드로의 그 열정적이고 과격한 성품이 로마 제국을 복음화하는 선봉자로 크게 충성하게 했습니다.

예수님을 만난 후 베드로의 인생은 변하였으나 열정적이고 과격한 성품은 변하지 않았습니다. 성령 강림 이전에, 즉 인간성대로 행동하던 때에 그 열정적이고 과격한 성격은 악행의 도구가 되곤 했습니다. 성령 강림 이후에, 즉 오로지 성령님의 주도대로 순종하며 살게 된 이후에는 그 열정적이고 과격한 성품이 세상을 힘 있게 구원하는 도구가 되었습니다. 사람은 성품을 고치려고 하지 말고, 육신의 나를 죽이고 성령 충만함으로 영적인 사람으로 거듭나야 합니다.

목회자는 "사람은 성품이 변하지 않아!"를 생각하며 성품을 고쳐 주려고 노력하기보다는 사람 자체가 성령으로 거듭나도록 힘써 돕는 것이 옳은 일입니다. 한경직 목사님은 온유와 겸손이라는 예수님의 성품을 삶에서 친히 보여 주는 살아있는 증인이셨습니다.

셋째, 사람의 습관은 변하지 않는다는 의미입니다.

"세 살 버릇 여든까지 간다."라는 속담이 있습니다. 어떤 학자는 "사람을 95% 지배하는 것은 그의 습관이다."라고 말합니다. 어떤 교수는 학생들에게 만약 모든 비문을 진실하게 솔직히 기록한다면, "여기 죄악의 습관으로 목숨을 잃은 자가 누워 있다."라고 기록해야 할 사람이 절대다수라고 말하였습니다.

습관은 처음에는 방문객에 불과하나 다음에는 단골이 되고, 그다음에는 상전이 됩니다. 습관은 자신이 키운 상전이요 폭군입니다. 그러므로 좋은 습관은 값을 내고라도 키워야 하지만, 못된 습관은 애초에 잡아 버려야 합니다. 또한 습관은 인격을 만듭니다. 한 번은 두 번의 시작이요 두 번은 이미 습관입니다. 처음 하기는 어려우나 두 번째는 쉬우며, 다음에는 하고 싶은 욕망이 생기고 그다음은 해야만 하는 것이 됩니다. 즉 백 번도 한 번으로 시작합니다. 백 번은 한 번의 반복입니다. 그러므로 복된 습관은 하나님의 선물이며, 나쁜 습관을 끊는 것은 하나님의 능력입니다.

"사십 세가 지나면 인간은 자신의 습관과 결혼해 버린다."라는 말이 있습니다. 또 프랑스의 철학자 파스칼은 "습관은 제2의 천성"이라고 말했습니다. 러시아의 문호 도스토옙스키는 "사람의 나중 반생애(半生涯)는 보통 그 이전의 반생애에 얻은 습관들로 이루어진다."라고 말하였습니다. 그만큼 어릴 때의 습관이 매우 중요합니다.

모든 부모는 자식에게 습관을 만들어 줍니다. 부모의 삶 자체가 자녀에게 그대로 옮겨 가기 때문입니다. 자식은 부모의 거짓말, 욕하고 싸우는 말, 남을 괴롭히고 해치는 일 등을 본 대로 들은 대로 닮아 갑니다. 결국 그것이 습관이 됩니다. 또한 자식은 부모와 함께하는 동안 부모의 기도 생활, 예배 생활, 성수주일, 하나님 앞에 바치는 헌금과 헌신, 사람을 대하는 말씨와 태도 등 생활 습관뿐 아니라 애국애족, 충성, 정직, 친절, 봉사, 희생, 겸손 등의 정신을 배우며 자신의 습관을 만들어 갑니다. 그러므로 부모는 자녀에게 좋은 습관을 길러 주기 위해 특별히 힘써야 합니다.

나쁜 습관이건 좋은 습관이건 한번 습관이 들면 여간해선 변하지 않습니다. 그런데 인간은 타락하였기 때문에 좋은 습관은 배우고 노력해도 하기 힘들고, 나쁜 습관은 배우지 않고 노력하지 않아도 쉽게 행해집니다. 좋은 습관을 익혀 세상을 바로잡는 일꾼이 되는 것이 중요합니다.

목회는 예수님을 통하여 구원(변화)받게 하는 동시에 그 구원 받은 신자에게 좋은 습관을 만들어 주는 일입니다. 교회는 좋은 습관을 구체적으로 시행하며 훈련받는 공동체요 훈련 도장입니다. 만약 교회가 거짓말, 다툼, 갈등, 분쟁, 분열 등을 보여 준다면, 악한 습관은 변하지 않을 것이며 결국 미래를 망치게 될 것입니다. 그것은 교회가 아니고, 목회도 아닙니다. 교회와 하늘나라를 파괴하는 사탄의 역사입니다. 그러나 성령의 인도대로 사랑과 화목과 정직과 충성으로 좋은 습관을 실천해 가면, 날마다 하나님 나라를 건설해 가는 참 목회가 되고, 그리스도의 몸을 세워 가는 교회가 되는 것입니다.

다만 믿음의 알맹이가 없는 습관은 아무런 능력이 없다는 것을 명심해야 합니다. 꼭 선(先) 신앙 후(後) 습관이어야만 합니다. 모태 신앙인 중에 자기 참 믿음은 없이 습관만으로 신앙생활을 하는 이가 흔한데, 이것처럼 잘못된 신앙이 없습니다. 살아있는 믿음이 있는 습관이라야 힘이 있습니다. "사람은 습관이 변하지 않아!"를 항상 기억하는 목회가 되도록 합시다.

어느 명망 있는 외과 의사가 수술을 집도하기 위해 보스턴대학교에 갔습니다. 의대 학생들이 발코니에 모여 의사의 행동을 유심히 지켜보고 있었습니다. 얼마 후 의사가 학생들에게 "여러분, 만약 이 환자가 3년 전에 습관을 고쳤더라면, 이 수술은 필요치 않았을 것입니다. 일 년 전에만 고쳤더라도 아주 간단한 수술로 족했을 것입니다. 그러나 지금은 결과를 장담할 수가 없습니다."라고 말하자 학생들은 나쁜 생활 습관의 비극을 절감했다고 합니다.

한경직 목사님은 청빈하게 살다 간 성 프란치스코와 같이 청교도적인 경건 생활의 본보기로 사셨습니다.

넷째, 사람의 욕심은 변하지 않는다는 의미입니다.

"바늘 도둑이 소도둑 된다."는 속담 그대로 사람의 욕심은 점점 자라게 되어 있습니다. 도둑 셋이 엄청난 재물을 훔친 뒤 깊은 산중에 들어가 분배하게 되었습니다. "오랜만에 수지맞았는데, 술이나 한 잔씩 하세." 하고 막내 도둑을 산 아래로 술심부름 보냈습니다. 그러고는 "저놈이 돌아오면 즉시 죽여 버리고, 우리 둘이 나누어 갖자."라고 음모를 꾸몄습니다. 살인을 모의한 두 도둑은 술병을 들고 오는 막내 도둑을 처치하긴 했으나 기분 좋게 술 마시다가 고꾸라져 죽고 말았습니다. 두 도둑을 죽이고 재물을 독차지하려던 막내가 술에 독약을 탔던 것입니다. 사람이 시험을 당하는 것은 자기 욕심에 이끌려서 꾐에 빠지기 때문입니다. 성경은 (약 1:14-15)"오직 각 사람이 시험을 받는 것은 자기 욕심에 끌려 미혹됨이니 욕심이 잉태한즉 죄를 낳고 죄가 장성한즉 사망을 낳느니라"라고 하였습니다.

알렉산더 대왕이 이끄는 군대가 페르시아를 쳐부수기 위해 전진하고 있을 때의 일입니다. 병사들은 패전을 준비하듯 힘없이 행군하였습니다. 알렉산더 대왕은 그 이유를 재빨리 알아차렸습니다. 그들은 여러 전투에서 얻은 노획물을 몸에 잔뜩 지니고 있었던 것입니다. 이에 알렉산더 대왕은 행군을 멈추게 한 뒤 노획물을 모두 모아 불태울 것을 명령했습니다. 이 명령에 병사들이 심한 불평을 늘어놓았지만, 결국 그렇게 함으로써 페르시아와의 전투에서 승리할 수 있었습니다.

우리는 모두 그리스도의 군사입니다. 그렇지만 군사로서 제 역할을 다하지 못할 때가 많습니다. 그 이유는 세상적인 욕심을 잔뜩 짊어진 채 군사 노릇을 하려고 하기 때문입니다. 사람은 기도할 때는 하나님과 함께하는 경건한 존재이지만, 욕심에 사로잡히면 환경의 노예가 되고 범죄자로 전락하기 쉽습니다. 아담과 하와는 욕심 때문에 타락하여 죄를 범하였습니다.

우리나라도 교도소 수감자가 나날이 늘어 갑니다. 욕심에 넘어가는 사람이 많다는 증거입니다. 아니, 교도소에 가지 않은 사람 중에 태반이 욕심에 걸려 온갖 죄를 범하고 있습니다. 부정부패, 비리, 사기, 횡령, 간음, 살인, 가짜, 바가지요금, 부정 식품 등이 날이 갈수록 늘어 가는 것은 현대인들이 모두 욕심의 노예가 되었기 때문입니다. 욕심은 아담 때부터 세상 끝 날까지 없어지지 않고, 심지어 잘 믿는 신자들까지 타락하여 죄를 범하게 하며 결국 멸망하게 합니다. 사람이 한번 욕심에 걸리면 변하지 않습니다. 욕심을 이기지 못하면 현세도 내세도 멸망만 있을 뿐입니다. 옛날에 비해 우리 민족과 한국 교회에 욕심 많은 인생이 크게 늘면서 온갖 소음과 부끄러운 싸움이 난무하여 위태로워지고 있습니다.

누구보다 욕심이 많고, 항상 불만에 차서 남 탓만 하던 어느 영국 젊은이가 예수 그리스도를 영접한 후 딴사람이 되었습니다. 욕하는 대신에 찬송하게 되었고, 저주하는 대신에 사랑하게 되었습니다. 무엇보다 자신이 체험한 회심과 변화를 이웃에게 증거했습니다. 그것도 모자라 영국 전역을 다니며 복음을 증거하였는데, 교통수단이 좋지 않던 때에 무려 열세 번이나 대서양을 넘나들며 미국에 가서 1만 8,000여 회에 달하는 대중 집회에서 설교하여 7만여 명을 그리스도께 인도하였습니다. 바로 조지 휫필드의 이야기입니다. 그는 예수 그리스도를 통하여 육신의 욕심이 영적 욕망으로, 신령한 사명적 욕망으로 바뀌는 체험을 하였으며 그로써 위대한 일을 하였습니다.

역시 길은 하나뿐입니다. 사람의 욕심은 변하지 않음을 확실히 알고, 욕심을 퇴치하는 목회, 즉 욕심으로 지은 온갖 죄를 예수 그리스도를 통하여 깊이 회개하고 죄 사함을 받아 구원을 간증하는 목회에 집중해야 살 수 있습니다.

한경직 목사님의 "사람은 변하지 않아!"라고 하셨던 말씀을 그때 직접 그 뜻을 물었다면 목사님께서 더 깊은 핵심의 말씀을 주셨을 줄 압니다만, "제 나름대로 이렇게 몇 가지로 풀어 목회에 풀리지 않는 응어리를 해결하였습니다."라고 말씀드리면, 한 목사님께서 "그만하면 내 말의 범주(範疇) 안에 든다."고 하실 줄 믿습니다.

내 집 수리의 결심

1962년도에 노량진교회의 부름을 받아 부임하고 나서 가장 먼저 느낀 것은 그동안 제가 시무하던 교회에 비해 은혜롭고 단순하며 순수한 좋은 교회이지만, 물질적으로는 너무 가난하다는 것입니다. 교회 재산이 하나도 없었습니다. 대지는 일본 사람들이 가지고 있던 적산 토지였고, 건물은 옛날 음식점 터를 고쳤다는데 무허가 건물이었습니다. 부속 건물 하나 없고, 사택도 없어 교회 예배당 강단 옆에 있는 준비실을 두 칸으로 나눠 하나는 서재로 꾸며 준비할 공간으로 사용하고, 좀 큰 방을 온돌로 하여 다섯 남매와 서울고등학교에 다니는 동생까지 한 방에 살았습니다.

당시 교회에는 사택 헌금으로 모아 놓은 240만 원이 있었는데, 유일한 재산이었습니다. 당회원들이 사택을 사거나 짓자고 했지만, 새로 부임한 저로서는 교회에 급한 일이 많이 보이는데 유일한 재산을 사택 마련에 쓸 수가 없었습니다. 그리하여 당회 결의는 생각조차 하지 않고, 240만 원으로 예배당 뜰에 교육관으로 쓸 84평 규모의 가건물(假建物)을 지었습니다. 주변에 판자촌이 있었는데, 성인뿐 아니라 어린이들도 모여들어 교회가 급성장하는 형편이어서 가건물이어도 퍽 도움이 되었습니다. 그러다 보니 사택은 꿈도 꿀 수 없어 준비실에서 10년을 살았습니다.

새 예배당을 건축하게 되면서 불가불 기존 예배당을 헐게 되어 사택 문제가 걱정되었는데, 당사자인 제 생각에 예배당을 새로 짓는 시점에서 사택을 마련해야 하는 문제를 해결할 묘안이 떠오르지 않았습니다. 그런데 마침 이진수 장로님이 흑석동에 새집을 사서 이사하면서 그때까지 살고 있던 이층집을 임시로라도 사택으로 쓰라고 빌려주었습니다. 그리하여 예배당 건축을 앞둔 교회의 큰 문제가 잘 해결되었습니다. 그 집에서 6, 7년이나 살았습니다.

교회를 위해 깊이 생각한 끝에 자진하여 사용료 한 푼 받지 않고 자기 집을 통째로 내놓아 사택 문제를 원만히 해결하신 이진수 장로님과 김례환 권사님 내외분이야말로 초대교회에서 가산 전토를 바쳤던 바나바 사도나 자기 집을 교회로 사용하게 한 루디아 같은 하나님의 종들입니다(행 4:36-37, 16:15). 목회자인 제가 이분들의 신앙생활을 통해 하나님이 교회에 주시는 은혜와 기적적 역사가 충만한 것을 실감하며 피곤함을 모르고 감격 감동 속에 오로지 목회 전념할 수 있었습니다.

이 장로님 댁 사정으로 집을 내드리게 되었을 때, 교회가 흑석동 꼭대기에 새로 지은 이층집을 사택으로 사서 저희 가족은 그리로 옮겼습니다. 그런데 당시 은퇴하신 부모님을 모시고, 큰아들은 결혼하는 등 집안 식구가 열셋이나 되는 최전성기였으므로 그 집의 차고 공간까지 방으로 꾸렸는데도 비좁았습니다. 게다가 겨울에는 보일러가 하루걸러 얼어 터져서 몹시 추운 데다가 동네 꼭대기에 있는 집을 오르내리기가 힘들었는데, 특히 집사람이 시장에 갔다가 올라가는 데 건강 문제가 많았습니다. 그런데도 저는 사택 때문에 헌금하는 것은 원치 않았으므로 그저 참고 지내려고 했습니다.

하지만 사정을 눈치 챈 당회원들이 집을 구할 수밖에 없다고 생각하여 제가 집회를 인도하러 미국에 다녀오는 사이에 자기들 집을 담보로 하여 은행 대출을 받아 흑석동 한강현대아파트 한 채를 구입해 놓았습니다. 제가 미국에서 귀국하자 이사해야 한다고 하여 지금 살고 있는 아파트로 이사했습니다. 아마도 88올림픽 때 지어서 건축한 지 2년 정도 되었을 때였을 것입니다.

이 집은 당회원들이 사랑의 호의와 수고와 희생으로 마련하여 준 안식처이기 때문에 고마운 마음으로 목회에 전념하며 살아올 수 있었던 우리 가족의 보금자리입니다. 은퇴할 때는 사택으로 쓰던 이 집을 교회가 명의까지 넘겨주며 선물로 주셨습니다. 평생 잊지 못할 노량진교회의 사랑이 담긴, 우리 가정의 가나안입니다.

저는 일생 사택에는 무관심에 가깝게 살아왔습니다. 그것이 좋은 생각인지 나쁜 생각인지조차 따지지 않고 그렇게 살았습니다. 부산 신암교회 시절에는 비가 오면 사방에서 비가 새서 방 안에 대야를 비롯한 그릇들을 여기저기 놓아 물방울 떨어지는 소리를 음악처럼 들으며 잤습니다.

그러므로 가장 고생한 것은 제 아내입니다. 주방 하나 제대로 갖추지 못한 집에서 여름에는 뜨거움에 땀 흘리고, 겨울에는 추위에 얼어붙어 버리는 괴로움을 당하면서도 불평 한마디 하지 않고 참아 주었습니다.

본래 병약한 아내가 그토록 고생을 많이 하였기에 지금 병원에 입원하게 된 것이 아닌가 후회가 되고, 아내에게 고생을 지워 준 것을 아쉽게 여기며 자책감이 없지 않습니다.

지금 사는 이 집에 처음 와서 아내가 남산을 중심으로 하는 서울 시내와 한강이 한눈에 들어오는 탁 트인 전망을 바라보며 몇 번이고 "아, 좋다! 내가 이런 집에 살 줄은 꿈에도 생각지 못했어요. 이런 집에 살아도 돼요?" 하고 감탄하던 일이 생각납니다. 그런 아내의 모습을 보며 '좋은 집에 살게 되었다고 저렇게 좋아하는 아내가 그동안 아무렇지도 않은 것처럼 말없이 참아 주었구나.' 하는 생각에 속으로 더욱 미안한 마음이 들었습니다.

요즘 실버센터에 아내를 만나러 가면 "집에 가고 싶어!"라고 말합니다. 그러나 그렇게 좋아하던 집이 지금은 먼지투성이에 컴컴한 창고처럼 되어 버렸습니다. 그 집에 이사한 지 3년쯤에 도배를 한 번 했을 뿐, 전혀 수리하지 않아 책과 쓸데없는 짐이 쌓여 일광(日光)마저 잘 들지 않게 되었기 때문입니다. 병들어 걷지 못하는 아내가 살기에는 너무나도 비효율적이고 비위생적인 집이 되어 버려서 몇 번이고 넘어져서 머리와 얼굴과 손이 상하여 정형외과를 찾아다니는 고생을 하였습니다.

때마침 오래 같이 살던 큰딸(효선 권사 송광주 집사)네가 집을 사서 나가게 되었습니다. 딸 가족의 짐을 옮기며 방 안을 모두 뒤지게 되었는데, 집이 너무 한심하게 된 것을 보고 심히 부끄럽게 느껴졌습니다. 부득이하게 집을 수리해야 하지 않을까 하는 생각도 해 보았습니다. 그러나 집수리하기에는 몇 가지 걸림돌이 있었습니다.

　　　　　　　　　　　　　　　　　　　　

내 집 수리의 걸림돌

첫째, 제집에 열심을 내지 않겠다는 철학이 걸림돌이 되었습니다.

저는 교회와 목회 일은 물샐틈없이 완벽하게 해야 잠이 오는 체질이면서도 제집을 마련하거나 수리하는 일에는 전혀 관심이 없는 독특한 체질로 살아왔습니다. '이 나이에 평생 안 하던 집수리를 새삼 할 필요가 있겠는가? 이대로 살다가 마치는 것이 옳지 않을까? 일생 지켜 오던 나의 철학까지 저버리고 제 집이나 고치다 간 사람으로 남아서야 되겠는가?' 하는 아쉬움이 발목을 강하게 붙잡았습니다.

둘째, 우리 교회가 100주년을 맞았는데, 내 집수리에나 신경 써서는 안 된다는 마음이 걸림돌이 되었습니다.

'100주년 기념사업에 온 교회가 집중하고 있는 때에 원로목사가 제집에 신경 쓰다니? 평생 하지 않던 짓을 하면 안 되지!' 하는 마음이었습니다.

셋째, 경제적으로도 감당하기에 벅차다는 생각이 걸림돌이 되었습니다.

집사람의 병원비에 약값과 간병인 비용 등 앞으로도 꼭 쓸 수밖에 없는 일들을 생각하면, 아무리 계산 없이 살아온 주먹구구식 생활 철학의 소유자라고 하여도 집수리는 얼토당토않은 일임을 알 수 있었습니다. 집수리는 당연히 포기해야 한다고 생각했습니다.

부득이한 감행(敢行)의 이유

그럼에도 불구하고 끝내 집수리를 하게 된 데는 또 몇 가지 이유가 있습니다.

첫째, 큰 빚을 갚지 못한 채 죽을 것만 같은 심정이었기 때문입니다.

공산 치하에서 목회를 시작하여 6·25전쟁과 피난을 겪고, 재건과 부흥의 소용돌이 속에서 오로지 목회에 전념하며 달리다 보니 아내에게 너무 큰 고통을 안겨 주었다는 것을 깨달았습니다. 목사로서의 심정으로는 후회가 하나도 없고, 도리어 만족감으로 가득하지만, 남편으로서는 아내에게 일생 다 갚지 못할 큰 빚을 진 심정입니다.

더욱이 병들어 쓰러진 아내를 바라볼 때, 이대로 병원에 두었다가 어느 쪽 하나가 먼저 가면 아내에게는 영원히 빚을 갚지 못하는 천추의 한이 남겠구나 하는 두려운 마음을 지울 수가 없었습니다. 더 이상 지체하면 기회를 놓치고 말 것이라는 절박감이 일었습니다.

둘째, 죽기 전에 주변을 깨끗하게 정리해야겠다는 생각이 들었기 때문입니다.

죽음을 앞두고 깨끗한 속옷으로 갈아입는 것과도 같은 심정입니다. 죽고 난 다음에 누가 나의 더럽고 추한 속옷을 본다면 뭐라고 할지 걱정되지 않겠습니까?

우리 부부는 죽음 이후를 걱정하지 않을 수 없었습니다. 우리 중 하나가 떠나게 되면 어차피 남들이 우리 살던 집을 볼 수밖에 없을 것인데, 너무도 추해진 집을 그대로 두고 가면 집을 보는 이들에게 불쾌감과 실망을 안겨 주게 될 것이고, 지저분한 집 때문에 우리의 부끄러운 발자취가 더 떠올려질 것만 같아서 아무래도 수리해야겠구나 하고 결심하게 되었습니다.

셋째, 사는 동안 불편하지 않은 환경을 만드는 것이 절실해졌기 때문입니다.

우리 부부에게는 아름답고 화려한 것이나 견고하고 영구적인 것은 필요치 않습니다. 편안한 것만이 필요합니다. 제 어머니께서는 세상을 떠나시기 얼마 전까지 교회에 나가실 때 모양 있고 고급스러운 신은 신지 않으시고, 다만 얇고 가벼운 신을 신고 나가시곤 했습니다. 그것이 편하다고 말씀하셨습니다. 지금 제 아내가 똑같이 얇은 실내 운동화를 신습니다. 제가 모스크바장로회신학대학교에 객원 교수로 갔을 때, 한국에서는 볼 수 없는 털 구두를 보고 냉 체질로 항상 발이 시린 아내에게 큰마음 먹고 고급 털 구두를 사서 선물했는데, 정작 아내는 거들떠보지도 않았습니다. 무거워서 신기에 불편하다는 이유였습니다. 이제는 구두뿐 아니라 옷도 집도 편하지 않은 것은 필요 없습니다. 무엇이든지 편해야 합니다. 편하지 않으면 몸이 감당할 수 없기 때문입니다. 게다가 이제는 아내가 집에서도 휠체어를 타고 생활해야 하는데, 사방에 문턱이 있으니 움직이기가 영 불편했으므로 다만 며칠을 살아도 아내가 살기 편한 집으로 속히 고쳐야겠다는 생각이 더욱 간절해졌습니다.

그럼에도 불구하고 감사

막상 집수리를 시작하려고 하자 여러 가지 문제점이 드러났습니다.

첫째, 책이 너무 많은 것이 문제였습니다.

그 많은 책을 어디로 어떻게 옮겨야 할지 도저히 방법을 찾을 수가 없었습니다. 여러 사람이 "어디에 기증해라. 아예 폐기해 버려라. 교회 도서실에 넣어라." 하고 조언해 주었지만, 당장 해결될 문제가 아니었습니다. 임시로라도 보관할 방법을 알아보니 마땅한 장소도 없거니와 또 있다고 해도 엄청난 비용이 예상되었습니다. 마음은 급한데, 실행 가능성은 점점 요원해지는 듯 보였습니다.

그런데 걱정하며 기도하던 중에 문득 윤복관 장로님이 생각났습니다. 그래서 말씀드렸더니 마치 기다렸다는 듯이 "염려 마시고, 다 보내세요. 제가 보관해 드리겠습니다."라고 흔쾌히 승낙해 주셨습니다. 이렇게 해서 책 문제는 해결되었습니다. 그야말로 하나님께서 윤복관 장로님을 통해서 베풀어 주신 은혜 중의 은혜입니다.

둘째, 집수리하는 동안에 임시로 거처할 곳을 구하는 것이 문제였습니다.

큰아들(평촌교회 형석 목사)이 집에 오라고 했지만, 그때가 일 년 중 수난주간과 부활절을 앞두고 목회에 가장 집중해야 할 바쁜 시기인데, 공연히 방해가 될까 봐 안 되겠다는 생각이 들었습니다. 오로지 목회에 100% 충성하기를 바라는 마음으로 아들 집에는 가지 않았습니다. 또 얼마 전에 집을 사서 경기도(양주)로 이사한 큰딸이 자기 집에 와 있으라고 했지만, 가 있자니 서울에서 너무 멀리 떨어져 있어서 아직도 약간 바쁜 나에게는 왕래가 불편하여 임시 거처로 삼기에는 어려웠습니다. 그리하여 혹시 원룸 같은 곳은 어떨까 하여 교회 사무장 황승규 장로께 물어보기도 하였는데, 황 장로께서 백방으로 알아봤으나 그것도 쉽지 않았습니다.

마침 한국 교회 100주년 기념관에 갈 일이 있어서 사무국장 김종희 장로께 의논하였더니 "3월 27일부터 이용 가능한 자리가 있으니 준비해 놓겠습니다."라고 말해 주었습니다. 하나님께서 열어 주시는 길로 믿고, 100주년 기념관에 머물기로 하였습니다. 그리하여 건축학과 교수인 둘째 사위 유정훈 집사(후에 장로)에게 우리 부부가 편하게 지낼 수 있도록 단기간에 고쳐 달라고 부탁하며 맡겼습니다.

마음 한구석에는 "과연 집수리하는 것이 마땅한가?" 하는 의문이 여전히 강하게 남아 있으면서도, 다만 전날과 같이 "오로지 하나님께서 미쁘게 보셔서 결과적으로 하나님께 영광이 되고, 교회에는 덕이 되며, 제 아내에게는 도움이 되도록 인도해 주소서." 하는 기도를 간절히 드리며 집수리를 시작하였습니다.

제가 살아온 어제와 오늘을 살펴볼 때, 제 집안도 그렇고, 우리 교회가 100주년을 맞아 기념관을 짓고 큰 행사들을 잘해 내는 것을 뒤에서 바라보며, 1962년도에 제5대 담임목사로 처음 부임했을 때 아무것도 없었던 교회에 큰 은혜와 복을 넘치도록 주신 하나님께와 엄청난 수고와 충성을 다하는 제6대 담임 강신원 목사님을 위시한 현역 일꾼들과 온 교우에게 격려의 박수를 보내며 감사드릴 뿐입니다!

밀알이 죽으면 목회는 결실이 많다

예수님께서 (요 12:24)"한 알의 밀이 땅에 떨어져 죽지 아니하면 한 알 그 대로 있고 죽으면 많은 열매를 맺느니라"라고 말씀하셨습니다. 이 말씀은 목회에도 진리입니다. 즉 목회자에게 주신 말씀으로 여기고 받으면, 목회의 열매가 풍성히 맺힌다는 뜻입니다. 어느 목사실에서 "목사가 살면 교회가 죽고, 목사가 죽으면 교회가 산다."라고 쓰인 표어를 본 적이 있습니다. 전적으로 맞는 말씀입니다.

그러면 목사가 죽는다는 것은 무엇을 의미합니까?

첫째, 목회자의 '사사로운 욕망'이라는 밀알이 죽어야 한다는 뜻입니다.

중요한 것은 인생을 어떻게 사느냐가 아니라 무엇 때문에 사느냐입니다. 마찬가지로 목회를 어떻게 하느냐도 중요하지만, 먼저 "목회를 왜 하느냐"가 명확해야 합니다. 만약 목회자가 자기중심의 세속적인 욕망이나 목표를 가지고 목회한다면, 그 목회는 출발부터 잘못되었습니다. 사람은 오로지 자기 욕망만을 위해 살게 되어 있기 때문입니다.

미국의 제16대 대통령을 지낸 링컨은 "사람은 자기가 마음먹은 만큼만 행복하다."라고 말했습니다. 이를 목회자에게 적용하여 같은 방식으로 표현한다면, 목회는 목회자가 그리스도를 위하는 욕망만큼만 성공한다고 할 수 있습니다.

바울 사도는 (갈 2:20)"내가 그리스도와 함께 십자가에 못 박혔나니 그런즉 이제는 내가 사는 것이 아니요 오직 내 안에 그리스도께서 사시는 것이라"라고 말했습니다. 자신을 위해 품고 있던 모든 욕망이 십자가에 못 박혀 죽었으므로 이제는 오로지 (빌 1:20)"살든지 죽든지 내 몸에서 그리스도가 존귀하게 되게 하려" 한다고 고백한 것입니다. 실제로 그는 자기를 위하는 세속적 욕망은 0%이고, 그리스도를 위한 욕망은 100%인 목회자로 살았습니다. 그 결과, 그의 목회는 성공적이었습니다.

'주의 일'을 한다고 하면서도 주를 위하는 욕망이 50%도 안 된다면 목회가 아니지요. 그러니 목회가 성공적일 리 없습니다. 목회자는 자신 안에 뿌리 깊이 박혀 있는 세속적인 욕망이라는 한 알의 밀을 캐내 땅에 묻어버려야 합니다. 그 한 알이 완전히 죽어야만 목회에 많은 열매가 맺습니다.

둘째, 목회에 '방해되는 시간'이라는 밀알이 죽어야 합니다.

시간은 돈이라고도 하고, 생명이라고도 합니다. 사람이 돈을 함부로 쓰면 패가망신(敗家亡身)하게 되고, 생명을 함부로 쓰면 인생이 송두리째 무너질 수 있는 것처럼, 시간을 잘못 쓰면 전 생애가 실패로 끝날 수 있습니다.

사는 동안 큰일을 많이 하고 성공한 인물들은 일반적으로 시간을 아껴 쓴 사람들입니다. 18세기 영국 복음주의의 지도적 인물이었던 리처드 세실(R. Cecil) 목사는 대단한 결단력의 소유자였습니다. 그는 자신이 좋아하는 바이올린을 매일 15분씩만 켜겠다고 결심했으나 제대로 실행하지 못하자 바이올린 줄을 끊어 버리고 다시는 갈아 끼우지 않았다고 합니다. 또한 그는 그림에도 조예가 깊었습니다. 한번은 병든 여인의 집을 방문하게 되었는데, 그녀의 방에 걸려 있는 한 폭의 그림을 보고는 환자보다 그 그림에 더 관심이 쏠리는 자신을 발견하였습니다. 그때부터 그는 신앙을 해치는 모든 취미를 버리겠다고 과감히 결심하고, 다시는 어떤 전시회도 다니지 않았다고 합니다.

18세기 영국의 기독교는 국가로부터 녹을 받는 설교자들이 일주일에 주일 하루만 설교문과 기도문을 읽고, 나머지 엿새는 극히 세속적인 생활을 할 정도로 깊은 침체의 늪에 빠져 있었습니다. 그러나 존 웨슬리와 조지 휫필드 같은 능력 있는 설교가들이 대부흥운동을 이끌었습니다. 그들은 정식으로 임명된 성공회 성직자들이었으나 당시 설교자들처럼 한가하게 신간 낭비하지 않고, 보통 날도 대부분 옥외에서 설교했습니다. 전기 앰프가 없던 시대인데도 일천 명이 넘는 회중이 모였고, 죽는 날까지 영국 전역을 돌며 하루에도 서너 번씩 복음을 증거하였습니다.

특히 조지 휫필드 목사는 처음에는 탄광 광부들을 대상으로 설교하였는데, 수천 명이 모여들곤 했습니다. 그는 당시 상황을 이렇게 기록했습니다.

"그들의 검은 뺨에 한없이 흘러내리는 눈물의 도랑을 보면서 그들이 은혜 받았다는 사실을 알게 되었다. 수많은 사람이 곧 구원의 확신을 얻게 되었고, 그 결과는 철저한 통회로 나타났다." 그는 "여러분은 거듭나야만 합니다."라고 강조했는데, 이것이 많은 사람의 분노와 반발을 자아내기도 했습니다. 그는 새벽 4시에 일어나 한 시간 동안 말씀을 읽으며 하나님과 함께 시간을 보냈고, 이어서 5시부터 설교를 시작하였습니다. 그 이른 시간에도 수백 명이 그의 설교를 듣기 위해 모여들었습니다. 그는 가는 곳마다 누구에게든지 복음을 증거하며 하루를 마감했고, 10시까지는 잠자리에 들도록 노력했습니다. 기력이 소진하여 더 이상 설교할 수 없을 때까지 힘써 복음을 전했습니다.

프랑스가 영웅으로 여기는 나폴레옹 1세나 근대 문명의 아버지로 불리는 미국의 발명왕 토머스 에디슨과 같은 이들은 하루에 4시간밖에 자지 않았다고 합니다. 목회는 지상에 왕국을 세우는 일보다도, 문명 세계의 발명보다도 더 중요한 일입니다. 대포를 끌고 알프스산맥을 넘던 나폴레옹이나 평생 1만 번의 실험 실패에도 불구하고 기어이 전구를 발명해 내고야 말았던 에디슨처럼 목회자는 목회에 완전히 미쳐야 합니다.

설교의 황태자로 불리는 영국의 찰스 스펄전 목사는 하루에 18시간씩 독서하며 성경 연구를 하였습니다. 목회에 시간을 100% 쏟아 붓고, 목회에 필요 없거나 방해되는 시간은 완전히 없애야만 목회에 성공할 수 있습니다. 즉 목회에 방해되는 시간이라는 한 알의 밀을 땅에 떨어뜨려 죽여야만 합니다.

셋째, '물질 욕'이라는 한 알의 밀이 죽어야 합니다.

예수님께서 제자들을 파송하실 때 _(마 10:9-10)"너희 전대에 금이나 은이나 둥을 가지지 말고 여행을 위하여 배낭이나 두 벌 옷이나 신이나 지팡이를 가지지 말라"라고 말씀하셨습니다. 이 말씀은 목회에 전념하라는 말씀이고, 그런 목회자의 의식주 문제와 목회에 필요한 일체 경제는 전적으로 주님께서 다 담당해 주신다는 약속입니다. 예수님은 (눅 9:58)"여우도 굴이 있고 공중의 새도 집이 있으되 인자는 머리 둘 곳이 없도다"라고 말씀하셨습니다.

예수님께서는 여관집 말구유를 빌려 탄생하셨습니다. 어부의 배를 빌려 타고 전도하셨고, 나귀를 빌려 타고 예루살렘에 입성하셨습니다. 그리고 원수들이 만든 십자가 형구에 달려 죽으시고, 아리마대 요셉의 무덤을 빌려 3일간 계시다가 부활·승천하셨습니다. 사시는 동안 자신의 소유는 하나도 없으셨습니다.

바울 사도는 로마 감옥에서 제자 디모데에게 쓴 마지막 편지에 (딤후 4:13)"네가 올 때에 내가 드로아 가보의 집에 둔 겉옷을 가지고 오고 또 책은 특별히 가죽 종이에 쓴 것을 가져오라"라고 썼습니다. 마지막까지 그가 가진 것은 겉옷 한 벌과 성경책뿐이었습니다. 그런가 하면 한경직 목사님은 시무 당시 세계 최대 장로교회의 목사일 뿐 아니라 한국 교회 사상 큰일을 가장 많이 하신 분이신데, 자신의 소유는 하나도 없으셨습니다.

예수님, 바울 사도, 한경직 목사님을 보십시오. 이분들은 그야말로 가장 부(富)할 수 있었지만, 스스로 가장 가난하게 살다 가셨습니다. 그 덕분에 세상이 변화되고, 많은 영혼이 구원받을 수 있었습니다.

목회자가 물질에 욕심을 내면 정신적 갈등을 겪게 됩니다. (민 22:21-33)구약의 발람 선지자가 돈을 따르다가 나귀의 책망을 들은 일을 기억하십

목회백화

시오. 목회자가 물욕 때문에 사명에 갈등을 느끼고 헤매다가는 짐승만도 못한 대접을 받는 수모(受侮)를 겪을 수 있다는 예시(例示)입니다. 교인들과 세상 사람들에게 책망 받고, 종국에는 심판대 앞에서 그리스도께 심판받게 될 것입니다.

물욕은 목회자의 마음을 흐려 놓습니다. 성경은 이를 엄하게 경고합니다.

약 1:15 "욕심이 잉태한즉 죄를 낳고 죄가 장성한즉 사망을 낳느니라"

딤전 6:10 "돈을 사랑함이 일만 악의 뿌리가 되나니 이것을 탐내는 자들은 미혹을 받아 믿음에서 떠나 많은 근심으로써 자기를 찔렀도다."

목회자가 '먹고살기 위해' 일하면 목회는 직업이 되고, '돈을 벌고 재산을 만들기 위해' 일하면 영업이 됩니다. 오로지 소명의식(召命意識)으로 사명감(使命感)에서 일해야만 목회가 목회다워지며, 목회자는 비로소 성직자(聖職者)가 됩니다.

목회자가 목회를 직업이나 영업으로 여기고 일한다면, 평생 목회다운 목회는 할 수 없을 것입니다. 무슨 일을 하든지 자신이 벌어서 해결해야 할 것이며, 작은 일을 해도 돈 소리만 하게 되고, 늘 쪼들리며 일이 되거나 안 되거나 피곤할 것입니다. 이런 자세로 목회하면, 주께서 책망과 벌을 내리실 수밖에 없습니다.

그러나 목회자가 성직자로서 희생적으로 목회하면, 하나님께서 전적으로 책임져 주십니다. 생각지도 못했던 일을 하게 하시고, 언제나 쓰고도 남을 만큼 돈을 주십니다. 이처럼 사명에 전념하면, 목회에 전력할 수 있습니다.

6·25전쟁으로 전국의 피난민이 부산으로 모여들었을 때의 일입니다. 부산에서 가장 큰 교회의 하나인 부산진장로교회에서 목회하는 김성여 목사가 당시 교파 분열 영향으로 목회자 배척의 어려운 시험을 당하고 있었습니다.

당시 김 목사가 무슨 실수를 한 것도 없고, 교회에 어떤 사건이 일어난 것도 아닌데, 다만 일부에서 "우리 목사는 극보수가 아니다.""신 신학이다."라고 주장하며 배척하는 분위기를 만든 것입니다. 그렇다고 사임을 권고하는 것도 아니고, 당회원(장로)들이 은밀히 모여 목사의 생활비를 동결하기로 하고, 사전 통보 없이 생활비를 끊어 버렸습니다. 목사를 반대하는 극단적인 조치를 내놓은 것입니다.

한 달이 가도, 두 달이 가도 생활비를 드리지 않았습니다. 김 목사는 생활비를 더 이상 안 줄 모양이구나 하고, 아끼던 종교 서적을 내다 팔아서 양식을 샀습니다. 이런 불편이 얼마나 오래갈지 몰라서 김 목사의 부인은 닭을 키우기도 했습니다. 목사가 생활비를 못 받고 있다는 사실은 목사 부부와 장로들만이 알고 있을 뿐이었습니다. 그런데도 김 목사는 더욱더 힘을 내어 열심히 목회했습니다. 설교는 점점 더 은혜로워졌고, 갈수록 신자들이 더 많이 모여들었습니다. 교회 사역이 두루두루 발전해 나갔습니다.

이것이 김 목사의 목회관(牧會觀)입니다. 그는 먹을 것을 많이 주면 신이 나서 더 열심히 목회하고, 조금 주면 기분이 상하여 목회를 소홀히 하는 목회자가 아니었습니다. 먹을 것을 주거나 안 주거나 상관없이 하나님 앞에서 목회에 전력을 다했습니다. 물질에 대한 욕심이 전혀 없었기 때문입니다.

신자들이 하나님께 바친 헌금의 사용을 장로들이 절차를 제대로 밟지도 않고, 목사 배척의 수단으로 악용하는 것은 지극히 비신앙적입니다. 만약 목사가 "왜 생활비를 안 주느냐?" 불만을 털면 교회가 시끄러워지고, 교회에 엄청난 혼란을 가져올 수 있습니다. 그런데도 장로들은 김 목사의 생활비를 끊으면, 그가 알아서 물러갈 것으로 짐작하였던 것입니다. 그러나 김 목사는 전혀 장애를 받지 않을 뿐만 아니라 왜 생활비를 안 주느냐고 항의하거나 불평 한마디 하지 않았고, 오히려 그전보다도 더욱 목회에 최선을 다했습니다. 그 모습을 본 장로들은 부끄러워졌습니다. 목사님을 삯꾼 취급 하였다는 죄책감이 일었습니다.

결국, 장로들은 김 목사가 물질적 대우에는 전혀 신경 쓰지 않은 채 오로지 주님과 교회만을 위해 목회에 전념하는 모습을 보고 김 목사야말로 삯꾼이 아닌 참 목자요 극보수보다 더 나은 목회자임을 깨달았습니다. 크게 감동한 장로들이 모두 김 목사를 찾아가 정중히 사과하고, 밀렸던 생활비를 소급하여 한꺼번에 드리며 다시는 이런 일이 없을 뿐 아니라 일생 잘 모시겠다고 다짐했습니다.

김 목사가 그 생활비를 받았는지 안 받았는지는 정확히 알려진 바 없습니다만, 짐작하기로는, 김 목사의 목회관대로라면, "이미 지난 일인데, 생활비가 무슨 필요 있습니까? 안 받아도 됩니다."라고 했을 것 같습니다. 그 후 장로들은 당시는 정년제가 없었기 때문에 김 목사가 은퇴하여 원로목사로 추대되어 세상 떠날 때까지 한국 교계에서 손꼽힐 만큼 대우해 드렸고, 정성껏 모셨습니다.

분명히 김성여 목사는 한 알의 밀이 땅에 떨어져 죽으면 많은 열매를 맺는다고 하신 주님의 말씀대로 엄청난 시험을 이겼습니다. 김 목사는 목회는 밥 먹기 위한 직업이 아니라는 것을 모든 목회자들과 장로들에게 분명히 밝혔고, 자신의 목회도 위기에서 벗어나 성공하였으며, 목사 자신이 생각지 못했던 대우를 받을 수 있었습니다.

일평생 놀라운 구제 사업을 펼쳤던 조지 뮬러에게 한 젊은이가 "봉사의 비밀이 무엇입니까?" 하고 물었습니다. 그러자 늙은 뮬러가 상기된 얼굴로 이렇게 대답했습니다.

"그것은 조지 뮬러가 철저히 죽었던 그날로부터 시작되었다네. 나의 죽음이란 내 생각, 취미, 의지, 그리고 내가 좋아하는 것에 대한 죽음이고, 또한 세상의 인정과 비난에 대해 죽는 것이며, 형제와 친구들로부터 오는 칭찬과 비판에 대해서조차 죽는 것이라네. 그날 이후 오직 하나님께만 인정받기 위해 일해 온 것일세."

목회자와 좋은 비화

비화(祕話)란 '세상에 드러나지 아니한 이야기, 비밀(祕密)이고 은밀한 이야기, 잘 알려지지 않은 이야기'를 말합니다. 예수님께서 제자들에게 (막 4:11)"하나님 나라의 비밀을 너희에게는 주었으나 외인에게는 모든 것을 비유로" 들려준다고 말씀하셨습니다. 본래 참 그리스도인은 하나님 나라에 관한 비밀스러운 말씀을 많이 알고 믿고 있는 사람입니다. 세상 사람들은 전혀 알 수 없는 말씀들입니다. 신앙생활이란 세상 사람들이 알지 못하는 하나님 나라의 비밀 이야기에 맞추어 사는 것입니다. 어리숙해 보이고 손해 보는 것 같아도 그것이 하나님 나라의 비밀 이야기대로 사는 것이기 때문에 그렇게 삽니다.

목회자는 비밀을 지키는 사람

예수님은 (마 6:3)"너는 구제할 때에 오른손이 하는 것을 왼손이 모르게"

하라고 말씀하셨습니다. 또 (마 6:4)"네 구제함을 은밀하게 하라 은밀한 중에 보시는 너의 아버지께서 갚으시리라"라고 말씀하셨습니다. 구제하고 나서 속히 잊어버리고, 그것을 말하지 않을 정도로 비밀스럽게 하라는 뜻입니다. (마 6:6, 18)기도할 때도, 금식할 때도 마찬가지입니다. 좋은 일을 실행했지만 알려지지 않고 곧바로 잊히는 일종의 비밀은 많을수록 좋습니다.

목회자는 죽을 때까지 비밀을 지켜야 하는 사람입니다. 예를 들면, 어떤 신자가 임종하기 직전에 "목사님, 나는 이러이러한 죄를 지었습니다. 죽기 전에 죄 사함을 받을 수 있도록 기도해 주세요."라고 간절히 청하여 기도를 드린 후 사죄 받음을 확신하고 평안한 마음으로 세상을 떠났을 경우, 그는 일생 숨겨 두었던 부끄러운 죄를 사죄(赦罪)받게 해달라고 목회자에게만 고백한 것입니다. 목회자는 그의 죄에 대한 이야기를 완전 비밀로 일생 지켜야 합니다.

혹여 어떤 신자가 임종이 아니더라도 범죄 고민을 고백하며 죄 사함을 위한 기도를 부탁하려고 하면 천주교에서는 죄 고백을 성직자가 받고 사죄 받게 하는 고해성사가 있지만, 우리 개신교에서는 누구나 신자 자신이 직접 하나님께 참으로 회개하며 기도하여 사죄 받도록 잘 지도하는 것이 바른 방법입니다.

그럼에도 불구하고 죄를 고백하며 사죄중보기도를 요청받아 간절히 같이 기도드렸을 경우에는 그가 사죄 확신을 받도록 같이 힘써 줘야 하고, 그의 죄에 대한 비밀은 절대 비밀로 일생 지켜야 합니다. 그 비밀을 철저히 지키는 목회는 성공할 수 있고 만약 지키지 못하면 목회 실패가 됩니다.

숨겨진 좋은 비화로 가득한 삶

목회란 가장 단순하고 좁게 정의하면 '하나님과 나만이 아는 이야기를 만드는 것이 참 목회다.'라고 할 수 있습니다.

예를 들면, 손양원 목사님은 여순 반란 사건 때 자신의 두 아들을 총살한 청년 공산당원 안재선이 체포되어 사형에 처해지게 된 것을 알고 직접 찾아가 백방으로 힘써 그를 구해 내어 양아들로 삼고, 그를 예수 믿는 신앙인으로 만드셨습니다. 이 사실은 누구에게 알린 일이 아니었는데 당시 본 사람들이 쓴 《사랑의 원자탄》이라는 손양원 목사 전기 책에 의해 널리 알려졌습니다. 아무나 하기 힘든 비화인데 결국은 알려진 미담입니다. 내 두 아들을 죽인 원수를 사랑하여 살려 주는 삶이라면 어찌 이 사건 하나뿐이겠습니까? 손 목사님은 나(한센)병 환자들을 위해 애양원에서 목회를 하셨는데 목사님의 설교는 물론이지만 목사님의 나병 환자들을 차별하지 않고 사랑한 온갖 숨은 비화가 너무 많습니다. 그의 삶이 신앙인은 물론 불신자 세상에도 감동을 많이 주었습니다.

영락교회를 시무하신 한경직 목사님은 영락교회 위임식 때 교회서 양복을 해드렸습니다. 당시 한국 경제는 빈약하였기 때문에 교회 행사 중에 담임목사를 청빙하여 위임식을 하는 것이 가장 큰일이었는데, 그때 큰 선물이 양복을 맞춰 드리는 것이 통례처럼 돼 있었습니다. 그런데 한 경직 목사님이 선물해 드린 새 양복을 안 입으시는 것을 눈치 채어 알아보니 어느 찾아온 양복 없는 목사에게 주셔서 입게 하셨다는 것입니다. 그래서 어느 당회원이 그 목사를 찾아가 "기념으로 드린 선물이니 양해해 달라"고 하고, 그분에게 새 양복을 해드리고 한 목사님 양복을 찾아왔다는 것입니다. 한 목사님에게는 이런 비화가 많습니다. 한 목사님의 알려지지 않은 이런 삶이 세상에 알려지거나 않거나 향기로운 감동을 받게 되고, 신뢰와 닮고 싶은 영향이 되어 참 신앙생활이 될 수밖에 없습니다.

우리 목회자는 물론 평신도들까지 이런 어르신들의 숨은 비화 같은 삶을 본받는다면 세상이 하나님 나라같이 변화될 것입니다.

라스베이거스의 유혹?

　1982년 여름, 제가 57세 되던 해에 미국장로회총회(P.C.U.S.A.)에 참석하기 위해 우리 교단 총회 대표단 일행과 함께 미국을 방문하여 일정을 마친 후에 L.A.에 들렀습니다. 당시 나성영락교회에서 시무하던 친구 김계용 목사를 비롯한 여러 친구 목사를 만났고, 한두 곳에서 주말 집회를 인도하기도 하였습니다.

　미국을 비롯하여 외국을 방문하게 될 때마다 우리 노량진교회 출신 해외 교우를 심방하는 것이 연례행사처럼 되어 있었고, 틈틈이 목회 견학 차 현지의 특색 있는 교회들을 방문하는 것도 빠뜨릴 수 없는 일정이었습니다. 또한 목회 일정과 더불어 시간이 나면 겸사겸사 현지 문화를 체험하는 여행을 하기도 했습니다.

　마침 그해에 제가 총회 부회장으로 피택(被擇) 되어서 L.A.에 살고 있던 우리 교회 출신 K장로가 제 일정에 맞추어 부부 동반으로 라스베이거스와 후버댐 등을 돌아보는 2박 3일 여행을 예약해 놓았습니다. 말하자면,

'총회 부회장 피택 축하 여행'을 기획한 것입니다. 분에 넘치는 특별한 선물에 황송하기도 하고 미안하기도 했습니다.

우리 부부가 K장로 부부와 함께 L.A.에서 라스베이거스 해리 리드 국제공항까지 비행기로 날아가서 렌터카로 라스베이거스에서 가장 큰 MGM 그랜드호텔로 이동했습니다. 방에 여행 가방을 놓고, 편안한 옷으로 갈아입자마자 K장로 부부가 문을 두드리더니 "자 밑에 내려가십시다."라고 하는 것입니다. "밑에 어디로 가는 거죠?" 물었더니 "목사님, 내려가서 슬롯머신을 한번 당겨 보셔야죠?"라고 말합니다. 내가 껄껄 웃으며 농담조로 "아, 장로님, 대한예수교장로회 총회 부회장이 라스베이거스에 가서 슬롯머신을 당겼다고 하면 되겠소?" 하며 당연히 안 된다는 식으로 가볍게 대꾸를 했습니다. K장로가 뜻밖이라는 표정으로 "목사님들도 여기 와서는 안 당겨 보신 분이 없는데요?"라고 말했습니다. 저는 다시금 웃으면서 "고맙긴 한데, 나같이 좀 모자라는 목사는 그런 것을 당기면 당장 미치고 말 것이기 때문에 아예 가까이하지 않아야 안전합니다. 하하하." 했습니다. K장로 말이 틀렸다고 하지는 않으면서 거부하는 말을 한 거죠. 그러자 K장로 부부가 알아차리고 "그러면 사모님 같이 내려가십시다. 목사님의 몫까지 하시면 되지요."라고 하며 집사람을 데려가 같이 내려갔습니다.

마음으로는 여행 중에 기분 좋게 슬롯머신을 당기는 것이 특별히 죄가 된다고는 생각하지 않지만, 총회 부회장으로서는 적절한 행동이 아니라고 생각했기에 농담조로 가볍게 사양한 것입니다. 자칫 K장로 부부의 모처럼의 호의를 내치는 결례를 범하는 것일 수 있기 때문입니다. 다행이 K장로 부부의 기분이 상하거나 분위기가 어색해지지는 않았습니다.

장로 부부와 집사람은 가벼운 마음으로 유쾌하게 웃으며 카지노로 내려 갔고, 저는 제 나름대로 방에서 이런저런 준비를 하고 있었습니다.

그런데 얼마 지나지 않아서 집사람이 올라왔습니다. "아니, 왜 이렇게 빨리 올라왔소?" 하고 물으니, 집사람이 "몇 번 당겼더니 뭔가 와르르 쏟아져 나오더군요. 더 하다가는 다 잃을 것만 같아서 그것을 긁어가지고 올라왔지요."라고 대답했습니다. 세계적으로 이름난 유흥지에 구경거리가 얼마나 많고, 놀이기구인들 수도 없이 많을 텐데, 집사람은 구경이나 놀이에는 관심도 두지 못한 채 생각지도 못한 돈이 몇 푼 생기니까 그것이라도 지키겠다는 생각을 먼저 한 것입니다. '내가 아내를 너무 가난하게 살게 몰아붙였던가? 본의 아니게 메마른 인생을 살게 한 건 아닌가?' 하는 죄책감이 들었습니다. 지금까지도 아내에 대해서는 여전히 미안한 마음뿐입니다.

만약에 그때 아무 거리낌 없이 집사람과 함께 카지노에 내려가 슬롯머신을 당기며 즐겼더라면 이미 잊은 지 오래된 일이 되었을 것입니다. 그런데 수십 년 전의 일인데도 당시 제가 취했던 태도가 과연 가장 옳은 태도였는가 하는 물음이 아직 남아 있습니다. 아마도 제3자가 평가한다면, '옳았다'라는 의견과 '옳지 않았다'라는 의견이 반반, 아니면 '그런 것쯤 눌렀다고 무슨 상관이 있습니까?' 정도로 할 수도 있습니다. 어느 쪽도 맞는 답일 것입니다. 그것은 선(善)이냐, 악(惡)이냐 하는 판결을 요하는 문제가 아니기 때문입니다.

다만 그때 일이 지금까지 제 머리와 생활에 남아 있는 것은 그때 제가 내린 판단이 제 나름대로 태도를 정리하고 마음에 불편함을 남기지 않는 결정이었기 때문입니다. 아마 그것이 옳았다는 표가 아닐까 싶을 뿐입니다. 만약 그때 함께 내려가 슬롯머신을 많이 눌렀다고 해도 다른 사람들은 아무 문제시하지 않았겠지만, 제 맘에 맑고 깨끗한 생각보다는 뭔가 조금은 께름한 느낌이 남았을 것입니다. 그것이 없는 것이 옳다고 그렇게 결정을 하였던 것입니다. 앞으로도 제 마음에 옳다는 편으로 살기로 하였습니다.

사도행전에 보면, (행 21:8-10) 바울 사도가 예루살렘으로 올라가는 길에 가이사랴의 전도자 빌립의 집에 머물렀습니다. 마침 아가보라는 선지자가 유대로부터 내려왔는데, 그는 전에 선지자들이 예루살렘에서 안디옥으로 내려와 모였을 때, 성령의 감동으로 "천하에 큰 흉년이 들리라" 하고 예언했던 하나님의 사람입니다.

실제로 글라우디오 때 흉년이 들었습니다(행 11:27-28). 그가 (행 21:11)"바울의 띠를 가져다가 자기 수족을 잡아매고 말하기를 성령이 말씀하시되 예루살렘에서 유대인들이 이같이 이 띠 임자를 결박하여 이방인의 손에 넘겨주리라"라고 예언했습니다.

선지자 아가보는 바울 사도가 핍박받을 것을 예언하며 충고한 것입니다. 당시 같이 있던 교우들이 그의 예언을 듣고 바울 사도에게 (행 21:12)"예루살렘으로 올라가지 말라"라고 울면서 만류하였습니다. 만약에 바울 사도가 심령이 약하였더라면, 예루살렘에 올라가기를 포기했을지도 모릅니다. 그러나 그는 도리어 (행 21:13)"나는 주 예수의 이름을 위하여 결박당할 뿐 아니라 예루살렘에서 죽을 것도 각오하였노라"라고 고하며 예루살렘으로 올라갔습니다.

그전에 바울 일행이 안식일에 비시디아 안디옥에 이르러 회당에 들어간 일이 있었습니다. (행 13:13-43)"율법과 선지자의 글을 읽은 후에 회당장들이" 바울 사도에게 "권할 말", 곧 선한 충고의 말을 해 달라고 청하자 바울 사도는 선한 충고의 말 대신에 예수 그리스도로 말미암아 구원을 얻는 복음을 전하였습니다.

선지자 아가보나 바울 사도나 똑같이 성령의 감동으로 하나님의 뜻을 전하였지만, 아가보의 충고보다는 바울 사도의 복음을 전하는 편이 신자들에게는 훨씬 더 효과적이며 유익이 되었음을 알 수 있습니다. 충고가 사람의 행동을 고치는 효과가 있다고 한다면, 복음은 인간의 근본인 영을 고치는 효과가 있기 때문입니다.

제가 아는 목사 한 분은 매우 독특하고 유능한데, 특별히 기도를 많이 하는 분입니다. 그분은 공석이나 사석에서 발언할 때 "절대로 안 된다."라는 말을 강하게 하곤 했습니다. 그분은 자신이 확고한 신앙에 입각하여 있다는 철저한 정신과 성경을 근거로 하는 진리에 어긋남 없이 생활하고 있다는 신념에서 이런 말을 자주 하게 된 것인데, 특별히 그렇지 못한 사람들을 고쳐 주고 싶은 심정에서 강조하다 보니 점점 더 강하게 말하게 된 것입니다.

그분의 말은 매우 확고한 충고의 발언이고, 옳은 말이고, 유익한 말씀인데 그 말을 받는 편에서는 "나만 옳고, 너는 틀렸다." "나는 변하지 않는다. 너는 고쳐라." "나는 양보하지 않는다. 너는 양보하라."라는 의미로 듣게 됩니다. 한 걸음 더 나아가 신앙의 우월감에서 오는 독선일 수 있습니다. 혹은 지나치게 개성이 강한 사람일 수 있습니다. 어떤 편견과 선입감으로 사람을 대하는 태도일 수도 있습니다. 계속 그런 방식으로 다른 사람들을 대하면, 상대방을 심판의식(審判意識)으로 대하게 되고, 그것이 질투심으로 바뀔 수도 있고, 결국은 남을 무시하거나 멸시하기에 이르게 됩니다.

이렇게 되면, 대인 관계에서 강압적(强壓的)인 인상을 주게 되고, 도전형(挑戰形)으로 받아들여질 수 있습니다. 따라서 상대방은 도리어 경계심을 가지고 방어 태세를 취하거나 아니면 반항심을 갖게 됩니다. 다른 사람들을 고쳐 주고 싶은 마음에 "절대로 안 된다."라고 강하게 충고해 주어도 상대방은 도리어 고치려고 하지 않게 됩니다.

미국의 유명 저술가 데일 카네기는 "자기가 생각하는 것이 55% 바르다고 자신하는 사람은 월가(Wall街)에 나가 하루에 100만 달러를 벌어 요트를 사고, 절세미인과 결혼할 수 있을 것이다."라고 하였습니다. 사람은 55% 정도도 바르게 생각하기 힘들다는 뜻입니다. 그렇다면 생각이 바르지 못한 사람이 어떻게 남을 지적하고 공격할 수 있겠습니까? 충고는 꼭 필요함에도 불구하고, 많이 하면 가까운 친구가 도리어 기피하며 누구도 상대해 주지 않아서 결국 독보적(獨步的)인 존재로 살게 됩니다.

고대 그리스 철학자 소크라테스는 항상 제자들에게 "나는 한 가지는 분명히 알고 있다. 그것은 나는 아무것도 알지 못하고 있다는 사실이다."

라고 말하였다고 합니다. 그는 "그것은 내가 잘못 생각한 것 같소. 나는 잘못 생각하는 일이 많소. 잘못됐으면 고치겠소. 사실을 좀 더 자세히 알아보고 생각해 봅시다."라는 말도 자주 하였다고 합니다.

또 미국의 정치가 벤저민 프랭클린은 어느 날 친구로부터 혹독한 충고를 받았는데, 그 후로 그는 말하기를 "나는 남의 의견에 정면으로 반대하거나 내 의견을 단정적으로 표현하지 않기로 하였다."라고 하였습니다. 그는 일생 '절대로, 결코, 분명히, 의심 없이' 등과 같은 말은 쓰지 않았다고 합니다. 그 대신에 "저는 이렇게 생각합니다."라는 말을 썼습니다. 그의 어떤 지인은 50년간 프랭클린이 독단적인 발언을 하는 것을 들어보지 못했다고 말하기도 했습니다.

충고형 대인관계는 주로 상대의 외형이나 행위의 단점을 지적하기 때문에 부정적이고 소극적이어서 제3자나 일반 대중에게 큰 영향을 주지 못합니다. 복음적 대인관계는 그리스도의 사랑으로 용서할 뿐만 아니라 도리어 상대의 중심과 장점을 보며 유익하게 대하는 긍정적이고 적극적인 행위이므로 온 세상이 감동을 받습니다.

충고하는 사람과 충고 받는 사람이 서로 주고받음으로 유익이 있지만, 두 사람 사이는 멀어질 수 있습니다. 복음적 용서와 사랑은 주고받을수록 유익할 뿐 아니라 더 가까워지고 축복과 승리까지 받습니다. 목회자는 상대의 단점을 고쳐주려고 충고하기보다는 복음적 대인관계인 용서와 사랑으로 상대의 영을 고치게 구원하는 생활을 해야 합니다. 이것이 참 목회가 됩니다.

5

교회와 나라 사랑

알곡과 쭉정이

시 1:1-6 "복 있는 사람은 악인들의 꾀를 따르지 아니하며 죄인들의 길에 서지 아니하며 오만한 자들의 자리에 앉지 아니하고 오직 여호와의 율법을 즐거워하여 그의 율법을 주야로 묵상하는도다 그는 시냇가에 심은 나무가 철을 따라 열매를 맺으며 그 잎사귀가 마르지 아니함 같으니 그가 하는 모든 일이 다 형통하리로다 악인들은 그렇지 아니함이여 오직 바람에 나는 겨와 같도다 그러므로 악인들은 심판을 견디지 못하며 죄인들이 의인들의 모임에 들지 못하리로다 무릇 의인들의 길은 여호와께서 인정하시나 악인들의 길은 망하리로다"

시편 1편은 의인과 악인이 어떻게 다른지 구체적으로 가르쳐 줍니다. (시 1:3-4)의인은 "시냇가에 심은 나무"와 같고, 악인은 "바람에 나는 겨"와 같다고 하였습니다. "시냇가에 심은 나무"는 날이 갈수록 번성해 가는 구원받은 참 그리스도인을 가리키며, "바람에 나는 겨"는 멸망 받을 이단자를 가리킨다고 할 수 있습니다.

이단자는 바람에 나는 겨

첫째, "겨"(쭉정이)는 알맹이가 없습니다.

겉으로 보기에는 알곡이나 겨(쭉정이)나 똑같습니다. 그런데 알곡은 알맹이가 꽉 차 있고 겨는 알맹이가 없이 텅 비어 있어 바람이 불면 알곡은 흔들리지 않는데 겨(쭉정이)는 작은 바람에도 흔들리고 날립니다. 겨는 짜도 즙조차 나오지 않습니다. 곡식으로서 쓸모가 전혀 없습니다. 도리어 알곡에 가야 할 양분만 축내고, 알곡이 있어야 할 자리만 차지하는 해만 끼치는 존재입니다.

겉보기에는 이단자와 참 그리스도인이 똑같아 보입니다. 그래서 분간하기가 어렵고 미혹되기 쉽습니다. 그러나 이단자의 중심에는 하나님이 없습니다.

참 그리스도인의 알맹이를 한마디로 표현하면, 하나님을 목적으로 하는 신앙입니다. 그러므로 참 그리스도인의 모든 동기는 하나님을 기쁘시게 하는 것입니다. 사언행심사(思言行心事), 곧 생각과 말과 행동과 마음과 가정생활에서, 또는 사업에서 모두 하나님을 기쁘시게 하려고 합니다. 참 그리스도인의 모든 소유권은 하나님께 있습니다. 전에는 '내' 생명, '내' 사상, '내' 재능, '내' 자유, '내' 소유, '내' 시간이었는데, 참 그리스도인으로 거듭난 후에는 소유권이 전부 하나님께로 넘어갑니다. 또한 주 예수 그리스도보다 더 사랑하는 것이 없게 되어, 참 그리스도인의 사랑은 주 예수 그리스도 안에 있는 하나님의 사랑, 곧 아가페로 바뀝니다. 한마디로 참 그리스도인은 하나님과 언제나 함께하는 사람입니다. 성령님이 그의 중심에 계시므로 (갈 5:22-23) "사랑과 희락과 화평과 오래 참음과 자비와 양선과 충성과 온유와 절제" 등 성령의 열매대로 살아갑니다.

그리스도인의 알맹이가 없는 신자는 가짜이며 멸망 받을 죄인이요 이단자입니다. 이단자의 목적은 하나님이 아니라 자기 자신입니다. 그래서 자기를 사랑하고, 자기를 섬기는 데 하나님과 신앙을 이용합니다. 모든 동기와 소유권과 사랑이 자기중심입니다. 오로지 자기를 위하는 목적만 있을 뿐 성령의 열매라는 알맹이가 없습니다.

둘째, 겨와 알곡은 밀접한 관계가 있습니다.

'겨'나 '벼'(알곡)는 처음에는 꼭 같은 씨앗에서 함께 움트고 돋아납니다. 그리고 자라는 동안 잠시도 떨어지지 않고 같은 환경에서 함께합니다. '악인'이나 '이단자' 같은 '겨'는 교회 밖에 있는 것이 아닙니다. 기독교 초기부터 교회 안에서 돋아나서 줄곧 교회를 괴롭혀 왔습니다. "천재와 바보는 종이 한 장 차이"라는 말이 있습니다. 천재와 바보는 하늘과 땅만큼 차이가 있는 비교가 안 되는 존재인데, 분간하기가 종이 한 장처럼 비슷해 보인다는 말입니다. 참 신앙인은 확실히 구원 얻은 사람이고, 이단자는 영원히 멸망 받을 죄인으로 비교가 안 되지만, 겉보기는 종이 한 장 차이라고 할 만큼 분간하기가 어렵습니다.

"바울 사도와 마르틴 루터 사이의 가장 뛰어난 기독교 지도자"로 불리는 교부 어거스틴은 경건한 신앙의 어머니 모니카의 품에서 자랐습니다. 그는 《참회록》에 "엄마의 젖을 빨아 먹을 때 성경 말씀도 같이 먹었다.”라고 기록하였습니다. 밤마다 잠자리에 들기 전에 어머니에게서 예수님의 말씀을 들었고, 어머니와 함께 기도하며 어머니의 경건을 보며 자랐습니다. 그러나 청소년기부터 신앙적으로 방황하기 시작했습니다. 범죄와 방탕에 몸을 던진 그는 홀어머니를 버려두고 로마로 도망갔고, 이단 종교인 마니교에 빠져 9년이라는 세월을 보냈습니다.

알맹이 신앙은 환경에서 나는 것이 아닙니다. 꽃밭을 아무리 잘 가꾸어 놓아도 꽃이 저절로 피어나지는 않습니다. 꽃은 꽃씨에서 돋아납니다. 꽃밭은 꽃씨가 싹을 틔워 꽃으로 잘 자라는 데 도움을 줄 뿐입니다. 참 알맹이 신앙은 오직 예수 그리스도로 말미암은 새로운 생명으로 생겨납니다. 성경은 (계 2:7)“귀 있는 자는 성령이 교회들에게 하시는 말씀을 들을지어다”라고 하였습니다. 그리스도로 말미암아 거듭나고 성장해 나가는 신앙생활은 성령과 교회와 말씀 안에서 사는 것만이 길입니다.

예수님 말씀대로 사도들과 성도들이 마가 다락방에서 아버지의 약속인 성령 충만을 기다리며 간절히 기도하던 중 오순절에 급한 바람소리와 함께 각사람 머리 위에 불꽃같은 성령이 임하여 모두 권능을 받았습니다(행 1-2장). 성령은 교회를 통해 받습니다. 교회는 예수 그리스도께서 세우신 공동체이자(마 16:18), 칼빈 선생이 말한 대로 “신자의 어머니”입니다. 우리는 교회 생활을 열심히 함으로써 성장합니다. 교회에서 성도 간에 교제를 나누고, 생명의 양식인 성경 말씀을 날마다 섭취해야 합니다. 성경은 성령의 감동으로만 깨달을 수 있으며, 실행하게 됩니다. 그런 의미에서 성경은 교회의 말씀입니다.

어거스틴은 밀라노에서 수사학 교수를 하고 있을 때 비판적인 자세로 교회를 찾아가 암브로시우스(Ambrosius) 감독의 설교를 듣던 중 크게 감동을 받아 고민에 빠지게 되었습니다. 공원에 앉아 있는데, 어린아이들이 "톨레 레게"(Tolle lege)라고 노래하는 소리가 들려왔습니다. "톨레 레게"는 "집어 들고 읽어라!"라는 뜻입니다. 이에 성경책을 펼쳤더니 그의 눈에 로마서 말씀이 들어왔습니다.

롬 13:13-14 "낮에와 같이 단정히 행하고 방탕하거나 술 취하지 말며 음란하거나 호색하지 말며 다투거나 시기하지 말고 오직 주 예수 그리스도로 옷 입고 정욕을 위하여 육신의 일을 도모하지 말라"

이 말씀을 읽은 어거스틴은 깊이 회개하였고, 그의 나이 서른두 살에 회심하였습니다. 그리고 일생 히포(Hippo)의 감독으로 성직자로서 생활하였는데, 성자라고 불릴 만큼 서방 교회의 최고 지도자가 되었습니다.

이처럼 성령, 교회, 말씀(성경)만이 구원의 길입니다. 그러나 이단자는 교회와 말씀을 통하지 않고, "하나님께서 내게 신비의 기적을 직접 내려 주셨다."라고 주장합니다. 한국 교회를 뒤흔들었던 이단자 황국주는 "기도하는 중에 하나님께서 내 목을 잘라 예수님의 목으로 바꾸어 주셨다."라고 주장하며 예수 행세를 하여 많은 신자를 타락에 빠뜨렸습니다. 평북 철산에서 시작되어 평양 교계를 혼란에 빠뜨렸던 '새주(主)파(派)'는 믿은 지 오래되지도 않은 여인이 단식기도 하는 중에 하늘에서 보자기에 엿을 내려 보내며 먹으라 하기에 먹었더니 눈이 밝아져서 누구든지 대하면 그 사람의 과거 죄를 낱낱이 알게 되었다면서 죄를 지적하였습니다. 그러는 바람에 모두들 처음 오신 예수님은 남성이었고, 이번에는 여성이 새 주님으로 오신 게 틀림없다고 하면서 인산인해로 따라다니다가 전부 타락하였습니다.

박태선 장로는 자신을 가리켜 '감람나무'라고 하였으며, 집회를 찍은 사진에 불꽃이 내리는 듯한 모습이 찍힌 것으로 유명해졌습니다. 집회 시간에 향기가 난다는 소문에 기적을 보려고 자기 교회를 버린 신자들이 구름 떼처럼 몰려들었습니다. 그러자 그들로 하여금 가산(家産)과 전토(田土)를 팔아 천년왕국이라는 신앙촌으로 들어가게 하여 영과 육을 모두 망하게 하였습니다.

이들 이단의 공통점은 교회와 성경 말씀을 통하지 않고, 영적인 어떤 기적 신비를 직접 받았다고 주장하는 것입니다. 대략은 교리와 신앙이 쇠퇴할 때(딤전 4:1) 이단이 생겨납니다. 성령 안에서 건강한 교리와 신앙생활이 있는 곳에는 이단이 일어나지 못합니다.

셋째, 핍박의 북풍과 유혹의 남풍 "바람에 나는 겨"

겨는 무게가 없으므로 약한 바람에도 날아갑니다(시 1:4). 즉 바람이 마음대로 끌고 다니는 것이 '겨'입니다.

그리스도를 신앙하고, 하나님을 섬기는 인생길에는 시험과 유혹의 바람이 쉼 없이 몰아칩니다. 신앙생활은 출발점에서 구원이 완성되는 것이 아니라 많은 시험과 유혹을 물리치고 마지막까지 잘 달려야만 승리의 영광을 얻게 됩니다. 어떤 때는 몹시 심한 북풍한설이 몰아치듯 핍박의 바람, 환란의 바람, 고통의 바람, 위협과 공포의 바람, 연단의 바람 등이 몰아칩니다.

한국의 그리스도인들은 일제 강점기와 공산 치하에서 죽을 각오를 하지 않고는 이겨 내기 어려운 북풍을 경험하였습니다. 주기철 목사는 일제 강점기에 신사참배를 거절하여 감옥에 갇혀 순교하셨고, 손양원 목사, 김익두 목사를 위시하여 수많은 주의 종이 공산정권에 의해 순교하였습니다. 때로는 독재 정권이 교회를 핍박하기도 하였습니다.

그런데 이렇게 북풍이 불어오면 그리스도인은 수적으로 줄지만, 질적으로는 신앙이 순수해지고 강해지며 신앙생활이 성결해집니다. 따라서 온갖 핍박을 당해도 넉넉히 이깁니다. 도리어 큰 핍박 속에서 신앙의 위인들이 일어납니다. 그리고 이단도 일어나지 못하며, 일어나도 신자들이 별로 넘어가지 않습니다.

그런가 하면 유혹의 남풍이 살랑살랑 불어올 때가 있습니다. 따뜻한 바람, 기분 좋은 바람, 몸에 스며드는 바람입니다. 이 유혹의 바람은 평안할 때, 번영의 때, 자유의 날, 풍부의 세월, 한가하고 여유가 있을 때, 민주 사회에서 신자들의 방심(放心)이라는 문을 통해 들어옵니다. 유혹의 남풍에 흔들리면, (딤후 3:2-5) "사람들이 자기를 사랑하며 돈을 사랑하며 자랑하며 교만하며 비방하며 부모를 거역하며 감사하지 아니하며 거룩하지 아니하며 무정하며 원통함을 풀지 아니하며 모함하며 절제하지 못하며 사나우며 선한 것을 좋아하지 아니하며 배신하며 조급하며 자만하며 쾌락을 사랑하기를 하나님 사랑하는 것보다 더하며 경건의 모양은 있으나 경건의 능력은 부인"하는 일이 벌어집니다. 사람들의 경건한 생활이 힘을 잃을 때 무책임한 종교가 증가하고 이단이 많이 일어납니다.

핍박의 북풍을 잘 이겨 낸 신자가 유혹의 남풍을 만나서는 스스로 썩고 패하는 예를 많이 봅니다. 북한 공산당 치하에서 주일 성수 때문에 주일에 선거하는 것을 거부하여 감옥에까지 갔던 신자가 자유 남한에서는 제 발로 바닷가에 놀러 다니느라 주일을 범합니다. 큰 시험은 이기고, 작은 유혹에는 패하는 신앙입니다.

대개 세상이 나빠져서 그리스도인들이 유혹에 쓰러진다고 생각하지만, 그렇지 않습니다. 그와는 반대입니다. 그리스도인들이 유혹에 넘어가니까 세상이 점점 더 악해지는 것입니다. 지금 한국 교회는 심한 유혹의 남풍에 밀려 넘어가는 교역자와 신자가 많아져서 지난날 엄청난 핍박의 북풍을 이겨 낸 보람도 없이 위기감을 느끼게 합니다. 그러나 성경은 (딤후 3:5)"이 같은 자들에게서 네가 돌아서라"라고 강력하게 경고합니다.

교회와 신자들이 세속화되어 타락하는 말세가 된 오늘날이야말로 이단의 러시아워(Rush-hour)가 되었습니다. 그런 의미에서 한국 교회는 최대 위기에 직면했습니다.

'겨'는 없을수록 좋습니다. 그렇다고 '겨' 없이하는 데만 신경 쓰며 시간과 노력을 기울이는 것은 바른 자세라고 할 수 없습니다.

(마 13:29-30)예수님의 비유에서 집 주인의 종들이 와서 당장 가라지를 뽑겠다고 할 때에 "가만 두라 가라지를 뽑다가 곡식까지 뽑을까 염려하노라 둘 다 추수 때까지 함께 자라게 두라 추수 때에 내가 추수꾼들에게 말하기를 가라지는 먼저 거두어 불사르게 단으로 묶고 곡식은 모아 내 곳간에 넣으라"라고 했습니다.

가라지 뽑는 것보다 더 중요한 것이 곡식 뽑히면 안 된다는 것을 깨우쳐 주셨습니다. 그렇다고 가라지를 그냥 두라는 말씀이 아니고 도리어 '벼'(알곡)에 더 많은 정성을 들여 알곡이 많아지도록 하라는 말씀입니다. 마찬가지로 이단은 없을수록 좋습니다. 이단을 없애는 첫째 방법은 내 교회 신자의 신앙을 건강하게 하는 것입니다. 그리고 교회와 성도들의 경건 생활을 더욱 강건하게 하는 것입니다. 내 교회에서 은혜 잘 받는 신자는 이단에 끌려가지 않습니다. 예수님은 (눅 10:18)"사탄이 하늘로부터 번개같이" 떨어져 (막 13:22)"할 수만 있으면 택하신 자들을 미혹하려" 할 것이니 (마 26:41)"시험에 들지 않게 깨어 기도하라"라고 말씀하셨습니다.

"말세에는 사탄이 '겨'를 만드는 맹렬한 활동이 있을 것이다."라고 예고해 주셨습니다. 그리고 "미혹과 시험에 들지 않도록 깨어 기도하라."라고 하셨습니다. 한국 교회가 수적으로만 무성해지고, 질적으로 빈약해진다면 이단은 날로 증가할 것입니다. '벼'가 아무리 많아도 '겨'는 생겨나는 법입니다. '벼'와 '겨'를 명확히 가려서 혼돈이 오지 않게 하는 것이 중요합니다. 이단을 올바로 지적하여 피해를 보지 않게 하는 것이 중요합니다. 병을 정확히 진단하여 속히 치료하는 것이 중요한 것이나 마찬가지입니다. 그런데 중요한 것은 '겨'가 생겨난다고 '겨'에만 신경을 쓰면 오히려 알맹이가 있는 '벼'가 줄어들 수 있습니다 '겨'가 많이 생길수록 '벼'가 더 많아져야 합니다.

분명한 것은 '겨'는 '벼'와 대등하거나 '벼'를 능가할 수는 없습니다. '겨'는 일시적이며 시한부의 존재입니다. 이단은 마지막 날 불에 타 버려질 것입니다. 이단은 굉장해 보여도 일시적인 존재에 불과합니다. 반드시 심판받게 되어 있습니다. 다만 피해를 최소한으로 줄이기 위해 최선을 다해야 합니다. 건강한 신자를 위한 목회에 더욱 힘쓰는 것이 이단을 막는 일이 됩니다.

어떤 목회자는 이단을 퇴치한다고 지나치게 이단 연구와 대처에 전력을 기울이는데 크게 잘못하는 것입니다. 그렇게 되면 이단 퇴치가 목회 목적이 되는 것입니다. 목회 목적은 하나님께서 맡겨주신 양 무리를 더욱 건강하게 보호하며 키워나가는 것입니다. 이 목적을 이루기 위해 이단을 물리쳐야 하는 것입니다. 그런데 이단을 위해 목회 목적이 소홀해지면 도리어 시험에 든 것입니다. 이단이 극심해질수록 참 목회 목적을 강화해야 합니다.

그런 의미에서 이단 문제는 초교파적으로 이단성에 관하여 이단·사이비 대책을 세워 이단의 정체를 명확하게 밝혀 이단에 빠지지 않도록 길잡이가 되어야 합니다. 개 교회 목회자들은 이단에 흔들리는 신자 한 사람 한 사람 개인별로 내 가족에게 타이르듯이 상담 접촉하며 올바른 신앙에 확고히 서도록 인도해야 합니다.

W.C.C. 제10차 총회에 관한 소견

대한예수교장로회(통합) 총회 증경(曾經) 총회장 일동

1. W.C.C. 제10차 한국 총회는 하나님의 뜻이요 허락하신 것임을 믿는다.

(1) 말세에 이르러 하나님께서 우리 한국 교회와 민족에 세계적 차원
에서 보다 큰 사명을 맡기시기 위한 준비 과정으로, 한국을 전 세계
에 알리시기 위해 6·25 전쟁 이후 88 서울올림픽, 2002 한일 월드
컵, 2011 대구 세계육상선수권 대회, 2010년 서울 G20 정상회의
등 큰 행사를 개최하게 하셨듯이 이번 세계 최대 기독교 연합기관
이 한국에서 모이도록 섭리하셨음을 확신한다.

(2) 오늘의 한국 교회가 민족 내부적으로는 남북 대화합을 이루는 데
선도하는 한편, 외부적으로는 세계 선교를 사명으로 힘쓰고 있는
시점에서 세계 교회와의 화합과 협력이 꼭 필요하기에 허락하여
주셨다고 확신한다.

2. W.C.C. 제10차 한국 총회를 맞는 한국 교회의 자세

(1) 한국 교회 100주년 때처럼 교계가 초교파적으로 적극 협력하여 하나님께서 허락하신 절호의 기회와 목적을 성공적으로 이루기를 요망하며 기도한다.

(2) 본 회원들도 신학적인 이견이나 한국 교회와 맞지 않는 점을 지적하며 고치도록 촉구하는 목소리에 동의 및 공감하는 점이 있으므로 이를 받아들여 국내 W.C.C. 가맹 교단들을 통하여 앞으로 W.C.C.가 이를 계속 반영하도록 함이 필요하고 유익하다고 여겨지며, 개인적 혹은 개교단의 반대 의사는 발표해도 좋으나, 과격한 표현으로 갈등을 만들면 앞으로 교단 간의 갈등이라는 악순환을 후진에까지 물려줄 위험성이 있고, 그것이 심해지면 사회나 정부나 세계에 '한국 교회의 분쟁'에 관한 인상을 심어 주어 기독교에 대한 불신과 배척의 요인이 될 수 있다. 이는 하나님의 뜻과 영광을 가리는 일로, 결코 해서는 안 됨을 강력히 경고 및 호소하며 품격에 어울리는 표현으로 충고할 것을 권고한다.

3. W.C.C. 제10차 한국 총회의 과제와 미래 전망

(1) 과거 올림픽 때나 월드컵 때, 인간적으로는 해결하기 어려운 온갖 애로 사항이 있었으나 기적적으로 극복하였고, 오히려 세계가 놀랄 정도로 유익하게 되었던 것을 경험 삼아 이번에도 하나님께서 그런 특은(特恩)을 주실 것으로 믿고 피차가 형통을 입을 수 있는 신앙 자세로 임하기 위해 기도하고 협력하며 격려한다.

(2) W.C.C. 제10차 한국 총회를 성공적으로 개최하면,

① 대한민국의 국위 선양에 큰 도움이 된다.

② 한국 교회가 전 세계에 널리 알려진다.

③ 선교적 활동을 위시하여 사명의 폭이 넓어지며 책임이 막중해진다.

④ 남북의 복음적 평화통일에 큰 도움이 된다.

⑤ 한국 교회의 목회와 복음적 신앙의 좋은 영향이 W.C.C.에 미치게 된다.

⑥ 한국 교회가 세계적 사명을 실감하고, 세계적인 인재를 배출할 기회를 얻어 실현할 수 있다.

온 교회가 합심하여 기도하고 협력하여 W.C.C. 제10차 한국 총회를 원만히 개최함으로써 하나님의 뜻이 이 땅과 세계에 이루어지기를 거듭 간구한다.

※ 이 문안은 2013년 10월 31일 W.C.C. 제10차 한국 총회의 개최를 앞두고 교계의 반대 목소리가 노골적으로 높아질 때, 본 교단 증경 총회장단의 태도를 밝히는 것이 유익하겠다는 요청에 따라 소집자인 림인식 목사가 작성한 것으로 이를 결의하여 〈한국기독공보〉에 전면 게재한 바 있다. 교파 분열이 많아진 한국 교회 연합에 도움이 되기를 바라서 싣는다.

총회를 앞두고(제85회 총회에 바란다)

1. 사람은 꼭 있어야 하며, 꼭 필요한 사람, 있으나 마나 한 사람, 있어서는 안 되는 사람이 있습니다.

총회도 마찬가지입니다. 하나님 앞과 민족 앞과 인류에게 꼭 있어야 하며 꼭 필요한 총회가 되어야 합니다.

근간에 교세 감소 현상이 나타나는데, 어떤 이가 "장로교 망국론"이란 유인물을 돌렸습니다. "한국의 절대다수 교파인 장로교회가 사분오열(四分五裂)하며 분파와 싸우는 풍토를 만들어 시끄럽고, 교권 쟁탈에서 부패·부정의 온상이 되었다."라고 맹렬하게 지적하고, "이런 장로교 때문에 한국이 망하게 되었다."라고 지적하였습니다.

장로교 목사로서 몹시 기분 나쁜 것이 사실입니다. "115년의 수난 속에 민족을 살리기 위해 엄청난 공헌을 한 장로교회를 감히 개인이 경솔하게 헐뜯는 말을 할 수 있는가?" 하고 반박하고 싶은 심정입니다. 그러나 깊이 생각하면, 밖에서 지적하기에 앞서 저 자신이 이런 책망을 받을 만한 면이 없는가 살피고 절실히 회개하여야 할 문제입니다. 오늘의 한국 상황이 이렇게 된 것은 전적으로 한국 교회가 잘못하였기 때문입니다.

지난날 일정(日政) 시절이나 공산 치하에서 우리 민족은 한국 교회를 따르고 본받고자 하여 왔습니다. 애국애족에 있어서, 가정생활에 있어서, 경건과 절제에 있어서, 사랑과 봉사에 있어서, 올바른 교육과 인재 양성에 있어서. 화목과 단결에 있어서, 신문화 창달에 있어서 한국 교회가 본을 보였기 때문에 민족 전체의 정신적 목표가 되어 왔습니다. 당시 우리 겨레는 교회가 가는 길로 따랐습니다. 한국 교회야말로 수난 받는 민족에게 꼭 있어야 하며 꼭 필요한 교회였습니다.

그런데 언제부터인가 "싸우는 그리스도인", "분열하는 교회", "돈 쓰는 선거", "부정 투표" 등 온갖 부끄러운 대명사가 붙는 한국 교회와 총회가 되었습니다. "선거 풍토가 바뀌어야 한다."라는 목소리가 점점 커지고 있으며 총회와 노회에 고소 사건이 부쩍 늘고 있습니다. 명예욕에 눈이 어두워지고, 그리스도의 사랑이 식었다는 증거입니다. 그 결과, 부정과 분쟁이 발생합니다. 그리하여 한국 민족과 사회에 있으나 마나 한 교회가 되고, 이대로 가면 있어서는 안 되는 교회와 총회가 되기 쉽습니다.

그동안 교단과 총회는 교회 성장과 선교에 주력해 왔습니다. 물론, 날이 갈수록 더욱 힘써야 할 사명입니다. 그러나 이제는 선-정결 후-선교(先淨潔 後宣教), 선-신앙 후-직분(先信仰 後職分), 선-화평 후-사업(先和平 後事業)이 되도록 해야 합니다. 선(先)이 없는 후(後)만의 선교, 직책, 사업 활동은 "있어서는 안 되는 총회"를 만들게 됩니다. 선(先), 즉 정결, 신앙, 화평이 있고, 후(後)가 있어야 꼭 필요한 총회가 됩니다.

2. 사람은 일을 만들어 추진하는 사람, 그냥 따라가며 일하는 사람, 일이 눈에 전혀 보이지 않는 사람이 있습니다.

총회도 마찬가지입니다. 총회는 새 일을 만들어 추진하여야 합니다. 하나님께서는 사람을 창조하실 때 본래 일하는 존재로 지어 주셨습니다. 최초의 사람, 아담과 하와를 하나님의 형상대로 창조하시고, "땅을 정복하라… 모든 생물을 다스리라" 하시고, 그들을 "에덴동산에 두어 그것을 경작하며 지키게" 하셨습니다(창 1:27-28, 2:15). 아담과 하와가 범죄 이전에는 하나님의 속성 그대로 사랑, 지혜, 창의성, 분별력, 판단력, 기억력, 추진력, 실천력 등 온갖 능력을 가지고 있었기 때문에 일을 하면 100% 성공뿐이었습니다. 실패가 있을 수가 없었습니다. 일하면 하는 대로 건설이 되고, 발전하고, 좋아지고, 아름다워질 뿐이었습니다. 참으로 일하는 것이 인생 최대의 특권이고 행복이었습니다.

그런데 아담과 하와가 범죄하니까 세상에 죄악이 들어왔습니다. 미움, 욕심, 어리석음이 생겨났고, 분별력과 판단력이 흐려졌습니다. 실천력도 없어졌습니다. 일을 해도 성공보다 실패가 많아졌고, 좋은 일보다 나쁜 일을 꾸미게 되었습니다. 일은 즐거움이 아니라 괴로움이 되었습니다. 사람들이 일은 많이 하는데, 세상은 점점 황폐하여지며 불행해질 뿐입니다. 이러한 세상을 바로잡는 길은 속죄하여 구원을 얻은 그리스도인들이 하나님의 뜻에 맞는 일을 많이 만들어 추진하는 것입니다. 그래야만 발전과 행복이 찾아옵니다.

총회는 왜 필요합니까?

하나님의 일을 만들어 추진하기 위해서입니다. 총회가 하는 일은 지금까지 해 오는 일을 반복하여 계속하는 일과 새로운 일을 개발하여 추진하는 일로 나눌 수 있습니다. 그런데 우리 총회의 허약점 중의 하나는 어떤 문제나 사건이 있을 때, 그것을 구체적으로 연구하여 한눈에 볼 수 있도록 보고서(report)를 작성하는 부서가 없다는 것입니다. 또 회원이 많아 연구 분위기가 전혀 되어 있지 않으므로 제출된 보고서를 보지도 듣지도 못한 채 지극히 정치적인 즉흥 발언에 의하여 결정되는 예가 많습니다. 더욱이 새로운 일을 연구 개발하는 기관과 부서가 없습니다. 다만 각 노회에서 올라온 안건을 처리하는 정도밖에는 하는 일이 별로 없습니다. 천수백 명이 한 주간에 막대한 비용을 들여가며 비생산적 회의만 하고 흩어지는 셈입니다.

지금, 우리 사회는 세속 문화의 영향으로 어떤 힘으로도 걷잡을 수 없을 정도로 속화(俗化) 타락하고 있습니다. 알코올 중독자, 마약 중독자, 정신 이상자, 고아, 청소년 범죄자, 노숙자, 실직자 등이 늘고, 가정 붕괴, 성적 문란, 교통사고 등 온갖 범죄적 상황이 급증하고 있는데, 우리 총회는 이런 면에 관하여 지극히 소극적 내지는 무관심 상태입니다. 전 교회가 어떻게 하여야 하는가를 연구하고, 전문가를 양성하여 활동하게 하는 면이 없습니다. 해마다 신학생들 수천 명이 졸업하고 목회 현장에 나옴으로써 개 교회 목회자 자리는 포화 상태가 되는데도 그 문제 타개하는 방법을 연구하는 기구도, 노력도 없습니다. 한국 교회가 성장 발전할수록 교회 개척은 물론이고, 사회 각 분야에 예를 들면 중독자, 노숙자, 불량 청소년, 이혼, 비혼, 동성애, 각 분야 전도의 방법을 파고들어 해결해야 할 책임이 총회에 있다고 느껴야 합니다.

일할 대상이 이렇게 많아졌는데, 총회가 계속 소극적으로 대응한다면 마치 여리고로 내려가다가 강도를 만난 사람을 피하여 지나가는 제사장이나 레위인 밖에는 되지 않습니다. 예수님이 명하시는 대로 선한 사마리아인이 되어야 합니다(눅 10:30-37).

특별히 근래 와서는 남북 관계가 평화의 방향으로 전환되고 있습니다. 이는 해방 50여 년 동안 그리스도인들이 "전쟁 없는 복음과 신앙 통일이 되게 하옵소서." 하고 간절히 드린 기도의 응답이라고 믿어집니다. 복음과 신앙 통일은 정치인이나 경제인이 하는 것이 아니라 교회와 그리스도인들이 하여야 합니다. 그러자면 총회 차원에서, 더 나아가 한국 교회 차원에서 적극적인 신앙 운동이 있어야 합니다. 이 일은 모든 그리스도인의 기도와 신앙이 뒷받침되는 복음적이고 목회적인 운동이어야 합니다. 이것도 총회가 방향을 설정하고, 다 같이 노력하여야 할 문제입니다. 이번 총회야말로 일을 만들어 추진하는 생산적인 총회가 되기를 바랍니다.

3. 사람은 남에게 주며 사는 사람, 주지도 받지도 않는 사람, 받기만 하며 사는 사람이 있습니다.

총회도 마찬가지입니다. 남에게 주는 총회가 되어야 합니다. 복음을 주고, 사랑을 주고, 물질을 주는 총회가 되어야 합니다. 받기만을 원할 때 불평, 불만이 있고, 원망이 생깁니다. 주는 생활에는 그런 것이 없고, 자비, 긍휼, 동정, 협조, 봉사 등이 있게 됩니다. 언제나 주는 것으로 큰일을 할 수 있습니다. 가령, 우리 교단의 교인 수가 200만이 넘습니다. 우리가 볼펜 한 자루씩만 남에게 준다고 해도 200만 자루를 줄 수 있습니다. 전교생이 500명인 학교 4,000곳에 줄 수 있습니다. 볼펜 한 자루는 큰 것이 아닌데, 다 같이 주니까 큰일이 됩니다. 그러나 200만 신자가 받기만을 원한다면, 아무 일도 할 수가 없게 됩니다. 남에게 주는 일은 물질의 있고 없음의 문제가 아닙니다. 줄 수 있는 마음이 있느냐 없느냐의 문제입니다.

우리 교단 상황이 지금은 많이 달라졌으리라 생각되지만, 제가 총회에서 봉사할 때는 약 절반 이상이 미자립교회였고 1/3 정도가 자립교회였는데, 남에게 베풀 여력이 있는 교회는 10% 이내였습니다. 지금 우리가 6,000교회인데 3,000 내지 3,500교회는 미자립교회이고, 자립교회는 1,500 내지 2,000교회 정도입니다. 그리고 총회가 결의한 대로 재정을 감당하는 교회는 500여 교회입니다.

총회가 결의한 부담금을 각 노회나 교회가 내지 않아서 어려움을 겪고 있는 이기풍 선교기념관 건축 문제도 꼭 개교회의 재정이 어려워서만은 아닙니다. 목회자와 당회원들이 "내 교회 일부터" 하는 정신이 강하기 때문입니다. 남에게 주는 일에 관심이 적기 때문입니다. 이런 방향대로 교회 생활을 하면, "주지도 받지도 않는 교회와 총회"가 되어 버립니다. 그렇게 되면 우리는 아무 일도 못 하게 됩니다. 기회를 모두 놓쳐 버리고 맙니다. 5백 내지 1,000교회만이 아니라 6,000교회 전체가 "주는 교회"로 체질을 바꾸어야 합니다. 북한을 비롯하여 중국, 러시아, 동구권의 구소련 국가들에 이르기까지 끝이 없을 정도로 많은 복음, 교육, 의료, 참된 그리스도의 사랑과 물질이 요구되고 있습니다.

우리 총회는 이들에게 최선을 다해 힘껏 주어야 합니다. 지금 주지 못한다면, 그들이 우리의 도움을 필요로 하지 않는 시기가 곧 옵니다. 그때는 주기가 힘들고, 효과도 나지 않습니다. 그런 의미에서 한국 교회는 줄 수 있는 많은 대상과 기회를 받았습니다. 이 줄 수 있는 기회가 바로 하나님이 주신 가장 효과적인 선교의 시기입니다. 그런데 우리 교단 목회자와 당회원, 그리고 신자들이 줄 수 있는 믿음과 마음이 되어야 합니다.

예루살렘의 초대교회 교우들은 가산 전토를 팔아 가난한 이들에게 나누어 주었습니다(행 4:32-37). 이것이 참 그리스도인입니다. 우리 한국 교회는 지난날 가난했을 때보다 재정이 부해지니까 도리어 이기적인 생각에 사로잡히는 경향이 있습니다. 총회는 교단 전체 교회와 신자가 남에게 주는 생활이 되도록 힘써야 합니다.

행 20:35 "주 예수께서 친히 말씀하신 바 주는 것이 받는 것보다 복이 있다 하심을 기억하여야 할지니라"

4. 사람은 이름과 발자취가 영원히 남는 사람, 곧바로 잊히는 사람, 폐해와 악명을 남기는 사람이 있습니다.

총회도 마찬가지입니다. 명성과 발자취가 영원히 남는 총회가 되어야 합니다.

비행기를 왜 타느냐 하면 목적지에 안착(安着, landing)하기 위해서 탑니다. 아무리 높이 떠서 빠르게 멋진 비행을 했을지라도 착륙을 잘못하여 사고가 난다면, 모두 헛수고가 됩니다.

인생도 그렇습니다. 아무리 화려하고 풍부하게 살았다 하더라도 마지막에 좋은 이름을 남기지 못한다면 실패한 인생이 되고 맙니다. 대략, 성공적인 생애는 첫째, 좋은 이름을 남기고(명성), 둘째, 모범적인 가정을 남기고, 셋째, 내내 건강하고, 넷째, 일생 힘쓰던 분야에 업적을 남기는 것을 의미합니다.

우리가 목회를 왜 합니까? 명예롭게 은퇴하기 위하여 목회하는 것이라야 성공적인 목회라 할 수 있습니다. 우리 한국 선수들이 해외에 나가 경기하는 것을 보면, 초반부터 중반까지는 꽤 잘 싸워 이기다가 후반전이나 종반전에 패하곤 합니다. 체력, 기본기, 단체 훈련, 인내력 등이 부족하기 때문입니다. 목회도 초반과 중반에는 그런대로 성공적인데, 후반에 들어서서 제대로 하지 못하여 실패하는 예를 많이 보았습니다. 역시 기본자세가 부족하기 때문이라고 생각합니다.

목회나 교회를 섬기는 자세는 두 가지가 되어야 합니다. 첫째는 그리스도께서 보스(Boss), 곧 주인이 되셔야 합니다. (골 3:22)"종들아 모든 일에 육신의 상전들에게 순종하되 사람을 기쁘게 하는 자와 같이 눈가림만 하지 말고 오직 주를 두려워하여 성실한 마음으로 하라"라고 하였습니다. 주님을 주인으로 여기는 생활을 하라는 말씀입니다. "육신의 상전들"에만 잘하려는 사람은 상전들이 없을 때는 불성실하거나 표리부동하거나 이중적일 수가 있지만, 주님을 상전으로 모시는 사람은 항상 성실하게 됩니다.

둘째는 풀타임(full-time) 그리스도인이 되어야 합니다. 두 가지 신자가 있습니다. 하나는 파트타임(part-time) 신자이고, 다른 하나는 풀타임 신자입니다. 가령, 부부 관계는 풀타임 관계입니다. 만약 아내에게 "집에 들어오면 당신만 사랑하겠소. 밖에 나가서는 다른 여자를 사랑해도 신경 쓰지 마시오."라고 하는 사람이 있다면, 제대로 된 남편이라고 할 수 있습니까? 남편과 아내는 어디에 있거나, 보고 있거나 보지 않거나 항상 남편이고 아내이어야 합니다. 그리스도인들도 풀타임 그리스도인이어야 합니다.

　이렇게 주님을 주인으로 모시며 풀타임 의식이 분명한 그리스도인들이 총회 사업을 하여야 명성과 업적이 영원히 남는 총회가 됩니다.

　이번 제85회 총회(2000년)에서는

하나님 앞과 민족에 꼭 필요한 총회가 되도록 힘쓰십시다.

새로운 하나님의 일을 만들어 추진하는 총회가 되게 하십시다.

필요한 일을 위해 주는 총회가 되게 하십시다.

거룩하고 좋은 이름과 발자취가 영원히 남는 총회가 되도록 하십시다.

교회와 신학교는 바다와 배의 관계와 같습니다. 교회는 바다요 신학교는 배입니다. 바다에는 배가 있어야 하고, 배를 위해서는 바다가 필요합니다. 교회는 신학교를 세워야 하고, 신학교는 교회를 위해 존재해야 합니다. 교회 없이 신학교가 많아지는 것은 바다 없이 배만 많아지는 격입니다. 이는 백해무익(百害無益)한 현상입니다.

신학교는 그 기능이 양면적입니다.

첫째가 교회의 요청을 수용하고, 그 요청에 부응하는 것입니다.

만약 교회 요청을 받아들이지 못하거나 요청에 미흡한 실정이라면, 교회의 수요(需要)에 맞게 공급(供給)할 수 없게 됨으로써 신학교는 그 존재 의미가 없어지게 됩니다.

둘째로 신학교는 교회를 리드(lead)하는 기능이 있습니다.

신학의 방향은 교회가 지향하는 목표와 같아야 합니다. 그런 의미에서 신학교는 교회의 역할과 발전에 절대적인 영향을 끼치는 중요한 기관입니다.

그중에서도 **가장 중요한 점은 목회자 양성 기관이라는 점입니다.**

이는 사관학교가 유능한 장교를 배출해야 나라에 강한 군대가 이루어지는 것과 마찬가지입니다.

교회가 신학교에 기대하는 것

교회가 신학교에 기대하는 바는 한둘이 아니지만, 중요 임무인 목회자 양성에 대하여 몇 가지만 열거하겠습니다.

신학(Theology, Theologia)이란 말은 어원적으로 보면 Theos(θεός)와 logia(λόγια)의 합성어로서 하나님에 관한 논술, 이야기(God-talk)를 말합니다. 이 말을 처음 사용한 사람은 플라톤이었으며, 이후 희랍 철학자들이 사용한 '신학'이라는 개념은 신들에 관한 서사시 내지는 설화들과 이에 대한 철학적 해석을 뜻하였습니다. 어거스틴은 신학을 "신성에 관한 이론 내지 연설"(de divinitate ratio sive sermo)이라고 정의하여 신론 특히 삼위일체에 관한 것을 의미하였습니다.

첫째, 하나님의 종이 명확한 목회자를 양성해 주기를 기대합니다.

학문적 용어 '신학'에 '학교'를 붙여 '신학교'(神學校)라고 하는데, 우리 한국 교회는 정확히 '하나님 학교'라고 해야 맞습니다. 삼위 하나님의 종을 키워 목회하기 위해 세운 학교입니다. '하나님 학교'를 처음 세워서 본을 보여 주신 이가 삼위 하나님 중의 한 분인 예수님이십니다. 예수님께서는 쓰실 사람을 일일이 택하여 부르셨습니다. 그리고 그들이 회개하고 예수님을 믿어 영을 죄에서 구원 얻게 하셨습니다.

그리고 신학에도 시대의 조류가 있다고 할 수 있습니다. 조직 신학 중심 시대가 있었는가 하면, 성서 신학 시대, 역사 신학 시대, 기독교 교육학 시대, 실천 신학이 특별히 강조된 시대 등이 있어 왔습니다. 근간에 와서는 조직 신학이나 성서 신학보다는 현상학(現象學)에 치우치다 보니 신학적 배경은 약화되고, 현실 적응에 관심을 두는 목회가 되어 가고 있습니다.

참 목회자는 예수님의 삼중(三重) 직분 그대로 우선 선지자적이어야 합니다. 즉 풍부한 성경 지식과 학문을 겸비하여 하나님 말씀의 진리를 능력 있게 선포하는 자가 되어야 합니다. 또 제사장적이어야 합니다. 대도(代禱)와 경건과 상담과 치유자로서 신자들의 생활이 변화되도록 하는 역할을 하여야 합니다. 또 왕 같아야 합니다. 목회적 통치와 행정자로서 권위가 있어야 하는 것입니다. 그중에서도 생명의 말씀을 능력 있게 전하는 일이 근본 직무입니다.

지금 미국에서 새로운 목회로 선풍을 일으키고 있는 새들백교회의 릭 워렌 목사는 "'전통이 이끌어 가는 교회, 인물이 이끌어 가는 교회, 재정이 이끌어 가는 교회, 건물이 이끌어 가는 교회, 프로그램이 이끌어 가는 교회'는 날마다 쇠하여 죽어 가는 교회가 된다. 복음의 진리라는 '목적'

이 살아 움직이며, 그것이 이끌어 가는 교회만이 성장하고 발전한다."라고 주장합니다. 그리하여 새들백교회는 재래의 전통적인 형식으로 예배드리지 않고, 지극히 자유로우면서도 생동감 있게 드립니다. 전통적인 안목으로 보면, 깜짝 놀라리만큼 혁명적인 개혁을 하고 있는 것입니다. 그런데 그들의 교회는 놀라울 정도로 건강하게 성장하고 있습니다. 그것은 그의 주장대로 복음적인 진리가 살아 움직이고 있기 때문입니다.

우리 한국 교회도 이런 개혁이 절대적으로 필요합니다. 한국 교회 안에도 말씀이 살아 움직이고, 말씀을 중심으로 예배 형식을 고쳐 가는 교회들이 서서히 늘어 가고 있습니다. 그러나 근간 배출되는 목회자 중에 일부는 신학은 없이 기교(技巧)와 방법에만 관심을 두어 현대인들의 취향에만 편중하다 보니 '노래방 교회'에 '코미디 설교'라 할 정도로 단순히 사람을 끌어 보려는 '목회 아닌 목회'의 모습이 보이기도 합니다. 노래방은 일생 뼈를 묻을 만한 장소가 되지 못합니다. 시설을 더 잘해 놓은 곳이 보이면, 언제라도 옮겨 다녀야 노래방으로서의 만족을 얻게 됩니다. 교회는 영을 살리는 생명의 말씀이 넘칠 때만 뼈를 묻고 대대로 지켜 가는 곳이 됩니다.

릭 워렌 목사의 "교회는 성장을 목표로 하기보다, 건강한 교회가 되어야 한다. 교회는 생명체이기 때문에 건강하면 성장한다."라는 주장은 전적으로 옳은 말입니다. 한국 교회 모든 신학교는 자타가 인정하는 복음적 신학의 요람이 되어야 합니다.

신학교 출신 목회자들에게서 이 복음적 신학이 몸에 배어 있음을 확인할 수 있어야 합니다. "신학이 불투명하다. 회색빛 신학이다. 신학의 정체를 알 수 없다. 신학의 주소가 명확지 않다." 등의 인상뿐이라면 거리에는 찬송가를 부르는 노래방만 늘어 가기가 쉽습니다. 이것은 교회 현장의 기대와는 동떨어진 것입니다. 날이 갈수록 현장에서는 복음적 신학으로 무장한 목회자들에 대한 기대가 높아지고 있습니다.

둘째, 유능하고도 건전한 목회자를 배출해 주기를 기대합니다.

목회자는 영력(靈力), 능력, 지혜, 사랑의 힘, 경건의 힘, 정직과 성실, 지식의 힘, 실천력, 덕의 힘, 감화력, 인내력, 판단력, 실력, 기억력, 활용(응용)력, 창의력, 결단력, 통찰력, 통치력, 통솔력, 정열적인 열심, 융통성과 아량, 포용력, 체력 등의 요소를 갖추어야 하는데, 신학교에서 이 중에 얼마만큼의 힘을 배양해 주고 있는가 하는 것이 문제입니다.

머리에 지식만 넣어 주고서 모든 힘을 다 갖추어도 감당하기 힘든 목회 현장에 내보낸다면, 노련한 당회원과 성숙한 교인에 미숙한 목회자로 불협화음이 날 수밖에 없습니다. 이렇게 되면 목회자는 목회의 의욕이 떨어져 목회 기피증(忌避症)이 생기기 쉽고, 교회는 분쟁과 분열 등 인간의 추태만 드러내게 됩니다.

더욱이 교역자를 비롯한 전 기독교에 세속화의 물결로 인해 초비상령이 내려졌습니다. 서구의 교회들이 약화된 것은 바로 세속에 물들어 버린 문화 때문입니다. 세속 문화가 기독교인 개인과 가정에 숨어들고 교회와 교역자에게까지 파고들어 술, 담배는 이미 문제도 아니고, 이혼은 불가피한 것(?)이 되어 버렸으며, 동성연애자 목사를 인정하자는 데까지 이르게 되면, 교회는 세상과 다를 것이 없어지고 교회의 교회다운 생명은 죽게 되고 말 것입니다.

서구 교회를 약화시킨 저 세속 문화가 이제는 한국 교회를 공략하기 시작했습니다. 새로 배출되는 목회자들에게 이 세속의 물결을 이겨 낼 힘이 있습니까? 벌써 몇몇 목회자가 이 물결을 이기지 못하여서 교회가 시끄러워지고 무너지고 있습니다. 더욱 놀라운 것은 그렇게 실패한 목회자를 옹호하며 두둔하는 교인들이 있다는 것입니다. 이는 교인들 사이에 세속화가 널리 진행되고 있다는 증거입니다.

한국 교회가 승리하려면, 목회자와 교인들이 이 세속화의 물결을 이겨 내야 합니다. 한마디로 성령 충만하면 염려할 것 없이 능력 있는 목회를 할 수 있습니다. 교회와 신자는 성령 만능을 몸으로 체험하여야 세속을 비롯한 모든 죄악을 이길 수 있습니다. 신학교가 성령 충만은 약화되고 신학 연구를 제일로 집중하게 되면서, 교회가 약화되고 병들기 시작했습니다. 단순히 신학만으로는 교회도, 신자도 살아날 수 없습니다. 한마디로 성령 충만 신학이 되어야 능력이 나타납니다. 성령 없는 신학은 신학이 아니고, 신학 없는 목회는 목회가 아닙니다. 신학교는 이러한 교회의 요구를 만족시킬 목회자를 양성해야 합니다.

셋째, 사랑과 봉사의 훈련이 된 목회자를 보내 주기를 기대합니다.

목회자는 지도자인 동시에 섬기는 종입니다. 세상에서는 지도자면 지도자이고, 종이면 종일 뿐인데, 목회자는 양면을 겸하기 때문에 어렵습니다. 어떤 이는 "목회자는 하나님 앞에서는 종이고, 교인들 앞에서는 지도자이다."라고 말합니다. 이렇게 되면 목회자가 이원론적(二元論的)인 존재가 됩니다. 그러나 성경이 말씀하는 것은 철저하게 일원론적(一元論的)입니다.

(요일 4:20)"보는 바 그 형제를 사랑하지 아니하는 자는 보지 못하는 바

하나님을 사랑할 수 없느니라"라는 성경 말씀은 진리입니다. 사람을 사랑하지 아니하면서 하나님을 사랑할 수는 없습니다. 사람 앞에서 회개하지 않으면서 하나님 앞에서만 회개한다는 것은 있을 수 없습니다. 사람 앞에서 정직하지 않으면서 하나님 앞에서 정직할 수는 없습니다. 마찬가지로 사람을 섬기지 않으면서 하나님을 섬긴다는 것은 있을 수 없습니다. 예수님께서는 (마 20:27)"너희 중에 누구든지 으뜸이 되고자 하는 자는 너희의 종이 되어야 하리라"라고 하셨고, (마 7:12)"무엇이든지 남에게 대접을 받고자 하는 대로 너희도 남을 대접하라"라고 하셨습니다. 또 (요 13:15)제자들의 발을 친히 씻기시고 나서 "내가 너희에게 행한 것같이 너희도 행하게 하려 하여 본을 보였노라"라고 하셨습니다. 남의 발을 씻기는 것은 종이 하는 일입니다. 예수님께서 (마 20:28)"인자가 온 것은 섬김을 받으려 함이 아니라 도리어 섬기려 하고 자기 목숨을 많은 사람의 대속물로 주려 함이니라"라고 하셨습니다. 목회자는 하나님 앞에서나 사람 앞에서나 전적으로 종입니다. 일원론인 것입니다. 사랑으로 봉사해야 비로소 목회자의 자세가 됩니다. 만약 교인들 앞에서 군림하는 자세라면, 예수님의 명을 받은 목회자가 아닙니다.

그러면 목회자의 지도력은 어디서 나타나며 어떻게 행사해야 합니까? 첫째는 하나님의 말씀을 하나님의 뜻대로 전해야만 지도력이 나타납니다. 교회는 하나님께서만 주장하셔야 합니다. 그러므로 언제나 하나님의 말씀을 바로 전하여야 하나님의 지도를 받게 됩니다. 둘째는 교회의 모든 일, 작은 행정적인 일까지도 하나님의 뜻대로 행사하는 지혜가 있을 때 지도력이 나타납니다. 셋째는 목회자가 예수님처럼 교인들을 사랑하고 봉사를 실천할 때 지도력이 나타납니다.

그런데 문제는 우리 목회자들이 하나님의 뜻대로 말씀을 전파하는 일이나 목표와 방향을 올바르게 설정하는 명석한 지혜가 심히 부족할 뿐 아니라 도리어 지도자적 자세로 군림하기만 한다는 것입니다. 그러다 보니 사랑으로 봉사하는 생활이 없게 됩니다. 교인들은 목회자를 닮게 되어 있습니다. 점점 교회가 냉랭해지고, 사랑도 겸손도 봉사도 메마른 교회 아닌 교회가 되고 맙니다. 그런 목회자는 단지 직업인이 아니면 교회 관리, 운영, 경영자밖에 되지 않습니다. 목회자라고 할 수 없습니다.

우리 사회에서 가장 큰 결핍은 사랑과 봉사입니다. 목회자는 예수님의 참사랑과 봉사를 실천해야 합니다. 나아가 모든 그리스도인과 교회는 보다 지적이고 사회적인 사랑을 실천하여 사회에 문화적 가치를 형성해 가는 사명을 가지고 있습니다. 신학교는 목회자의 양성을 통하여 시대적 사명을 감당하여야 합니다.

해결 방안

교회가 신학교에 기대하는 바를 충족하려면

첫 번째로, 총장과 교수들의 생활 교육(leadership)이 필요합니다.

하버드를 위시하여, 프린스턴, 옥스퍼드, 튀빙겐 등 전 세계 유명 대학 및 무명의 신학교가 무수히 많지만, 과거와 현재뿐 아니라 미래까지 포함하여 모든 신학교의 표본이 되는 신학교는 오직 **예수님이 친히 설립자 총장 겸 교수가 되어 학생 12명을 가르치신 제1대 신학교입니다.** 이 신학교는 건물 하나 없었지만, 로마 제국을 비롯하여 온 세상을 구원해 내는 가장 능력 있는 목회자들을 배출하였습니다. 그 비결은 오로지 총장 겸 교수가 되신 예수님께서 직접 교육하셨기 때문입니다.

예수님의 교육은 첫째는 **피교육자의 영적 생명을 살려주는 교육**이고, 둘째로 **하나님을 신앙하는 참 믿음을 불러일으키는 교육**이며, 셋째는 **진정으로 사람을 사랑하는 교육**입니다. 넷째로 **복음을 들고 어디든지 갈 수 있는 사명감을 일으키는 교육**입니다. 즉 목숨까지도 바치는 제자로 만드신 것입니다. 어느 신학교든지 예수님의 교육 방침대로 하는 것이 가장 올바른 신학 교육입니다. 교육은 건물과 시설, 커리큘럼보다 누가 가르치는가가 중요합니다. 특별히 신학 교육에 있어서는 총장과 교수가 가장 중요합니다.

우리 인간이 예수님과 똑같기를 바랄 수는 없지만, 총장과 교수 자신이 살아있는 영적 생명의 소유자로서 철두철미한 참 믿음이 있으며 사람을 사랑하는 마음으로 봉사를 실천하는 사명 의식이 철저할 때, 이런 요소가 전달되는 것이 신학 교육입니다. 신학 교육은 지식의 전달이 아닙니다. 훗날 목회 현장에서 교수가 가르친 말(言語)이 남는 것이 아니라 그 교수에게서 느끼고 볼 수 있었던 생활과 본(本)이 남습니다. 교육 여건이 아무리 완벽하게 갖추어져 있어도 이러한 총장과 교수가 없다면, 신학 교육은 실패합니다. 신학 교육의 성공과 실패의 열쇠는 총장과 교수에 있습니다. 예수님께서 제자들을 교육하신 것과 똑같은 방식으로 총장과 교수가 신앙적·인격적 삶의 교제를 통해 신학생들에게 본을 보이는 구체적인 교육이 이루어져야 합니다.

바울 사도는 (고전 11:1)"내가 그리스도를 본받는 자가 된 것같이 너희는 나를 본받는 자가 되라"고 하였습니다. 바울 사도는 예수님을 '본받았다'고 하였는데 '본받는다'의 헬라어 미메테스는 '바울은 없어지고 예수님처럼 사는 닮음'이 되었다는 뜻입니다. 신학생들이 총장과 교수를 통하여 예수 그리스도가 미메테스 되어야 합니다. 신학교를 발전시켜야 할 책임이 있는 신학교 당국과 총회는 총장과 교수에 가장 초점을 두어 목적이 계속 달성되도록 인선(人選)도 하고 노력도 하고 협조도 하여야 합니다.

두 번째로, 신학생의 질적 변화와 향상이 필요합니다.

신학생의 신학교 지원 동기가 하나님의 소명(召命)보다 자기의 선택에 의한 경우가 있습니다. 제가 신학교 신학대학원 졸업반에서 강의할 때 1학기 혹은 2학기쯤 되어 "목사님, 저는 신학교에 잘못 온 것 같습니다."라고 하며 상담을 요청해 오는 학생이 간혹 있었습니다. "왜 그렇게 생각하느냐?"라고 물으면, "목사님의 강의 내용하고 저는 거리가 멉니다."라고 말합니다. 문제가 심각합니다. 목회 현장에 나갈 졸업반인데, 이제 와서 소명에 대한 회의(懷疑)가 생기는 것은 참으로 문제입니다.

신학생의 지원 동기를 살펴보면,

첫째, 전도와 선교를 많이 하기 위해 신학교에 오는 학생이 있습니다. 그리스도인이면 누구나 전도와 선교에 힘써야 하는 것이지 꼭 신학교에 와야 하는 것은 아닙니다.

둘째, 성경을 많이 배우기 위해 신학교에 온 학생도 있습니다. 성경을 배우는 것이 목적이라면 구태여 신학교에 오지 않아도 되었을 것입니다.

셋째, 일생을 거룩하게 살기 위해 신학교에 왔다는 학생이 있습니다. 신학교에 오지 않아도 거룩한 삶을 살아야 합니다.

넷째, 교회 봉사를 많이 하고 싶어서 신학교에 왔다는 학생이 있습니다. 봉사를 직업으로 하지 않는 것이 도리어 더 많이 순수하게 봉사하는 길입니다.

다섯째, 하는 일마다 실패하므로 하나님께서 신학교에 가라고 하시는 뜻인 줄 알고 왔다는 학생이 있습니다. 인생의 패배를 보충하기 위한 목회라면 출발부터 잘못되었습니다.

여섯째, 성격이 난폭하고 못되어서, 혹은 정신에 이상이 생겨서 신학교에 오면 고쳐질까 하여 부모가 보냈다는 학생도 있습니다. 남의 심령은 생각지 않고, 내 자식만 생각하는 이기적인 태도의 극치입니다.

일곱째, 공부는 하지 않고 술이나 마시며 불량해져서 혹시 '사람'이 될까 하여 어머니가 보냈다는 학생도 있습니다. 목회와 전혀 상관없는 신학교 지원은 방향이 잘못되어도 한참 잘못되었습니다.

여덟째, 다른 직장의 정년을 마치고, 여생을 주의 종으로 살기 위해 왔다는 학생도 있습니다. 신학교를 인생 소일하는 곳으로 잘못 보았습니다.

아홉째, 목사는 보람 있고 영광스러운 직업이니까 택했다는 학생이 있습니다. 직업 조건을 잘못 보았습니다. 며칠 가지 못해 힘을 잃게 될 것입니다. 이런 사람들은 신학교에 와서는 안 됩니다.

열째, 오로지 하나님의 부르심을 받고는 자신의 부족함을 절실히 느껴 '감히' 감당할 수 없다고 두려워 떨며 사양하였으나 강력한 하나님의 뜻에 불복종할 수 없어서 온전히 순종하기로 결단하고 왔다는 학생만이 바로 온 것입니다. 구약의 모세(출 3:11-12), 여호수아(수 1:1-9), 기드온

                                        목회백화

(삿 6:14-16), 예레미야(렘 1:4-9), 신약의 베드로(눅 5:1-11), 바울(행 9:1-22) 등은 모두 하나님의 부르심을 받았을 때 두려워 떨며 피하려고 하였습니다. 그러나 하나님께서 "내가 너와 함께할 것이니라."라고 친히 보장해 주셔서 나섰습니다. 그들은 고난과 핍박과 오해와 희생을 겪으면서도 오로지 하나님의 뜻에 완전히 순종하며 목숨까지 바쳐 충성하였습니다. 이것이 목회자의 길입니다. 목회는 하나님의 일입니다. 하나님께서 택하셔서 하나님이 함께하시며 힘주셔야 감당하는 직분입니다. 만약 하나님의 뜻은 알지도 못한 채 자기 편의대로 결정하였다면, 그것은 "하나님의 일"이 아닌 "나의 일"입니다. 목회가 될 리 없습니다.

신학교는 하나님께 소명을 받은 학생만 와야 합니다.

동기가 바르다고 하여도 출발에 불과합니다. 구약의 모세도 신약의 바울도 극적인 회개와 혁명적인 헌신을 하였지만, 초반에는 미숙하여 오는 실패가 많았습니다. 신앙도 선교와 목회도 날이 갈수록 점점 성숙해 갔습니다. 말기에 가서는 위대한 지도자로서 엄청난 역사(役事)를 이루었습니다. 부단히 성장하고 발전해야 감당할 수 있습니다. 신학교 3년 동안에 괄목할 만한 변화와 성장을 이루어야 합니다.

목회자에게 최대의 원수는 나태(懶怠), 곧 게으름입니다.

목회 중에 가장 힘든 것은 자기와의 싸움입니다. 자기와의 경쟁에서 승리할 때 비로소 목회가 됩니다. 전보다 더 향상하고 발전할 때 비로소 목회가 올라가고, 자기와의 경쟁에서 후퇴하기 시작하면 목회는 내려갑니다. 그 공백을 약간의 경험이나 인간적인 수단으로 메워 보려고 하나

참 목회는 되지 않습니다.

생명에 관한 것은 쉬지 못하게 되어 있습니다. 호흡이나 심장 박동(博動)은 쉬지 못합니다. 목회는 생명에 관한 활동이요 사명입니다. 쉬면 안 됩니다. 병이 들어도 안 됩니다. 더욱 건강하게 계속 열심히 감당해야 합니다. 날이 갈수록 더욱 건강한 목회자의 신앙과 정신과 생활과 활동을 체험하는 데서 신자들이 튼튼해지고, 신뢰와 협력과 순종과 헌신과 충성이 이루어져 갑니다. 신학생 시절에는 이런 요소가 이루어져야 하는 것입니다.

세 번째로, 신학교의 환경과 분위기가 갖추어져야 합니다.

신학교는 어디까지나 목회자 양성에 유익하도록 운영되어야 합니다. 신학교 3년 동안에 목회자로서의 기품과 생활이 몸에 배게 되려면, 신학교 캠퍼스가 교회 같은 분위기가 되어야 합니다. 그러려면 다음 것들이 필요합니다.

첫째, 수도원적인 요소가 있어야 합니다. 아침에 일어나서 저녁에 누울 때까지의 일과에서 기도, 묵상, 성경 읽기, 가정 예배, 식사 예절, 독서, 봉사 등 목회자의 생활 습관을 훈련받아야 합니다.

둘째, 강의실 분위기가 일반 대학 강의실과는 달라야 합니다. 기도로 시작하여 기도로 마치되 마치 당회나 제직회를 하는 듯한 분위기가 있어야 합니다. 교수보다는 목사로서의 입장이어야 합니다. 학생보다는 교회 직분자의 자세로 교회의 각 부서 분위기에 익숙해질 수 있도록 훈련되어야 합니다. 필요하면, 클래스별로 장로와 집사 투표를 연습도 해 보아야 하고, 모의(模擬) 연말 당회도 해 보아야 합니다.

셋째, 새로운 분야의 전문가를 양성해야 합니다. 일반적으로 당회장 공부를 하는 셈인데, 현대 사회가 급격히 변화하고 있으므로 목회 분야 또한 다양해질 수밖에 없습니다. 알코올·마약 중독자, 불량 청소년, 미혼모, 독신자, 장애인 등을 위한 사역과 도박 중독, 사회봉사, 정신 질환의 치유 등 여러 방면의 연구가 필요합니다. 현재 목회 현장에는 이런 새로운 분야의 전문성 있는 지도자가 없습니다. 신학교에서 전문 지식을 가르치면서 실습시켜야 합니다.

넷째, 인턴십(internship), 곧 실습 과정이 있어야 합니다. 신학생 시절에 교회에서 교육을 담당하여 지도 경험을 쌓는 이는 다행이지만, 목회 실습을 전혀 해 보지 못하고 졸업하는 학생이 있어서는 안 됩니다. 실천과에서 단기 실습을 힘써 위촉하는 방법으로라도 실시해야 합니다.

다섯째, 명실상부한 목사 학교가 되어야 합니다. 현재는 대학 과정과 함께 캠퍼스를 나눠 쓰고 있습니다. 일반 캠퍼스 분위기밖에 나지 않습니다. 목사가 될 사람들에게 영력과 경건을 키워 주기에 적합한 신학교, 즉 명실상부한 목사 학교 캠퍼스를 만들어야 합니다.

여섯째, 교회와 교류해야 합니다. 지금은 개교회와의 교류가 별로 없는데, 예배, 행사, 친교, 세미나 등을 통한 교류가 많을수록 좋습니다.

일곱째, 총회에 보고하는 것이 중요합니다. 신학 교육의 방향, 수시로 변하는 목회 현장의 상황 및 요구 사항들을 구체적으로 연구해야 합니다. 특히 한국 신학의 특성을 논문 형식으로 총회에 자세하게 보고하는 것이 중요합니다.

기대와 전망

목회 교회 현장에서는 복음적 신학과 신앙을 갖춘 목회자, 각 방면을 두루 갖춘 건전하고도 유능한 목회자, 사랑과 봉사를 실천하는 겸손하고 부지런한 목회자를 요구하며 신학교에 이것을 기대합니다. 지구촌 시대에 하나님께서 한국의 많은 목회자를 크게 쓰시리라 확신합니다. 한국 교회에는 무궁무진한 인재 자원이 있습니다. 이러한 면에서 한국의 많은 신학교 중에 우리 교단 신학교가 가장 표본적인 목회자를 양성하는 목사 학교가 되기를 기대합니다.

촛불 시위와 한국 교회

새 정부가 들어서자마자 미국 쇠고기 수입 반대 촛불 시위가 확산되어 진통을 겪고 있습니다(2008년 당시). 이런 상황에서 한국 교회는 어떤 태도와 자세를 가져야 하는가로 의견이 분분합니다. 물론 명확한 정답이 있다고 보지는 않습니다. 그래서 더욱 고통스럽습니다. 바로 이것이 우리나라와 사회가 안고 있는 풀기 힘든 문제요 상황입니다.

그러나 한국 교회는 이런 상황 속에서도 그중 최대치(最大値)의 길을 찾을 수밖에 없습니다. 이것이 어쩔 수 없는 또 하나의 사명이기도 합니다.

첫째, 촛불 시위는 매우 행복한 사회의 건강한 표현입니다.

시민이 집권 정부를 향해 "싫다." "원하지 않는다."라고 거리에서 공공연하게 자유롭게 외치며 마음껏 표현하는 것은 자유 민주주의 사회에서만 할 수 있는 특권이기 때문입니다. 특히 대통령을 비난하는 말을 아무나 할 수 있는 나라와 사회는 세계적으로도 그리 많지 않기 때문에 우리 사회가 그만큼 정치적으로 크게 발전하였음을 증명하는 것입니다.

지난날 한국 교회는 우리나라가 이런 날을 맞이하게 하려고 음으로 양으로 많은 기도를 드렸고, 온갖 희생을 치르며 힘썼던 것입니다. 자유 민주주의 사회가 더욱 발전하려면, 앞으로도 한국 교회가 계속 힘써야 합니다.

아직은 일반 국민이 자유가 귀한 줄은 알고, 또 자유를 쟁취하려는 투사도 많지만, 참 자유를 누릴 만큼의 능력을 가지지 못해서 도리어 고귀한 자유를 방종과 세속화와 타락과 범죄에 쓰는가 하면, 불순 세력이나 정치적 음모와 책동에 악용당하는 부작용이 일어나 눈살을 찌푸리게 하며 또 사회에 막대한 손해를 입히는 실정이지만, 이런 것도 고쳐 나가야 하는 것이 또한 교회의 책임이라고 여겨집니다.

둘째, 한국 교회와 목회자는 하나님을 향한 신앙적 보수와 사람을 상대하는 진보적 생활로 보조를 맞추어야 한다고 확신합니다.

우리 사회는 이념적으로 좌익과 우익으로 나뉘어 있습니다. 사상적으로는 보수와 진보로 갈라져 있습니다. 정치적으로는 여당과 야당으로 대립하고 있습니다.

촛불 시위가 처음에는 순수해 보였으나 곧바로 이런 대립 세력들의 각축장(角逐場)으로 변질되는 것을 피할 수 없습니다. 일반 사회는 이를 당연하게 받아들이는 입장과 상황이지만, 교회나 목회자가 진보와 보수로 따로따로 거리로 나선다는 것은 교회 자체를 혼란하게 하는 것이고, 사회가 교회를 이해할 수 없게 하는 자가당착(自家撞着)이 됩니다.

교회는 보수적인 교인도 진보적인 교인도 함께 신앙생활 하는 곳입니다. 여당 신자도 야당 신자도 함께 신앙생활을 하는 곳입니다. 심지어 좌익도 우익도 한 장소에서 함께 예배를 드립니다. 우리는 예수님을 믿는 신자로서 예수님만 본받고 따라야 합니다.

예수님은 하나님을 향한 신앙과 사명으로 십자가를 지실 정도로 극보수적이셨습니다. 그러나 대인관계는 바리새인의 집에도 세리의 집에도 심지어 사마리아 여인에게까지도 똑같이 대하실 정도로 극진보적이셨습니다. 바울 사도도 예수님을 본받아 하나님을 향한 신앙과 사명은 극보수적이었습니다. 그것을 지키기 위하여는 감옥에 갇혀도 양보하지 않았고, 순교하면서까지 굳건히 지켰습니다. 그러나 대인관계는 극진보적이었습니다. (고전 9:20-23)유대인에게는 유대인처럼, 율법 없는 자에게는 율법 없는 자같이, 율법 있는 자에게는 율법 있는 자처럼, 약한 자에게는 약한 자처럼, "여러 사람에게 여러 모습이 된 것은" 많은 대상을 구원하기 위함이라고 했습니다.

한국 교회와 목회자가 예수님과 바울 사도처럼 하나님을 향한 신앙과 사명에 있어서는 보수적이고, 대인관계에 있어서는 진보적으로 생활하면 교회 내 갈등은 없어지고, 사회 각계각층을 구원하는 데 지난날과 같은 보수와 진보의 갈등으로 인한 걸림돌은 없게 될 것입니다.

셋째, 한국 교회와 목회자는 철저하게 하나님 나라의 백성으로 살면서 세상 이념(사상)과 정치를 초월하여 화해의 주역이 되어야 합니다.

남북 분단은 전쟁 충돌로 이 민족을 피투성이로 만들었습니다. 남북은 아직도 무장 대치 상황에 있으며 서로를 적대시하는 증오와 상대를 파멸시키려는 투쟁 심리가 날이 갈수록 심화되고 있습니다. 분단의 병마

(病魔)는 남북 대립만이 아닙니다. 마치 암세포가 전신에 퍼지듯이 대립과 갈등과 투쟁이 우리 민족의 모든 방면에 깊이 뿌리내렸습니다. 그러므로 평안한 곳이 없습니다.

이번 촛불 시위에도 겉으로 나타난 미국 쇠고기 수입 반대보다 심리 속에 퍼져 있는 분열과 투쟁의 보이지 않는 암세포가 발현하여 걷잡을 수 없을 정도로 악화되고 있는 것입니다. 우리 민족은 이 난치병을 고쳐야 살게 되어 있습니다. 이 병을 고쳐야 할 사명은 한국 교회에 있습니다.

그렇게 하자면 먼저 한국 교회와 목회자는 내 교회 안에서 목회의 대상을 보수와 진보, 여와 야, 좌익과 우익을 초월하여 다 같이 하나님 나라의 백성으로 맞이하는 목회를 해야 합니다. 예수님이 오셔서 (마 4:17) "회개하라 천국이 가까이 왔느니라"라고 하신 대로, 우리 민족을 하나님 나라의 백성으로 만들어 하나님 나라를 세우는 목회로 민족을 화해시키는 운동을 해야 삽니다. 이것이 참 목회의 본질인 동시에 병든 우리 사회를 치유하는 유일한 길이요 희망입니다. 교회나 목회자가 한쪽 편에 서서 밖에 나가 운동하는 일은 죄인을 회개시켜 하나님 백성을 만드는 일과는 아무런 관계가 없는 세상일이 되기 때문에 끝이어야 할 것입니다.

한국 교회의 절대다수 신자와 한국 사회는 어떤 이유로든지 양분 투쟁이나 분열은 원하지 않습니다. 물론 필요치도 않습니다. 지난날 6·25 우리 시대에 투사적인 지도자들이 신학, 교리, 보수, 진보를 이유로 교회를 사분오열(四分五裂)시킨 것을 모두 깊이 회개하였습니다. 다시는 분열을 재범(再犯)하여서는 용납 받을 수 없습니다.

단지 한국 교회가 3·1운동 때와 6·25전쟁 같은 민족 멸망의 위기가 왔거나 사립학교 법 개정 반대 운동 때와 교회의 본질인 계명을 지키기 위해서나 선교권 침해를 막기 위한, 즉 하나님을 향한 신앙과 사명이 침해당할 때는 어느 한 편이 아니라 한국 교회 전체가 하나 되어 거리로 나서서라도 지켜야 할 것입니다. 그밖에는 어떤 경우에도 자체 분열을 극복하여야 합니다.

물론, 자유 민주주의 사회에서 사회 참여를 금기시하는 것은 아닙니다. 다만 한국 교회와 목회자는 이 민족을 하나님 나라의 백성으로 배출하는 데 전념하고, 그 하나님의 백성들이 정치·경제·교육·문화·사회·예술 각계각층에 퍼져 하나님 나라 건설에 빛과 소금의 역할로 힘쓰면 됩니다. 교회 자체는 하나님 백성을 만드는 데 전념하는 것이 옳습니다.

넷째, 한국 교회와 목회자는 이 민족의 영(靈)을 살리기 위한 일에 집중해야 합니다.

우리나라가 해방 당시 1인당 GNP(국민총생산)가 60불이었던 것이 오늘날(촛불 당시) 2만 불을 바라보게 되었습니다. 부자가 된 것입니다. 그런데 대낮에 유흥비에 쓸 돈을 빼앗기 위해 이웃을 죽이는, 즉 남의 생명을 내 유흥만큼도 귀하게 생각하지 않는 범죄 사회가 되어 가고 있습니다. 보이는 물질적 발전은 있었지만, 보이지 않는 정신적·영적 방면은 도리어 크게 후퇴하였기 때문에 부패와 타락과 범죄가 급증하게 된 것입니다.

사회가 이렇게 된 데는 교회의 책임이 매우 큽니다. 교회가 영을 죄에서 구원하는 본연의 사명을 감당하지 못한 책임도 있지만, 그보다 그동안 우리 민족을 가난에서 건지겠다는 현실 구원에 집착하여 교회가 도리어 물질적 축복을 강조하며 영적 구원을 소홀히 한 잘못이 없지 않습니다.

이제는 한국 교회와 목회자가 남북한 동포의 심령을 살리고 구원하는 일에 전적으로 집중해야 합니다. 이 일에 성공하면 촛불 시위는 자유 민주 발전을 향한 과정이 되지만, 구령(救靈)에 실패하면 촛불 시위는 점점 더 확산되어 자유 민주를 해치는 자멸의 독소가 될 수도 있습니다. 한국 교회에 있어서 심령 구원은 하나님께로부터 받은 급선무이기도 하고, 근원적인 문제이고, 절대 사명입니다.

확신합니다! 하나님께서는 한국 교회를 사용하셔서 남북한의 심령을 구원할 수 있도록 섭리하시고 준비까지 해 주셨습니다. 그리고 나아가서 지구촌 각 족속에게 복음을 증언하는 민족으로 사용하실 것으로 믿습니다. 이제는 한국 교회와 목회자가 이 중대 사명에 집중하여 하나님의 뜻을 이루도록 하십시다!

그때도 지금도 반공, 애국, 민주주의, 사회봉사

1975년, 제가 대한예수교장로회(통합) 총회 서기와 총무(사무총장)를 겸하여 맡고 있을 때였습니다. 한국 교회는 6·25전쟁의 큰 상처 속에서도 신앙적 뜨거운 열의로 급성장하고 있었으나 신앙적 차원에서 또 하나의 위기가 닥쳐오고 있었습니다. 정부가 장기 집권을 반대하는 세력을 견제하기 위해 '긴급조치 제9호'를 선포하고는 강단에서 설교 중 정부를 비판하는 목사들을 줄줄이 구금하였습니다.

우리 교단 목사들이 비교적 많이 잡혀갔기 때문에 저는 잡혀간 목사들의 석방을 위하여 반가워하지도 않는 정부의 고위층과 교섭하는 일에 신경을 많이 쓰며 노력하고 있었습니다. 특히 우리 교단이 속한 KNCC(한국기독교교회협의회) 라인에서 극렬히 반대 운동을 하였기 때문에 정부와의 사이가 몹시 나빠져 있었습니다.

당시 정부의 공보 담당이었던 장관이 그때 충무로에 새로 개업한 퍼시픽호텔에 KNCC 소속의 교단 지도자 10여 명을 초청하여 만찬을 열었습니다. 긴장된 관계를 대화로 풀어 보자는 의도였을 것입니다.

그런데 원탁(圓卓)에 둘러앉자마자 만찬 벽두부터 목사들의 항의가 쏟아졌습니다. "왜 기독교를 탄압하시오?" 하는 거친 항의가 터졌고, 장관은 웃으면서 "서울 시내에 이 많은 차임벨(chime bell) 소리가 울려 퍼지고 있는데, 기독교 탄압이 어디 있습니까?" 하는 말로 응수하였습니다. 당시에는 각 교회가 주일 아침이면 모두 차임벨을 울려서 서울 거리가 떠나갈 듯이 진동하였고, 또 우리 사회는 그 소리를 반기는 분위기였습니다.

"탄압하지 않는다면서 왜 목사들은 잡아 가두는 거요?"

"그거야 법을 어겼으니까 가둔 것이지, 기독교 탄압은 아닙니다."

이렇게 공방이 오가게 되었고, 만찬 분위기는 완화되는 것이 아니라 점점 더 험악해졌습니다. 평행선으로 팽팽하게 맞서는 가운데 입씨름만 계속되고 있었습니다. 참석한 교회 지도자들이 품고 있던 분통을 터트리다 보니 시간이 많이 흘러갔습니다.

저는 그저 묵묵히 듣고만 있었습니다. 이때, 당시 KNCC 총무였던 김관석 목사가 "림 목사님은 한마디도 말씀하지 않으셨는데, 그래도 한마디 하셔야지요?" 하고 저를 지목하였습니다. 이에 제가 말했습니다. "다들 좋은 말씀 하셨는데, 제가 말씀드릴 필요가 있겠습니까? 혹시, 저녁을 대접 받았으니 저녁값은 해야 한다고 하면, 김 장관께 도움 말씀을 한두 마디 드리겠습니다. 이것은 제 개인의 소리로 들어도 좋고, 저희 교단의 소리로 들으셔도 좋습니다." 하고는 제 나름대로 진지하게 대략 다음과 같이 이야기했습니다.

"지금 정부와 교회가 초긴장 상태로 대립하게 된 원인을 바로 알아야 합니다. 현 정부에는 기독교인 장관이 한 명도 없습니다. 종교를 담당한 주무 장관마저 한국 교회를 전혀 모르니 이렇게 될 수밖에 없습니다.

첫째, 한국 교회는 철두철미 반공입니다. 무수한 목사와 기독교인이 공산 정권에 의해 순교를 당하고 교회가 폐쇄되었습니다. 공산주의와 기독교는 본질적으로 맞지 않습니다. 그런 한국 교회를 W.C.C(세계교회협의회)에 가입했다고 하여 '용공'(容共)이라 몰아붙이니 평안하겠습니까?

둘째, 한국 교회는 애국입니다. 매일 새벽부터 모든 기독교인이 나라와 민족을 위해 끊임없이 기도합니다. 형식적인 애국이나 어떤 이득을 노리는 모양만의 애국이 아닙니다. 중심에서부터 눈물로 호소하는 뿌리가 깊은 순수한 애국입니다. 이런 교회를 정부가 비(非)애국이라고 지적하며 잡아 가두고 있습니다.

셋째, 한국 교회는 민주주의입니다. 특히 장로교회는 목사, 장로, 집사, 권사 등 항존직(恒在職) 선정을 온 교우의 투표로 선출합니다. 개 교회의 재정 예산이나 결산도, 노회나 총회도 모두 완전 민주주의 원칙대로 하고 있습니다. 민주주의가 몸에 배어 있습니다. 그런데 이런 체질을 가진 교회를 비민주주의 집단으로 몰아붙이고 있습니다.

넷째, 한국 교회는 사회봉사의 주체입니다. 일제 강점기부터 가난한 이들에게 먹을 것과 입을 것을 주고, 약을 주고 치료해 주며 글과 기술을 가르쳐 교회 생활을 하게 도와주었습니다. 물론, 오늘날도 계속 빈민을 돕고 있는데, 정부는 이것을 두고 '어떤 정치적 목적이 있어서 빈민을 돕고 있지 않는가?' 하고 색안경을 끼고 보고 있으니, 그런 정부와 대화가 되겠습니까? 정부는 한국 교회를 올바로 보고, 한국 교회가 하는 소리를 반공의 소리로, 애국의 소리로, 민주주의의 소리로 그리고 진정한 사회봉사의 소리로 듣고 대할 때, 정부도 올바로 되고 마찰과 충돌도 없어지게 됩니다.

오늘 저녁 식사를 대접해 준 것은 고맙지만, 한국 교회를 곡해하면서 대접해 주는 것이 무슨 해결책이 되겠습니까? 이제라도 한국 교회에 대한 곡해를 완전히 바꾸어 한국 교회와 방향을 맞추어 대화를 나눈다면, 저녁을 대접해 주지 않아도 잘 통할 것입니다. 이 점을 깊이 참고해 주시기를 바랍니다."

김 장관의 얼굴이 심각해지면서 무엇인가 적더니 "좋은 말씀을 해 주시어 감사합니다." 하고 말했습니다. 그러나 당시 정부는 끝내 이 말을 제대로 받아들이지 못했습니다.

저는 지금도 오늘의 정부를 향해서나 우리 민족 앞에서 그때 했던 말을 그대로 할 것입니다. 한국 교회가 반공, 애국, 민주주의, 사회봉사의 사명을 더욱 확실하게 잘 감당해야 나라도 민족도 살게 될 것입니다.

가서 너도 이와 같이 하라

※ 한국 교회 초교파 안보와 경제 살리기 운동 본부 지도자(군출신 장로들) 모임을 사랑의교회(오정현 목사 시무)에서 가졌을 때 한 림인식 목사의 설교이다.

본문: 눅 10:30-37

"예수께서 대답하여 이르시되 어떤 사람이 예루살렘에서 여리고로 내려가다가 강도를 만나매 강도들이 그 옷을 벗기고 때려 거의 죽은 것을 버리고 갔더라 마침 한 제사장이 그 길로 내려가다가 그를 보고 피하여 지나가고 또 이와 같이 한 레위인도 그 곳에 이르러 그를 보고 피하여 지나가되 어떤 사마리아 사람은 여행하는 중 거기 이르러 그를 보고 불쌍히 여겨 가까이 가서 기름과 포도주를 그 상처에 붓고 싸매고 자기 짐승에 태워 주막으로 데리고 가서 돌보아 주니라 그 이튿날 그가 주막 주인에게 데나리온 둘을 내어 주며 이르되 이 사람을 돌보아 주라 비용이

더 들면 내가 돌아올 때에 갚으리라 하였으니 네 생각에는 이 세 사람
중에 누가 강도 만난 자의 이웃이 되겠느냐 이르되 자비를 베푼 자니이
다 예수께서 이르시되 가서 너도 이와 같이 하라 하시니라"

예수님께서 사마리아인에 관한 말씀을 주셨습니다. 안보와 경제 살리
기 차원에서 세 가지를 바꾸라고 하시는 말씀으로 받아야 하겠습니다.

인생철학을 바꾸라

첫 번째로 사마리아인의 인생철학으로 바꾸라는 말씀입니다. 본문에
서 세 가지 인생철학을 보여 주셨습니다.

첫째, 강도 철학입니다. "네 것은 모두 내 것이다. 그러므로 빼앗는다."
라는 인생철학입니다. 이런 철학은 차라리 없어져야 좋을 인생을 만듭
니다. 둘째, 제사장과 레위인 철학입니다. "내 것은 내 것이다. 그러므로
잘 지킨다."라는 인생철학입니다. 이런 철학은 있으나 마나 한 인생을 만
듭니다. 셋째, 선한 사마리아인의 철학입니다. "내 것은 모두가 하나님의
것이다. 그러므로 나누어 준다."라는 인생철학입니다. 이런 철학은 없어
서는 안 되는 인생을 만듭니다.

선한 사마리아인의 인생철학을 가진 사람은 '언제 어디서 누구와 무엇
을 어떻게' 하든지 간에 "붙들어 주자. 일으켜 주자. 구해 주자. 살려주자.
도와주자."로 살게 됩니다. 예수님께서는 (눅 10:37)"가서 너도 이와 같이 하
라"라고 말씀하셨습니다.

우리 한국 교회와 그리스도인들은 전쟁의 폐허 속에서 가난을 극복하기 위해 열심히 기도하며 힘써 일하였습니다. 그리고 교회 성장에 최선을 다해 주력하였습니다. 그러자 하나님께서 유례가 없는 교회 성장과 동시에 경제의 급 발전을 주셨습니다. 이는 물론 큰 은혜요 축복임에 틀림이 없습니다.

그러나 하나님께서 이런 놀라운 은혜와 복을 주신 것은 한국 교회와 신자로 하여금 사마리아인의 철학을 실행하라고 주신 것입니다. 혹시라도 교회 성장이나 경제 발전 그 자체를 목적으로 생각한다면, 이는 크게 잘못된 생각입니다. 그런데 오늘날 일반적으로 교회가 성장하고, 경제가 발전한 것을 마치 목적을 달성한 것처럼 생각하는 이가 없지 않습니다. 크게 잘못됐습니다. 성경은 (요 3:16)"하나님이 세상을 이처럼 사랑하사 독생자를 주셨으니"라고 말씀합니다. 마찬가지로 하나님께서 세상을 사랑하사 교회 성장과 경제 발전을 주신 것입니다.

하나님께서는 세상을 사랑하시되 세상에 줄 것을 교회에다 맡겨 세상에 주도록 하시는 것입니다. 그러므로 모든 교회는 "교회 것은 모두 하나님의 것이다. 그러므로 나누어 준다."라는 사마리아인의 철학으로 속히 바꾸어야 합니다.

오늘날 한국 사회와 사람들이 점점 더 심하게 강도 철학이나 제사장과 레위인 철학으로 변해 가고 있기 때문에 살기가 매우 어려워지고 있습니다. 이것은 교회가 선한 사마리아인 철학을 철저하게 실천하지 못한 책임이 매우 큽니다. 교회가 선한 사마리아인 철학을 실행하면, 한국 사회는 바뀔 것입니다.

도덕을 바꾸라

두 번째로 선한 사마리아인 도덕으로 바꾸라는 말씀입니다. 인간에게는 도덕이 있습니다. 진실, 정직, 근면, 신용, 용기, 정의, 겸손, 책임감, 용서, 협동 정신, 단결심, 애국, 애족, 희생, 봉사 등과 같은 도덕이 있습니다. 만약 인간에게 도덕이 없다면, 인간은 가장 괴악한 동물이 될 것입니다.

본문의 강도는 남의 물건을 빼앗겠다고 사람을 죽이는 인생, 즉 도덕이 전혀 없는 동물만도 못한 악한 인간입니다. 제사장과 레위인은 도덕심이 있고, 도덕을 많이 알고, 또 잘 가르치고, 도덕을 항상 강조하지만, 실천력은 없는 인간입니다. 그런가 하면, 선한 사마리아인은 도덕을 실행하는 사람입니다.

사람과 사회의 가치는 도덕 실행 수준에 있습니다.

좀 오래전에 서울 거리 한복판에서 대낮에 오토바이를 타고 질주하는 남자의 호주머니에 들어 있던 400만 원어치의 만 원권과 수표가 그만 바람에 날려 마치 선전지가 뿌려지듯이 공중에 산포되어 길거리에 쫙 깔린 일이 있었습니다. 사람들이 눈이 벌게져서 그것을 줍느라 난리가 났습니다. 다행히 한 사람이 270만 원을 주워서 주인에게 돌려주었습니다. 나머지 130만 원은 다른 사람들이 주워 가서 없어져 버렸습니다. 오토바이를 타고 가던 주인공은 '개소주'를 하는 사람인데, 여름 수요기에 대비하여 농촌에 개를 살 계약금을 가지고 가다가 그만 공중에 날려서 졸지에 눈 뜨고 보는 앞에서 130만 원을 잃어버리고 말았습니다. 그리고 나니 어이가 없어서 "개 사러 가는 돈을 말도 없이 가져가는 놈은 개만도 못한 놈이다. 그 돈을 먹는 놈은 개같이 죽어라."라고 하였다고 합니다.

웃어넘기기에는 너무나도 심각한 일입니다. 누군가가 떨어뜨린 돈을 주인이 앞에서 보고 있는데도 너도나도 가지고 달아나는 사회는 강도 사회입니다. 그래도 270만 원을 주워서 주인에게 돌려준 사람이 있기에 희망이 있는 것입니다. 남의 돈 130만 원을 주워 간 사람들이 모두 주인에게 돌려주는 사람이 된다면, 그때 우리 사회는 살맛나는 세상이 될 것입니다.

전에 우리 애국자가 나라를 잃었을 때, "한국의 독립이 언제 올 것인가? 길바닥에 금덩어리가 굴러 돌아가도 주인이 주워 가기 전에는 없어지지 않을 때 오리라."라고 말했습니다. 도덕이 없는 사람들에게는 해방을 줘도 무질서와 혼란만을 만듭니다. 독립을 줘도 독점과 독재만을 만듭니다. 자유를 줘도 방종과 범죄만을 만듭니다. 번영을 줘도 타락과 퇴폐만을 만듭니다. 통일을 줘도 갈등과 투쟁만을 만듭니다.

오늘날 우리나라 사람들은 도덕을 잃었습니다. 그래서 죽게 되었습니다. 누구도 도덕적 책임을 지지 않는 풍토입니다. 한없이 버릇없는 것이 문명인의 자랑이 되었습니다. 음주, 흡연, 교통사고, 이혼, 사기, 노인 자살률, 고아(孤兒)와 기아(棄兒)와 외국 입양률 등에서 세계 제일이라는 오명을 얻고 있습니다. 성적 타락을 죄악으로 생각지 않을 정도가 되어 갑니다. 지식을 가졌다는 사람일수록, 지도급에 있는 사람일수록 부패의 위험 수위가 도를 넘고 있습니다.

지난날 우리 민족이 가난하였을 때는 겸손하였고, 근면하였고, 동정심도 많았고, 인간미가 있어서 '동방예의지국'이라고 자타가 인정하였는데, 밥술이나 먹게 되면서부터 이렇게 도덕 없는 인간들이 되었습니다. 우리보다 가난한 지역에서 돈 벌겠다고 우리 땅에 찾아온 조선족들이 노임도 받지 못한 채 학대와 멸시를 받은 것이 분해서 "남과 북이 다시 전쟁하면 북을 돕겠다."라고 이를 갈며 돌아가고 있습니다. 동남아 여러 나라 사람들이 우리 땅에 돈 벌러 왔다가 모두 한국을 저주하는 말을 하며 증오하고 있습니다.

그리스도인이 25%나 되는 우리 사회가 바로 이런 상태라면, 교회가 사마리아인으로서의 도덕 실천을 하지 못했다는 부끄러운 증거입니다. 비유의 사마리아인은 예수님을 가리킵니다. 일반적으로 말하는 도덕이 아닙니다. 하나님도 알지 못하고, 죄에서 구원 얻은 경험이 없는 사람의 도덕은 도덕 그 자체까지도 죄일 수밖에 없습니다. 즉 하나님이 없는 도덕은 아무런 변화도 가져오지 않습니다. 예수님을 통하여 사죄와 구원을 받은 참 그리스도인이 예수님의 속죄애로 아니하려야 아니할 수 없는 사랑의 실천이 도덕 이상의 참 도덕입니다. 즉 하나님이 함께하시는 도덕이어야 변화를 일으킵니다.

로마 제국이 죄로 썩어 도덕적으로 타락하였을 때, 도리어 북구 만(蠻)족 그리스도인에 의해 변화와 구원을 받았습니다. 유럽이 죄로 어두워져 희망이 없게 되었을 때, 진젠도르프와 모라비안 교도들에 의해 죽어가던 교회와 그리스도인들이 살아 일어났습니다. 영국이 부패했을 때, 존 웨슬리의 부흥 운동으로 새로운 사회로 바뀌었습니다.

오늘날 우리 사회는 옛날 유럽이나 영국보다 더 부패하고 있습니다. 교회와 그리스도인은 어느 시대나 죄로 썩은 사람과 사회를 건져 냈습니다. 이 나라를 건질 수 있는 유일한 희망은 오로지 교회와 그리스도인뿐입니다. 이 자리에 있는 우리에 의해 이루어집니다!

돈의 목적을 바꾸라

세 번째로 돈과 재산을 봉사에 쓰도록 바꾸라는 말씀으로 받아야 합니다. 오늘의 시대를 경제 시대라고 합니다. 경제 이득을 위해서는 이념도 정치 체제도 관계없이 심지어 적성국과도 거래를 합니다. 사실, 경제 독립이 없으면 정신의 독립도, 양심의 독립도, 인격의 독립도 없습니다. 경제가 중요한 것은 설명할 필요가 없습니다.

그런데 성경은 돈의 목적은 봉사에 쓰기 위함이고, 돈 버는 것은 수단이요 방법이라고 가르칩니다. 사마리아인은 돈을 봉사에 쓰는 것을 목적으로 하고 있습니다. 사마리아인처럼 돈을 봉사에 쓰는 것을 목적으로 하는 개인이나 사회는 필요한 존재이고, 신뢰와 존경을 받으며 점점 번영합니다.

미국의 자동차 왕 헨리 포드는 본래 16세부터 에디슨 공장에서 직공으로 일했습니다. 어느 날, 포드가 에디슨에게 "가솔린으로 내연(內燃) 엔진이 가능합니까?" 하고 물었더니 "됩니다."라고 대답해 주었습니다. 그래서 힘을 얻어 개발을 시작하여 13년 만에 자동차를 만들었습니다.

그는 자동차 회사를 개업하며 "미국의 가난한 사람도 자동차를 못 타는 사람이 없게 해 주겠다."라고 말했습니다. 이것이 그의 기업 이념이었습니다. 값싸고 튼튼하게, 실용적으로 만들어 널리 보급하였습니다. 전 세계가 그의 자동차를 탔습니다.

미국의 석유 사업가 록펠러는 33세에 백만장자가 되었습니다. 43세에는 미국에서 제일 부자가 되었습니다. 53세에는 세계 최대 갑부가 되었습니다. 록펠러는 돈을 많이 벌기 위해 악착같이 살았습니다. 돈 버는 데

방해되는 일은 절대로 하지 않았고, 여행 중에 호텔에 가서도 "제일 싼 방을 주시오."라고 하였습니다. 심지어 결혼도 돈이 든다고 늦게 하였습니다. 그에게 "왜 삽니까?"라고 물으면, "돈을 벌기 위해 삽니다."라고 대답했습니다. 그는 본래 가난하였습니다. 그러나 어렸을 때부터 어머니가 가르쳐 준 "주일을 거룩히 지켜라. 십일조를 철저히 바쳐라." 등으로 되어 있는 별도 10계명을 잘 지키며 신앙생활을 하였습니다. 사업이 잘 되어 돈을 많이 모았습니다. 그는 그것이 축복이라고 생각했습니다. 그러나 행복은 없었습니다. 사람들이 그의 앞에서는 굽실굽실하지만, 측근자들을 위시해서 그를 존경하는 사람이 아무도 없었습니다. 그래도 록펠러는 '돈을 모으면 인간관계는 그렇게 되는가 보다.' 생각하며 돈 모으는 일에만 계속 힘썼습니다.

그런데 55세 때 신경쇠약으로 심한 희귀병에 걸렸습니다. 하루에 우유 한 컵 정도밖에는 먹을 수가 없었습니다. 마침내 의사로부터 1년 이상 살지 못한다는 선고를 받았습니다. 검진을 받기 위해 휠체어를 타고 병원에 들어섰을 때, 로비 벽에 걸려 있던 (행 20:35) "주는 것이 받는 것보다 복이 있다"라는 성경 구절이 눈에 쏙 들어왔습니다.

그 순간, 그의 마음에 전율이 흐르며 눈에서 눈물이 왈칵 쏟아졌습니다. 그의 몸에 선한 기운이 감도는 것 같은 느낌이 들었습니다. 자기도 모르게 눈을 지그시 감고, 잠시 생각에 잠겼습니다. 그런데 갑자기 시끄럽게 다투는 소리가 로비에서 들려왔습니다. 어느 젊은 어머니가 울면서 위독한 어린 딸을 입원 치료받게 해 달라고 애원하는데, 병원 직원은 입원비가 없으면 안 된다고 뿌리치며 다투고 있었습니다. 이 광경을 본 록펠러가 곧 비서를 시켜 아무도 모르게 그 소녀의 병원비를 지불해 주었습니다.

얼마 후에 그 소녀가 입원 치료를 제대로 받고 나은 것을 멀리서 지켜본 록펠러는 말로 표현할 수 없는 기쁨을 경험하였습니다. 후일 그가 자서전을 기록할 때, 그때 일을 이렇게 적었습니다.

"저는 살면서 그렇게 행복한 삶이 있는지 몰랐습니다."

록펠러는 '나눔의 삶'을 살기로 결심했습니다. 그런데 1년밖에 못 살 것이라던 병이 깨끗이 나았습니다. 그때부터 그는 돈을 벌어서 남을 위해 썼습니다. 뉴욕에 있는 리버사이드교회를 비롯하여 수많은 교회의 예배당을 지어 바쳤습니다. 록펠러재단을 세워 뉴욕 시민의 수도 요금을 전액 지원하였고, 전기료의 40%도 담당하고 있습니다. 대학, 미술관, 병원, 학술 연구소, 문화 사업, 평화 운동, 사회 복지 사업 등에 많은 재산을 바쳤습니다.

55세밖에 못 살 뻔했던 록펠러는 다시 건강이 회복되어 98세까지 살 았습니다. 열심히 돈벌이만 하던 전반 55년은 강도처럼 제사장과 레위인처럼 산 것입니다. 부자가 되었지만 쫓기듯 살았고, 긴장과 경쟁 속에 피곤하고 불행한 삶을 살았습니다. 그러나 후반 43년은 예수님의 명령대로 선한 사마리아인처럼 나누어 주며 살게 되었는데, 그때부터 즐겁고 보람 있고 행복한 삶을 살았습니다.

지금 우리나라는 안보와 경제를 살려야만 살게 되어 있습니다. 하나님께서 바로 이 책임을 교회와 그리스도인에게 명하십니다. 예수님께서 (눅 10:37)"가서 너도 이와 같이 하라"라고 말씀하십니다. 즉 예수님처럼 하라는 말씀입니다. 이는 권면하는 말씀이 아닙니다. 가르치는 말씀도 아닙니다. 명령입니다. 명령에는 순종이 있을 뿐입니다. 명령에 100% 순종하면, 책임과 결과는 명령자가 지십니다.

선한 사마리아인 비유의 '선한 사마리아인'은 바로 예수님을 가리킵니다.

우리가 예수님의 인생철학 "내 것은 모두가 하나님의 것이다.
그러므로 나누어 준다."로 바꾸고,
예수님의 도덕 (요 13:34) "내가 너희를 사랑한 것같이
너희도 서로 사랑하라"를 실행하며,
예수님의 물질관 "돈을 봉사에 쓰는 것을 목적으로 실행하여
세상에 나누어 주는" 삶을 살면,
명령자이신 예수님께서 한국의 안보와 경제 살리기를
이루게 해 주실 것입니다.

흔히 교회와 그리스도인들이 자체의 힘을 생각하여 "된다.""안 된다"를 따져 보며 순종하지 않는 잘못을 저지릅니다. 교회나 그리스도인의 힘이 세상 힘보다 강해서 변화가 오는 것이 아닙니다. 교회와 그리스도인은 하나님의 명령에 무조건 100% 순종하면 됩니다. 벳새다 광야에서 한 소년이 보리떡 다섯 개, 물고기 두 마리를 예수님께 바쳤습니다. 그것을 가지고 예수님이 남자만 5천 명 되는 굶주린 사람들에게 나누어 주어 배불리 먹게 하고, 부스러기 12바구니가 남았습니다. 우리는 "우리 가진 것 가지고 무엇이 되겠습니까?"라고 걱정하지 말고 소년처럼, 사마리아 사람처럼 우리 가진 것을 예수님께 바쳐야 합니다. 먹고 남게 이루시는 분은 예수님이십니다.

 목회백화

부록

내가 본 림인식 목사

※ 다음의 추천의 글은 1982년 9월 15일 발행 설교집《지금 알았더라면》에
  수록된 것들이다.

한경직 목사(영락교회 원로목사, 대한예수교장로회[통합] 제36회 총회장)
삼대 목사의 성서적 메시지

림인식 목사님은 삼대 목사입니다. 저는 일찍이 이북 남시에서 그 조
부 되시는 림준철 목사님을 뵌 적이 있습니다. 요사이 "뿌리를 찾자."라
는 말이 종종 들립니다. 림 목사님의 신앙의 뿌리는 실로 깊습니다. 이미
그 가정은 삼대에 걸쳐 한국 교회를 섬겼을 뿐더러 그분의 장남 또한 목
사가 되었으니 실로 한국 교계의 모범 가정입니다.

림 목사님은 목회자로서의 자질이 구비된 분입니다. 명랑하고, 성품이
온유·겸손하며, 두뇌가 명석하고, 인품이 고결합니다. 그리하여 어떤 교
회에서든지 교회 행정에 밝고, 성실 근면하여 교우를 심방하며 또한 언
제나 양들에게 좋은 생명의 양식을 먹이는 목회자입니다. 그의 설교는
언제나 성서적이요 실존적이어서 현대인이 이해하기 쉽고, 또 현대인에
게 적절한 메시지를 전하여 줍니다.

노량진교회가 세워진 지는 이미 오래된 줄 생각되나 한 작은 교회로
본래 유지되어 왔는데, 이러한 목회자가 부임한 이래 그 교회는 새로운
활기를 띠게 되었고 계속 성장하여 한강 이남에 한 큰 교회로 성장한 모
습을 봅니다. 이 책은 그 교회 성장기에 있어서 그 양들에게 먹인 생명의
양식의 일부인 줄 생각합니다. 믿는 이에게는 말할 것도 없고, 안 믿는 이

들이 이 책을 읽으면, 삶의 길이 되시고 진리가 되시며 생명이 되시는 구주를 찾을 것입니다.

김장환 목사(극동방송 이사장)
생명(生命)을 건 설교(說敎)의 진수(眞髓)

노량진 언덕에 강북 지역을 제압하듯 우뚝 서서 강남 지방의 수문장 역을 담당하고 있는 노량진교회의 그 저력과 패기는 어디에 근거를 두고 있는 것일까? 두말할 필요 없이 당회장인 림인식 목사의 충일한 영력과 탁월한 지도력에 있다고 해야 할 것이다.

림 목사는 언젠가 설교에서 "6·25 사변 때는 10의 10조를 바치면서 갈 곳이 없으면서도 집을 달라고 기도하지 않고 이 민족을 구원해 달라고 기도했고, 굶으면서도 먹을 것을 달라고 기도하지 않고 나의 조국 대한민국을 보존하여 달라고 간구하였는데, 지금은 그러지 못하는 것을 부끄럽게 생각한다."라고 한 일이 있다. 그러나 림 목사를 아는 분들은 이분이 지금도 6·25 사변 때의 그 자세 그대로 양떼들을 위해 국가와 민족을 위해 헌신하고 있는 것을 잘 알고 있을 것이다.

이 설교집에는 이분의 영력, 지도력, 그리고 신앙이 남김없이 담겨 있다. 언젠가 림 목사는 잡지사 기자와의 인터뷰에서 "목회자는 설교에 생명을 걸어야 한다."라고 소신을 밝힌 일이 있다. 그 기사를 읽으면서 전율(戰慄) 비슷한 감정을 가졌던 일이 기억에 새로운데, 그리고 방송국의 경영 책임자이면서도 순수한 청취자 입장으로 림 목사의 설교 프로그램을 애써 청취하며 은혜를 받고 있는 처지인데, 이번에 그 설교들이 이렇게 활자화되어서 나온 것을 실로 기쁘게 생각한다. 동역자와 성도들에게 생명을 건 설교의 진수를 맛보는 기쁨을 널리 권하고 싶다.

김관석 목사(기독교방송 사장)
방송 설교집 발간에 부쳐

오랜 가뭄 속에 모두들 애타게 비를 기다린다. 땅 위의 생물이 하늘에서 떨어지는 빗방울에 적셔질 때까지. 이 목마름을 다른 걸로 채울 길이 없다. 우리의 정신 풍토도 마찬가지이다. 우리의 정신생활도 너무 메말랐다. 삶의 현장이 나날이 각박해져 간다. 양심의 소리는 생존 경쟁의 아우성 소리에 상쇄되어 버리고, 오직 허황하고 거짓된 위로의 말이 함부로 쏟아져 나올 뿐이다.

이 설교집 속에 담긴 림 목사님의 말씀은 이러한 우리의 정신 풍토에 던진 "광야의 소리"이다. 사람의 심령을 깨우치고, 연약한 자들에게 위로를 주고, 소망을 잃은 자들에게는 "하늘나라"의 환상을 보여 준다. 낙심한 자들에게는 간곡한 권면을 해 주고, 인생의 낙오자들에게는 격려의 말씀을 주신다.

방송 설교는 전파라는 성령 매체를 이용해서, 개인의 안방에 스며들어 가는가 하면, 요란한 시정의 직장, 버스, 택시 안에서도 메아리친다. 참으로 무서운 힘으로 우리에게 다가오는 말씀이다.

이제 이 성령 매체를 통해서 전해진 림 목사님의 선교 말씀이 한 권의 책으로 엮어졌다. 우리 모두가 떡과 포도주를 나누어 먹듯이 이 한 권에 실린 하나님의 말씀을 서로 나누어 먹고자 한다. 그래서 그것이 우리의 살과 피가 되어서 우리 삶의 원동력이 될 것을 확신한다.

※ 다음의 글들은 1994년 32년간의 노량진교회 시무를 끝내고 원로목사로 추대 받을 때 교계 안팎의 여러분들이 림인식 목사에 관하여 주신 글과 말들이다.

임택진 목사(대한예수교장로회[통합] 제62회 총회장)

정년을 몇 해 앞둔 림인식 목사가 지난 1월 목회 일선에서 물러나면서 원로목사로 추대되었다. 사람들이 어떤 자리에 앉았다가 훌훌 털고 일어서지 못하는 까닭은 그 자리에 대한 욕심과 미련 때문일 것이다. 적당한 욕심은 평범한 인간에게 활동하는 원동력이 되지만, 지나친 욕심은 추하고 해롭다는 것을 그는 알고 있었던 것이다. 림 목사는 그 자리를 감당할 만한 건강과 능력이 있지만, 적당한 때 그 자리에서 물러날 줄 알므로, 그의 지혜와 용기는 대단한 것이 아닐 수 없다. 사람들이 붙잡고 말리는데도 미련 없이 물러앉는 그의 깊은 뜻은 참으로 알 듯 하면서도 알기가 어렵다.

"허물없이 친한 친구"

림 목사와 나는 우애가 두터운 목회의 동역자요 정신적인 동지요 신

앙의 동반자이다. 그와 나는 평양 장로교신학교에서 동문수학한 친구이
기도 하지만, 서로 믿고 아끼고 격려하고 존경하면서 40년이 넘게 우정을
지속하여 온 친구이다. 우리의 만남은 하나님께서 그렇게 이끌어 주심이
라고 생각하고 감사한다. 목회 도상에 막역한 친구가 있어서 서로 믿고 때
로는 충고와 격려로 힘이 되어 주는 것은 가장 힘이 되는 선물인 것이다.

친구는 오래될수록 좋다고 한다. 윗사람과 대화하거나 아랫사람과 이
야기할 때는 체면을 지켜야 하고 실수할까 봐 마음도 쓰게 되지만, 림 목
사와 같은 친한 친구에게는 그런 부담감이 없고, 흉허물 없이 얘기할 수
있으니 좋다.

그는 생각이 깊고 판단이 정확하고 행동이 민첩해서 좋다. 성품이 온
화하여 상대방에게 불쾌감을 전혀 주지 않는다. 그리고 좌석 분위기가
매끄럽지 않으면 적당한 재담(才談)으로 장면을 호전시키는 재치가 있으
니 더욱 유쾌하다. 그리고 음식 값 지불을 혼자 도맡아 하고 있으니 그를
싫어할 사람이 누가 있겠나. 교통편이 불편한 나를 위해서는 서울의 한
구석인 명일동까지 늘 태워다 주니 친구 사이에 체면은 말이 아니지만
고마울 뿐이다. 오래 계속된 우정이기에 서로의 사정과 자녀들의 형편
까지도 늘 상의하곤 한다.

한문으로는 종씨(林)이지만, 그는 "림"으로 읽고 나는 "임"이라 쓰니 한
글로는 타성(他姓)인 셈이다. 본관이 서로 다르지만, 내가 그를 "삼촌"이
라고 부르는 데는 에피소드가 있다. 지금은 미국에서 목회하는 맏아들
형석 목사의 어려서 이름이 '택성'이었다. 그래서 나와 항렬이 같다고 해
서 내가 림 목사를 삼촌으로 불러 준 것이다. 참으로 삼촌과 같이 푸근하
고 도량이 넓어서 모든 것을 감싸 주는 친구가 있다는 것은 매우 자랑스

　　　　　　　　　　　　　　　　　　　　　　　　목회백화

러운 일이다.

"성실한 목회자"

림 목사는 만주 봉천에서 출생하여 독립운동가요 목사이신 할아버지와 아버지를 계승하여 4대 목사 가정의 3대째 목사이다. 잘되는 집안은 아래로 내려갈수록 잘된다 하거니와 림 목사의 아들 형제 목사는 림 목사보다 더 훌륭하게 될 것이 틀림없겠다.

그는 목회자로서 구비하여야 할 자질과 소양과 영력을 풍부히 갖춘 사람이다. 그의 성격은 원만하고, 그의 언행은 진실하고 투명하며 생활이 깨끗하여 교회를 인도하고 양 떼를 양육하기에 전혀 손색이 없다. 그가 부산 동광교회에서 채필근 목사님을 보필하던 시절이나 대구 영락교회, 노량진교회에서 봉사할 때나 변함없는 한 가지는 성실한 목회자라는 사실이다. 어느 직책인들 그렇지 않으리오마는 특별히 목회자에게는 성실성이 요구된다. 하나님 앞과 인간 앞에서 성실함 없이 목회가 바르게 될 수가 없다. 림 목사는 큰일이건 작은 일이건 공적인 일이건 사적인 작은 일이건… 나의 일, 남의 일을 가리지 않고 성실하게 봉사하므로 그가 맡은 일은 모두 아름답게 결말난다. 이는 성실한 나무에서 탐스러운 열매가 맺히는 것과 같다. 그래서 은퇴 후에 림 목사에게는 더욱 무겁고 힘든 책임이 주어지는데, 이는 그의 성실성의 결과인 것이다.

"인간미 넘치는 행정가"

교회는 하나의 유기적 조직체로서 질서 유지와 발전을 위해서 행정이 필요하다. 모세도 효과적인 통솔을 위해 장인 이드로에게서 명령의 일원화를 실천하도록 요청받은 바 있다.

림 목사는 누구에게서 배운 것도 아닌데, 행정 능력과 통솔력이 남다른 데가 있다. 생각건대 그는 치밀한 두뇌와 명석한 판단력, 그리고 힘찬 추진력과 원만한 인간관계로 그의 행정 능력을 충분하게 발휘하였다고 생각된다.

그가 부임할 때 노량진교회는 오랜 역사에 비해 미약한 교회였으나 그의 부임으로 새로운 교회의 모습을 나타내기 시작하였다. 가령, 60년대부터 교회마다 수첩형의 교회 요람(要覽)을 제작하였는데, 그중에서 노량진교회의 〈교회 생활 수첩〉은 그 내용 면에서나 조직 면에서 단연 모범이었다. 목회자이면 누구나 성전을 건축하고 싶은 꿈이 있는데, 림 목사는 "하나님께서 이렇게 짓게 하셨다."라는 부제를 달아《성전 건축》이라는 300여 페이지의 책을 발간하였는 바, 이 책은 그의 행정 능력을 엿볼 수 있는 책으로 성전을 건축하려는 목회자들에게는 이미 고전에 속한다.

그의 교회 행정가로서의 특징은 교회와 교인을 사랑하는 마음으로 적재적소에 인물을 배치하여 시간과 물자를 아끼며, 능력을 충분히 발휘케 한다는 데 있다.

연전, 필자가 총회장으로 봉사하면서 경북노회 사건으로 총회가 진통을 겪고 있을 때, 총회 서기를 맡고 있던 림 목사의 지혜와 원만한 인간관계로 총회 행정이 수습된 것은 그의 탁월한 중재력을 유감없이 보여 준 쾌거이다.

행정은 결국 인간관계 속에서 진행되는 것으로 인간관계는 선의와 헌신과 성실성의 문제이다. 나는 림 목사가 불쾌한 표정을 짓는다거나 남의 결점을 지적하는 것을 결코 본 적이 없다. 그리하여 그가 관여하는 문제는 모두가 화기애애한 가운데서 끝마치게 되는 것이다.

그의 이러한 행정 능력이 인정받아 1984년 한국 교회 100주년이 되는 뜻깊은 해에 총회장으로서 역사적인 큰 행사들을 주관하기도 하였고, 4대 목사 가정으로 표창을 받기도 하였다. 또 이러한 한국 교회를 위한 그의 기여와 공헌을 기려 이번에 한남대학교에서 명예 철학박사 학위를 받았는데, 친구로서 참으로 축하할 만한 일이다.

"정력을 다하는 설교자"

림 목사는 자신의 목회에 설교를 우선순위 제1에 두고 있는데, 그의 설교는 우선 힘이 있다. 방송 설교집,《지금 알았더라면》,《공로 없이 얻은 구원》,《아버지와 아들》등 몇 권의 설교집도 낸 것으로 알고 있다.

림 목사의 설교는 그의 온 정력을 다해 하는 것이기 때문에 듣는 사람에게 깊은 영적 감화와 감동을 준다. 그는 설교의 구상에 때와 장소가 없다고 늘 말한다. 존 웨슬리가 잠자다가도 말고 벌떡 일어나 쓰고 정리하였던 것처럼 림 목사 역시 항상 공부하고 연구한다. 그리고 깊은 기도와 성경 연구로 설교를 기름지게 한다. 그는 교인들을 윤리적인 존재로 여기지 않고 영적 존재로 보기 때문에, 항상 사람을 그리스도에게로 인도하여 그리스도 안에서 성장하도록 힘쓴다. 그러면서도 림 목사 자신은 그의 설교가 설익은 과실 같다고 자책한다.

사실, 자신의 설교에 만족하는 설교자가 몇이나 될까마는 설교자는 늘 설교에 좋은 반응을 염두에 두고, 또 설교를 통해 영적인 부흥과 삶의 변화가 일어나기를 기대한다. 그는 흔히 말하는 부흥사는 아니지만 어떤 부흥사 못지않게 그의 설교를 즐겨 듣는 많은 청중이 있어서 국내는 물론 여러 나라에서 집회를 인도하여 큰 은혜를 끼친다.

"언변이 좋고 성경에 능통한"(행 18:24), 곧 "학문이 높고 성경에 능한" 아볼로처럼 박학다식한 림 목사, 율법책을 온 이스라엘에게 낭독하며 가르친 에스라와 같이 잘 가르친 림 목사, 3천 잠언을 말한 솔로몬과 같은 지혜의 사람 림 목사, 온후한 마음씨로 감싸 주는 바나바와 같고, 다니엘과 같은 영적인 통찰력과 용기로 많은 존경을 받는 림 목사…. 하고 싶은 이야기는 끝이 없지만, 단어 선택과 표현력에 한계를 느끼기에 여기서 붓을 놓으면서 이 작은 글로 지난 1월 원로목사 추대식에 가지 못한 빚을 가리고자 한다.

이상근 목사(대한예수교장로회[통합] 제59회 총회장, 신구약주석 발간, 신학자)

저와 림인식 목사님과의 교분은 30여 년 전 대구에서 시작되었습니다.

목사님께서 서울 노량진교회에 부임하시기 전에 대구 영락교회에서 시무하실 때 우리는 노회 일이며 그 외 여러 가지 개인적인 일까지를 상의하면서 자주 만나게 된 이래 30여 년이 넘게 만남이 계속되고 있습니다. 당시는 한국의 모든 교회가 분열의 아픔을 겪던 때였는데, 대구 영락교회는 특별히 여러 문제들이 얽히고설켜 더욱 복잡한 편이었습니다만, 목사님께서 부임하신 후 모든 문제가 원만히 해결되고, 교회가 안정된 가운데 부흥하였던 것을 우리는 자랑스럽게 기억하고 있습니다.

저는 1986년 우리 총회가 선교 100주년을 기념하여 제정한 〈대한예수교장로회 신앙고백서〉의 제정 위원장이었고, 또 그 기초 위원이 되는 영광을 가졌습니다만 사실인즉 그 일을 저에게 맡기신 분은 바로 림 목사님이었습니다. 그때 총회는 제정 위원 선정을 임원회에 일임하였는데, 림 목사님은 총회장으로서 저를 그 위원으로 선정하셨고, 또 위원장으로 지명하신 것입니다. 이 신앙고백서는 우리 총회가 만든 최초의 신앙고백서였으므로 그 일은 아마 저의 일생의 일들 중에 가장 보람을 느낀 일이었다고 생각하면서 이 일을 저에게 맡겨 주신 림 목사님께 늘 감사한 마음을 가지고 있습니다.

림 목사님은 부족한 저를 불러 서울 노량진교회의 부흥 사경회를 두 번이나 맡겨 주셨고, 저도 목사님을 초청하여 대구 제일교회의 사경회를 가진 바 있습니다. 이와 같이 강단을 교환하면서 성회를 인도한 사실이 우리 두 사람 사이를 설명해 주는 것이 아닌가 생각되기도 합니다.

림 목사님은 참으로 힘 있는 사역자이십니다. 저는 대구에서 젊은 시절의 림 목사님의 설교를 처음 들었을 때부터 힘찬 설교자라고 느꼈습니다. 1984년, 우리 총회가 선교 100주년 기념행사를 가졌습니다. 행사가 성대하게 거행되었습니다만 그 큰일을 계획하고 추진하신 분이 바로 우리 림 목사님이었습니다. 그 외에도 총회의 크고 작은 일들에서 목사님의 손이 닿지 않은 것이 거의 없었다고 저는 기억하고 있습니다. 림 목사님이 아니고서는 누가 이러한 일을 이렇게 규모 있고, 짜임새 있게 수행할 수 있으려니와 또 잘 마무리할 수 있을까 하고 생각합니다.

림 목사님은 또 복음 선교열이 강하셨고, 그것을 몸소 실천하시는 분이었습니다. 전에, 제가 아직 은퇴하기 전이었는데, 한번은 저의 목양실에 림 목사님이 어떤 여자 대학생을 데리고 찾아왔습니다. 찾아온 사연인즉 집회 인도차 서울에서 대구로 오는 비행기 안에서 림 목사님이 옆자리에 앉은 여대생에게 전도하고 그 여대생이 대구에 사는 것을 알고, 림 목사님께서 직접 데리고 제 목양실에까지 와서 "이 자매가 신앙생활을 하겠다고 하니 목사님이 잘 인도하여 주세요." 하고 부탁하고 가신 일이 있습니다. 그 여대생보다 그를 제게까지 오게 하신 림 목사님의 열성에 한없는 감동을 받았습니다. 그 학생은 그 후 착실한 신앙생활을 하고 있습니다만, 이렇게 때를 얻든지 못 얻든지 항상 전도하며 말씀을 전하는 열정적인 분이라는 것을 다시 알았습니다.

림 목사님은 참으로 관대하신 어른이십니다. 그 자신은 그토록 열성적으로 사역하시면서도 다른 사람들의 부족은 관대하게 대하시고, 아끼고 칭찬해 주고 격려하시면서 화평을 이루고 있습니다. 그래서 그분이 가시는 곳은 언제나 화기애애합니다. 그가 대구 영락교회를 평화롭게 하셨다는 것은 앞서 말하였습니다만, 지금 우리 한국 교회에는 여러 교파가 난립하여 교파 간의 융화는 참으로 어려운 문제가 되어 있습니다. 이런 상황에서 림 목사님 같은 분이 서울에서 우리 교단을 지켜 주시기 때문에 우리 교단은 한국의 장자 교단으로서의 명목을 지켜 나가고 있는 것으로 믿습니다.

림 목사님을 생각할 때, 무엇보다도 축복받은 가정을 생각하게 됩니다. 제가 알기로, 목사님 자신이 3대째 목사이시고, 목사님의 자제분들 역시 장래가 촉망되는 젊은 목회자들입니다. 아마 한국 전체를 두고도 가장 축복 받은 가문이 아닌가 생각됩니다. 이는 그저 되는 것이 아니고, 하나님의 말씀을 따라 경건하게 사는 가정에서나 있는 일인 줄 압니다.

이제 림인식 목사님 같은 분이 정년이 되셔서 노량진교회의 원로목사님으로 추대되신 것은 일면으로는 목사님의 영광스러운 일생을 장식하는 것으로 축하드려야 되겠지만, 다른 일면으로는 우리 한국 교회를 위해 섭섭하게도 느껴지는 것입니다.

그러나 림 목사님 같은 분이 원로목사가 되심으로써 원로목사의 건전한 위상을 정착시켜 주시고, 원로라는 보다 높은 차원에서 우리 한국 교회를 계속 지도해 주시기를 기대하는 것입니다.

참으로 존경스럽고 사랑하는 림인식 목사님의 원로 추대를 진심으로 축하드리면서 더욱 건강하시어 많은 일을 하시기를 기도합니다.

한완석 목사(대한예수교 장로회[통합] 제60회 총회장)
"작은 거인", 림인식 목사

내가 림 목사를 처음 만난 것은 정확히는 기억나지 않으나 1954년 3월 제39회 총회가 안동 제일교회에서 회집되었을 때가 아닌가 생각한다.

림 목사와 나는 동갑 연배로서 그가 신학교는 나보다 2-3년 후배이지만, 총회의 처녀(處女) 총대로서 나는 군산노회 대표로, 림 목사는 평양노회 대표로 참석하여 그는 청소년 지도부에서, 나는 전도부에서 봉사하였던 것으로 기억한다. 이때부터 우리는 최연소 총대로서 총회에서 잔뼈가 굵어 결국 총회장까지 하게 되는 영광을 함께 누리게 된 것이다.

그가 오늘, 목회 생활을 성공적으로 마치고, 후임 목회자를 선정하여 교회를 맡기고 자신은 원로목사로 추대받아 일선에서 물러나게 되니 지기지우(知己知友)로서 또 40여 성상을 함께 지나온 나로서는 바로 내 목전에 다다른 일인지라 부러움을 금할 수 없다. 그는 이러한 면에서도 성공하였구나 하는 생각이 든다.

매년 총회 때가 되면, 함께 일하시던 선배, 친구들이 하나둘 안 보이게 되는데, 이번 총회에서는 또 누구 자리가 비게 되려나, 내 자리도 언젠가 저렇게 비게 되겠지… 하는 생각에 여간 쓸쓸해지지 않는 것인데, 함께 일하였던 동무를 먼저 은퇴시키게 된 것이다.

그와 나는 여러 면에서 공통점이 많다.

림 목사는 내가 59회 총회 때 부회장으로 선출되었을 때, 총회 서기였다. 또 60회 총회에서는 총회장과 서기로 함께 힘을 모아 견마지력(犬馬之力)을 다했던 것이다. 그는 총회 임원으로 9년, 나는 12년, 비록 연대는 달랐으나 두 사람이 모두 최장 임원이었음은 자랑스럽기까지 하다. 이렇게 오랫동안 총회를 위해 봉사할 수 있었던 것은 총회 회원들께서 우리에게 특별한 기회를 주신 것으로 여겨 감사하게 생각하고 있다. 또 가정적으로 모두가 초대 교인의 후손이라는 점도 감사하다. 그는 4대 목사라는 한국 초유의 기록을 가졌고, 우리집도 100년 신자의 전통을 이어 온 가정이다.

림 목사, 그는 한 마디로 "작은 거인"이다. 사실, 그의 신장이 결코 작은 것은 아니지만 몸이 좀 부하다 보니 작게 보일 뿐이다. 여기에는 작은 에피소드가 있는데, 우리 제60회 총회가 광주에서 모일 때였다. 그때 총회 회원 가운데 하나가 총무에 대하여 심한 말로 질의하면서 꾸짖고 있었는데, 서기인 림 목사가 좋은 말로 총무를 변호하였다. 그러자 그 회원이 림 목사의 말이나 논리에는 흠을 잡을 수가 없자 "서기가 발언하려면 일어서서 해야지, 앉아서 하는 법이 어디 있느냐?" 하고 힐난조로 말하였다. 물론 림 목사는 앉아서 발언한 것이 아니었고, 그 회원 역시 림 목사의 키 작은 것을 빗대어 한 말이었다. 사회자였던 나는 곧 "지금 서기는 일어서서 말하는 것이요."라고 하였고, 림 목사 역시 이 말을 받아서 "미안합니다. 앉으나 서나 마찬가지입니다."라고 하였다. 이 말 한마디에 온 회의장이 웃음바다가 되었고, 박장대소하는 바람에 부드럽게 넘어간 일이 있었다. 그래서 그때부터 '앉으나 서나 같은 사람'이라고 해서 '작은 거인'이라고 불렀던 것이다.

그는 참으로 거인이다. 부지런한 거인이다. 목회자에게 부지런하다고 하는 것은 참으로 좋은 장점이다. 노량진교회 하면 예부터 역사가 있는 교회로서 역대 목회자들이 훌륭하였고, 거기는 사육신묘가 있는 곳으로 유명하여 지역 인심도 만만찮았다. 그런 곳에서 교회당도 크게 건축하고, 대형교회로, 한국을 대표하는 교회 중 하나로 성장시킨 것은 흔히 누구나 할 수 있는 일이 아니다. 그의 부지런한 목회, 열성적이고 성실한 목회의 열매였음을 알 수 있다. 더욱이 림 목사는 인간관계에서 천성적인 재능을 가진 유능한 목자요 어려운 일이 있을 때마다 대안을 제시하는 건설적인 재사(才士)였다.

그뿐 아니다. 원로 선배들을 존경하고 젊은 후배들을 감싸 주는 덕망 있는 목사요 동년배 교역자들로부터는 신망이 있는, 참으로 폭이 넓은 목회자이다.

또 우리 교역자들에게 있어 목회 일생을 마칠 때, 끝마무리를 제대로 한다는 것은 무슨 일보다 어려운 일이 아닐 수 없다. 우리 총회의 헌법을 수정할 때, 나는 고인이 되신 안광국 목사님과 함께 70세 정년 제도를 택해 놓고, 여러 선배들로부터 많은 꾸지람도 들었고, 비난도 샀다. 그러나 지금도 나는 그 일에 대하여는 잘하였다고 생각한다.

"인간 칠십은 고래희(古來稀)"라고 말하였고, 오늘과 같이 인간 수명이 연장되었다고 하더라도 칠십이면 은퇴하는 것이 여러모로 좋게 여겨지는 것이다. 늙어 기력도 없고, 기억력도 쇠퇴하고, 체력은 모자라서 다른 사람으로부터 값싼 동정을 받는 것보다는 칠십을 정년으로 깨끗이 물러나는 것이 좋아 보이는 것이다.

더욱이 림 목사가 칠십이 되기도 전에 미리 은퇴한다는 것은 많은 점에서 존경의 이유가 되면 되었지 결코 흠이 아니라는 것이다. 림 목사에게 개인적으로 미안한 것은 원로 추대식과 후임 목사 위임식 때 설교해 달라는 간곡한 부탁을 받았으나 현역 목사가 주일에 교회를 비우는 것도 그렇거니와 교통 사정도 맞지 않아 응해 드리지 못한 것이 두고두고 죄송하다 하겠다.

원컨대, 림 목사의 여생에 부디 건강하여 현직에 매여 못 다한 일을 더 많이 하고, 많은 사람에게 빛나는 역정(歷程)을 남겨 주기를 바라면서 우리 동갑내기 '작은 거인'의 은퇴와 원로 추대를 다시 한번 축하하는 바이다.

최훈 목사(대한예수교장로회[합동] 제69회 총회장, 한기총 대표회장 역임)

저는 평안남도 대동군 고평면 송산리 14번지, 일명 만경대라고 하는 김일성의 고향에서 태어났습니다. 어려서부터 김일성의 외가와 본가 사촌들과는 잘 알고 있었습니다.

듣자 하니 림인식 목사님은 1925년생이요 고향도 평안도 박천이라 하시니 저와는 태생부터가 매우 가까운 사이라 할 수 있습니다. 그러나 저

목회백화

는 고려신학교에서 신학을 했고, 교단도 우리 장로교가 합동과 통합으로 나뉘면서 별로 교류가 없었지요. 제가 교단 일을 심부름하면서 여러 어른으로부터 림인식 목사님에 대하여 많은 이야기를 들어서 알고 있었는데, 서로 같이 일하게 된 것은 1974년 당시, 중앙정보부장으로 있던 이후락 씨가 북한을 다녀오고, 〈7·4 남북공동성명〉이 남북 공동으로 발표되어 온 나라가 깜짝 놀라고 있을 때, 우리 통합 측과 합동 측의 서북(西北) 출신 교역자들이 놀라고만 있을 것이 아니라 어떤 모임을 만들어 대정부 건의도 하고 기도회도 갖자는 이야기들이 있었습니다. 그때 제가 그 심부름을 하게 되었는데, 첫 예배의 설교를 림 목사님께 부탁드리면서 서로 교제가 시작되었습니다.

그 후 이 모임은 10개 교단에 속한 교역자가 모이는 '한국 기독교 교역자 협의회'라는 큰 단체로 발전하였는데, 알고 보면 여기에도 림 목사님의 숨은 공로가 지대합니다. 그 이래 림 목사님과의 좋은 교류가 지속되어 왔습니다. 참으로 목사님은 사귀면 사귈수록 인간미가 넘치는 훌륭한 목사님이로구나 하고 느껴집니다.

또 1984년, 한국 기독교 100주년을 맞았을 때 우리 한경직 목사님을 총재로 모시고, 저는 사무총장 일을 하면서 선교 분과 책임을 맡으신 림 목사님과 여러 가지 일을 함께 궁리도 하고 추진도 하게 되었습니다. 그 조직 위원회 역시 해체하지 말고, 그 조직을 발전시켜 개신교 연합체를 구성하자는 의견이 나왔고, 저는 합동 측 대표로, 림 목사님은 통합 측 대표로 하여 "한국 기독교 총연합회"를 이루어 오늘에 이르고 있습니다.

이러한 일을 같이하면서 느끼는 것은 림 목사님은 매우 폭이 넓은 분이로구나 하는 것이었습니다. 합동 측과 통합 측이 서로 강단 교류가 없던 때, 림 목사님께서 저를 여러 번 노량진 강단에 서게 하셨습니다. 제가 노량진교회 제직 세미나에도 갔었고, 부흥회도 인도하였습니다. 이 일에 감명을 받아 저도 한경직 목사님을 모셔서 예배를 드리고, 림 목사님도 초청하여 우리 교회 강단에 서게 하였습니다. 그 문제로 저는 총회에 상정되기까지 하였습니다. 사실, 우리 교단에서는 통합 측 목사님을 강단에 세우면 노회로부터 책벌을 받게 되었던 것입니다.

림 목사님은 폭이 매우 넓은 분입니다. 누구와도 대화하고 협력하실 수 있는 분입니다. 거기다 그의 창의성과 추진력은 아무도 따라가지 못할 것입니다. 한마디로 목회자가 갖추어야 할 모든 것을 두루 갖춘 원만한 목사요 동역자입니다. 제 마음속에는 훌륭한 인격과 원만한 성격으로 목회뿐 아니라 행정가요, 늘 공부하시는 학자, 부흥사로 간직하고 있습니다.

제가 숭실대학교에서 공부를 하였는데, 숭실대 출신의 목사님들이 모이는 '숭목회'(崇牧會)라는 단체가 있습니다. 목사님의 인격과 교양, 행정력을 잘 아는 우리가 한경직 목사님과 상의하여 림인식 목사님을 숭실대학교 이사장으로 적극 추천하였습니다. 10여 년이 넘게 그 일을 잘 감당하시는 것이 얼마나 고마운지 모르겠습니다.

제가 1960년 10월 25일 동도교회에 부임하여 지금 33년이 지나 이제 금년 5월 5일이면 은퇴하려고 합니다. 은퇴한 후, 저는 우리 교회 부설, 천마산기도원 원장으로 기도원의 운영 및 관리를 맡기로 되어 있습니다. 여기서 저는 네 가지 일을 하려고 합니다. 첫째로, 평신도를 위한 평신도 성경연구원을 만들고, 둘째로 목회자를 위한 목회연구원, 셋째로 선교연구원, 마지막으로 청소년들을 위한 신앙연구원을 만들 생각입니다.

이제 은퇴 동기생이 되는 림 목사님께서 이 일을 저와 동역하셨으면

합니다. 감사합니다.

정진경 목사(대한기독교성결교단 제36대 총회장, 한기총 대표회장 역임)

Q 목사님께서 림 목사님을 처음 아신 것은 언제인가요?

"제가 태어난 곳이 평안남도 안주입니다. 제가 젊어서 공부하기는 평양신학교에서 했는데, 림 목사님은 저보다 몇 해 후배였던 것으로 기억합니다. 그때는 잘 몰랐댔고, 또 저는 성결교에서 일하다 보니까 별로 교류가 없었는데… 림 목사님이 노량진교회를 맡고 얼마 되지 않아서 그 교회 창립 60주년 기념 전도 집회를 하면서 저녁에만 인도해 달라고 해요. 그때 저는 서울신학대학교에서 학생들을 가르치고 있었는데, 목사님이 불러 주셔서 갔습니다. 그 후 1975년, 제가 신촌성결교회를 담임하자마자 첫 번 집회에 림 목사님을 초청해서 부흥회를 하였습니다. 그러고 보니 가깝게 지낸 것이 근 30년이 되는군요."

Q 그 후에는 어떤 일을 같이하셨습니까?

"교단이 다르다 보니까 아무래도…. 칠십 년대에는 아마 민족 복음화 운동이라고, 초교파적으로 하는 일을 같이하였을 겝니다. 그 후에 한국 기독교 100주년 기념일을 하면서 교계 연합 행사가 있으면, 서로 머리를 맞대고 의논도 하고 자주 만나 상의하였습니다. 특별히 한국외항선교회의 월드 컨선(World Condern) 일을 오래 같이했습니다. 회장, 이사장도 돌아가면서 하고…."

Q 림 목사님을 한마디로 말씀하시면 어떤 분입니까?

"목사님은 참 부지런한 목회자입니다. 참 부지런하신 분입니다. 그 부지런한 것은 누구도 못 따라가지요. 세상일이나 자기 일로 바빴던 것은 아니고, 교회와 교단 일로 늘 바쁘고 부지런하였지요. 아마도 한국 교회 지도자 중에서 그만큼 열심 있고 부지런한 사람은 없을 겁니다. 목사님은 또 아주 조직적이지요. 계획이 치밀하지요. 거기다 폭이 넓어요. 우리 목회자들이 일을 하다가 보면, 깊이는 있는데 폭이 좁은 경우가 있어서 문제를 왕왕 일으키는데 림 목사님만큼 멀리 내다보면서 남을 수용하고 포용력 있게 함께 일하는 분은 없는 줄 압니다. 그 어렵고 가난한 지역에 있는 노량진교회를 30여 년간 지구력 있게 이끌어 대형교회로 만든 것은 두고두고 칭찬할 만한 일입니다. 보통 끈기와 정력이 아니지요. 아무리 보아도 보통 목회자는 아닙니다. 여러 면에서 하나님의 은사를 받았습니다. 한국 교회의 자랑스러운 보배입니다."

Q 그러한 면은 어디에서 비롯되었을까요?

"물론 타고난 성품이 좋았겠지만, 할아버지와 아버지의 목회 과정에서 훈련을 잘 받은 것 같아요. 성경에 "열심을 품고 주를 섬기라"(롬 12:11)라고 하셨는데, 목사님이 받은 바 은혜가 크고, 소명 의식도 철저하고…. 그 헌신의 결단이 대단합니다. 바울처럼 외길 인생을 사시면서 참으로 충성되이 하셨지요."

Q 두 분 사이에 일화도 많으시겠습니다.

"그럼요. 언젠가 한번은 목요일인가 금요일 아침에 전화가 왔어요.
그러고는 대뜸 하는 말이 '이번 주일에 급히 어딜 가야 하는데, 아
무리 생각해 봐도 정 목사밖에 없어, 이번 주일 아침에 우리 교회
에 와 설교하시오.' 하는 겁니다. 그래 내가 웃으면서 '아, 우리 교회
는 어떻게 하고?' 했더니, 그 교회에는 신학교 교수도 많지 않냐, 오
라면 올 것이지 무슨 잔말이 많냐고 해요. 그래서 꼼짝 못 하고 우
리 교회를 다른 사람에게 맡기고, 노량진교회에 가서 주일을 지켰
지요. 내가 하는 말이 '언제 우리 교회 와서 품을 갚아야 된다.'고 했
고, 또 림 목사님도 '그러 마.' 하고 약속했는데, 결국 그 빚은 갚지
못한 채 둘 다 은퇴하고 말았습니다. 그래, 내가 만나면 늘 그러지
요. 왜 그 빚을 떼어먹느냐고…. 림 목사님은 평생 갚지 못할 큰 빚
을 제게 진 셈입니다."

Q 목사님의 건강은 어떠십니까?

"저는 건강한 편입니다. 우리 교역자에게 건강은 대단한 자산인데,
림 목사님은 그런 면에서도 축복받으신 분입니다. 나는 목사님이
아파 누웠다는 말을 못 들어 보았어요. 타고난 건강에 추진력도 있
으시고, 책임감도 강하십니다."

Q 앞으로는 더욱 큰일을 감당하시리라고 봅니다만….

"그럼요. 아마, 그 교단에서는 물론이려니와 한국 교회에서 그분만
큼 면(面)이 넓은 사람이 없습니다. 국내외적으로 많은 사람을 알고

있지요. 얼마든지 하실 일이 있습니다.

또 림 목사님만큼 공신력 있는 분이 없어요. 얼마 전 세상을 떠난 이리신광교회 안경운 목사님 교회에서 제가 집회를 한 적이 있었습니다. 쉬는 시간에 이야기를 나누는데, 안 목사님 하시는 말씀이 '이번에 림 목사가 일본 선교 하는 일에 필요하다고 천만 원을 내라고 하는데…' 하면서 돈 걱정을 해요. 그래서 내가 '아, 돈이 없으면 못 내는 거지.'라고 했더니 아니라고, 림 목사 하는 일에는 돈이 없어도 내야 한다고, 안 낼 수가 없다고 해요. 그만큼 우리 목회자들 사이에서도 인정받는 분입니다."

Q 끝으로 한 말씀 주십시오.

"우리 한국 교회는 큰 보배를 또 하나 배출하는 것입니다. '은퇴는 목회의 끝이 아니라 새로운 목회의 시작이다.'라는 심정으로 허락하신 일거리와 건강을 따라 한국 교회와 세계 교회를 위해 일하시기를 바랍니다. 감사합니다."

김창인 목사(대한예수교장로회[통합] 제78회 총회장)

내가 림 목사님을 알았던 것은 부산 피란 시절부터였으니 꽤 오래되었습니다. 저는 그때 피난 시절의 장로회신학교에서 공부하는 신학생이었고, 림 목사님은 동광교회에서 동사목사로 저 유명한 채필근 목사님과 함께 일하고 계셨지요.

그때는 멀리서 바라보기만 하였는데, 1969년에 제가 광성교회를 개척하고는 본래 황해노회에 속하였던 우리 교회가 경기노회, 서울남노회에 속하면서 가까이 모셨고, 또 목사님께서 부총회장, 총회장 일을 하실 때에는 서기로 여러 가지 일을 함께하였습니다. 함께 일하였다기보다 배우는 학생과 같이 많이 따라다니면서 배웠지요. 그래서 목사님에 대해서는 비교적 잘 안다고 할 수 있습니다.

먼저, 목사님은 가만히 26-27년을 겪어 보니까 **전형적인 목회자이십니다.**

물론 요즘 우리 주위에서 여러 가지로 교회를 급성장시키는 여러 목회 형태가 있지만, 그 나름대로 많은 신학적, 윤리적 문제를 야기시키고 있는 것을 볼 수가 있습니다. 좀 기복적이랄까, 샤머니즘의 냄새가 나는 방법으로 사람을 좀 모아 놓는다 하는데, 그런 것은 엄격히 말해 목회는 아닙니다. 목회자들은 누구나 그런 일에 충동을 느끼게 되는데, 림 목사님은 오직 말씀을 가지고 교인들을 양육시키는 것을 보고는 전형적인 장로교 목회자로구나 하고 느낀 것이 한두 번이 아닙니다.

또 목사님은 참으로 **귀감이 될 만한 '총회인'입니다.** 이 말은 일할 줄을 아시면서, 또 해야 할 일이 무엇인지 아시면서 일하시는 분이라는 것이고, 한 사람의 조직인으로 당신이 속한 총회의 메커니즘을 잘 아시고, 총회라는 큰 유기체를 잘 다루시었다는 뜻입니다.

사실, 제가 총회장의 직임을 맡고 보니까 총회장이라고 다 총회장이 아니고, 그 직무를 제대로 한다는 것은 더욱 어려운 일임을 알았습니다. 교회 일, 대(對)교단적인 일, 연합 사업, 또 정부를 상대로 하고, 타 교단과의 문제 등이 산적해 있는데, 이 여러 가지 문제의 본질을 소상히 파악하여 하지 않으면, 그저 주어진 임기만 채우고 나가기 알맞습니다. 림 목사님이 총회장 하실 때 제가 서기로 모시고 있었으니까 잘 압니다만 그분 일 처리하시는 것을 보면서 저 어려운 일을 어떻게 하시려나 하고 걱정하는데도 아주 무리 없이 원만하게 하십니다. 또 목사님께서 처리하신 일에는 뒤탈이 없는 것입니다. 정말 우리 모두가 아끼고 자랑스러워 할 총회인이라고 말할 수 있습니다.

1984년, 우리 총회가 한국 기독교 100주년 기념 대회를 크게 치르면서 기념 물품을 만들었지요. 요즘 말로 하면 휘장 사업을 하였는데, 그때 총회의 허락 없이 자기들 마음대로 여러 가지 물건을 만들어 각 교회에, 학교마다 팔고는 했습니다. 그러다가 그 업체들이 다 소화를 못 하고 사정이 어려워지니까 총회에 와서 데모하고 얼굴에 살기를 띠고 기물을 부순다고 야료를 부리는데, 보통 어려움이 아니었습니다. 그 사람들, 말이나 곱나요? 험악하게 해 가지고는… 그 사람들한테 말 한마디 잘 못하면 살인이라도 할 기세였는데, 림 목사님이 나서서 그 사람들을 만나 설득하고 이해시키고 하시는데, 정말로, 나 같으면 그 일 못했을 것입니다. 참 감탄했습니다.

또 누구 림 목사님 욕하는 사람을 못 만나 봤습니다. 누구나 좋다고 하고 목사님이 계시면 그저 화기애애합니다. 겪어 보니까 참 폭이 넓은 원만한 인격자입니다. 내가 본받고 싶은 점이 한둘이 아닙니다. 목사님의 흉내 좀 내려고 무척이나 해 보았는데 잘 안되어 그저 나는 나대로 해야겠구나 하고 포기했습니다만, 우리의 사표(師表)요 모범입니다.

또 한 가지는 **림 목사님은 경건한 신앙인입니다.** 목사이기 전에 잘 갖추어진 모범적인 신앙인입니다. 이는 4대 목사 가정이라는 데서 비롯된 듯합니다. 말이 쉬워 4대 목사이지, 당신 스스로 목사를 이었고 또 아들들에게 그 직을 이어 준다는 것은 우리가 다 자식을 키워 보아서 잘 알지만 쉬운 일이 아닙니다. 아마 할아버지 때부터 이어 온 경건의 훈련 때문이 아닌가 합니다.

여러 가지로 부족한 제가 총회 일을 해 보니까 림 목사님 생각이 간절합니다. 요즘 '인사(人事)가 만사(萬事)'라는 말도 있습니다만, 목사님은 인선을 잘하셔서 여러 사람을 적재적소에서 일하게 하셨고, 그 많은 일을 아무 잡음 없이 잘하신 어른이로구나 하고 새삼 생각됩니다.

총회 일이나 노회 일에 조금만 어려운 일이라도 있으면 우스갯소리(유머)로 분위기를 바꿔놓고는 하시는데 대단한 달란트입니다. 타고난 인품이요 여간 재능이 아닙니다. 이는 배워서 되는 일이 아닌 줄 압니다. 배워서 되는 일이면, 그 상황, 그 일에는 되는데 전혀 예기치 않은 일에서는 역시 천부적인 재능이 아니고서는 나오지 않게 되어 있습니다.

한 가지 크게 아쉬운 것은 이러한 목사님을 평생 모시고 싶은데, **법으로 정해진 기간도 다 채우지 않으시고 미리 은퇴하신다는 점입니다.** 사실, 우리 교단에서 이렇다 하고 내놓을 간판이 될 만한 인물, 상징적인 인물도 많지 않거니와 또 실제적으로 그 자리를 메울 인물이 없는 것도 사실입니다. 그분 아니면 아니 될 일이 많이 있습니다. 왜 2년씩이나 미리 은퇴하실까, 개인적으로도 아쉬움이 너무 많고, 또 우리 총회로서도 큰 손실입니다. 우리 목사님이야말로 백 년 만에 한 번 나실까 하는 인물이라고 하는 제 말은 그저 입에 발린 말이 아니라 제 솔직한 속마음입니다.

목사님, 아무쪼록 건강하셔서 오래 사시고 이 어렵고 많은 문제들에 지도를 부탁드립니다. 감사합니다.

하해룡 목사(벧엘교회 담임 역임)

지난(1994년) 1월 9일, 32년간 봉사하시던 노량진교회를 조기 은퇴하신 림인식 목사님은 원로목사 추대를 받으셨다. 림 목사님의 큰 덕과 노고를 기리는 뜻에서 노량진교회에서 〈내가 본 림인식 목사〉라는 제하(題下)의 글을 부탁받았다. 아직 젊은 후배가 감히 대선배에 대하여 무슨 말을 쓰겠느냐고 수차 사양하였으나 27년간 이웃 교회에서 봉사하면서 입은 바 은혜가 많았고, 평소에 림 목사님에 대하여 하고 싶은 말도 있고 하여 몇 자 밝힘으로써 30여 년의 노량진교회 목회 사역을 축하하는 뜻도 되지 않을까 하여 약간 두려운 마음으로 권유에 따라 붓을 든다.

첫째, 림 목사님은 "맏형"과 같이 따뜻하신 분이다.

필자와 림 목사님과의 개인적인 관계가 27년째 접어드니 꽤 긴 세월을 교류하였다고 생각된다. 그때마다 림 목사님께서 이웃 교회에 계셔서 언제나 마음이 든든하였다.

목사님을 "맏형" 같다고 표현한 것은 두 가지 이유가 있다.

그 첫째는 필자의 서투른 목회에 림 목사님께서 많은 자문을 해 주셨기 때문이다. 목회 경험이 부족하였던 필자가 약관 30세에 벧엘교회 담임자로 부임하였을 때의 그 서투른 목회라니! 지금도 그때를 생각하면 쓴웃음을 금할 수 없다. 그 미숙하였던 때에 언제나 목사님께 자문을 요청하면, 목사님은 항상 대답을 준비해 두셨다는 듯이 만사를 제쳐 놓으시고 자상하게 가르쳐 주셨다. 가르쳐 주시는 방법도 언제나 젊은이들이 저지르기 쉬운 획일적이고 단편적인 처방이 아니라 몇 개의 가능성의 처방과 동시에 어떤 부작용이나 후유증의 가능성을 늘 첨가하여 말씀해 주셔서 젊은 초년생 목회자에게 용기와 지혜를 주셨던 것이다. 참으로 나에게는 "맏형" 같은 분이 아닐 수 없다.

둘째, 목사님의 따사로우신 정감 때문이다.

누구나 느끼는 감정일 터이지만, 목사님은 누구를 대하시든지 언제나 웃음 띤 얼굴로 "별일 없나?" 하시며 손을 꽉 잡아 주셨는데 그 따뜻한 태도는 하나님의 특별하신 은사일 터이다.

그러기에 목사님은 언제나 긍정적이다. 필자가 88년 9월 서울대학교 병원에 입원하고 있었을 때, 바쁘신 중에도 오셔서 "하 목사, 걱정하지 마. 하나님이 좀 쉬라고 입원시키신 거야. 하 목사, 그동안 너무 뛰었잖아…" 하시던 그 부드럽고 정감 어린 음성은 맏형과 같이 느껴져 두고두고 잊히지 않는다.

이상과 같은 몇 가지 개인적인 느낌과 교분을 통하여 필자는 감히 목사님에 대하여 "맏형같이 따뜻하신 분"이라고 말하게 되는 것이다. 결례가 되었으면, 육십이 다 되어 가는 필자의 무식과 교양 부족으로 책해 주면 고맙겠다.

셋째, 그는 외유내강한 지도력의 소유자이시다.

성서적으로 보면 훌륭한 지도력이란 하나님이 주신 은사이다. 림 목사님의 경우는 타고나신 지도력도 있으신 것 같고, 동시에 열심히 갈고 닦으신 면도 있으면서 확신과 추진력이 매우 강한 지도력을 소유하신 분이다.

교회 안에서 당회장직, 노회장직, 총회장, 연합기관장, 그리고 대학 이

사장 등 많은 책임 있는 일들을 맡으시면서 목회와 선교적인 차원에서 크게 활동하셨고, 앞으로도 계속하여 활동하실 것이다. 이는 목사님의 온화한 성품에 바탕을 둔 것이다. 그의 지도력에 대하여 외유내강이라고 표현하였는데, 몇 가지 언급해 두고자 한다. 목사님의 지도력은 개인적인 자문 외에 1년에 두 번 모이는 노회가 개회할 때 자주 경험하게 된다. 어떤 문제에 대하여 노회원들 간에 오고 가는 발언 공방전이 벌어져도 앞자리에 앉으신 목사님은 조용히 계시다가 결정적인 시기에 앞에 나가면서 말씀하는데, 거의 림 목사님의 주장을 따라 결정되는 경우를 보게 된다. 그럴 때마다 "역시 예리한 분석과 합리적인 판단을 내리신 어른이야!" 하는 감탄이 절로 난다. 얼음판처럼 차갑게 굳어 있던 노회 회의장의 분위기도 그 특유의 유머로 녹여 버리는 지도력의 매력은 그이만이 지닌 것이 아닐까?

또한 우리 교단 총회장으로서 심혈을 기울여 봉사한 일들을 되돌아볼 수 있다. 총회장이 되시기까지 그 과정도 생각해 보면, 첫 번 도전에서 소기의 목적을 이루지 못하시자 다시 도전하셔서 결국 교단을 위하여 봉사할 기회를 얻으신 그 인내와 여유, 그리고 외유내강한 힘! 저력! 그러기에 림 목사님에 대하여 "그는 할 수 있다. 왜냐하면 그가 하고자 하기 때문이다."라고 말할 수 있겠다.

목사님은 총회를 위하여도 온 정력을 기울여 봉사하셨다. 특별히 한국 기독교 100주년 기념행사를 추진함에 있어서 림 목사님의 역할은 너무나 컸다. 그리고 어려운 가운데 있던 숭실대학교의 이사장으로서 무난히 봉사할 수 있었던 것도 그의 지도력 덕분이라고 감히 평가하고 싶다. 그는 노량진교회의 담임목사이기 이전에 한국 교회의 목사요, 한국을 위한 목사라고 말해 두고 싶다. 아마 이런 일을 위하여 조기 은퇴를 결단하신 것이 아닐까 생각해 보기도 한다.

넷째, 그는 건강한 목회자이다.

물론 림 목사님은 육체적으로도 건강하시다. 그러나 필자가 여기서 밝히고자 하는 것은 첫째로 **림 목사님의 신앙이 건강하다는 것이다.** 목사님은 그의 가정에서 3대 목사이며 이미 4대 목사를 배출한 가정이다. 목회자의 가정에서 태어나 민족사의 아픔에 참여한 고난의 의미를 아시는 깊은 성서적 복음주의 신학을 지니신, 건전한 신학과 건전한 신앙을 지키시고 가르치신 어른이다. "지식이 자기 세계"라는 말이 있으나 나는 "자기 경험이 자기 세계"라고 좀 더 구체화하여 말하고 싶다. 왜냐하면 림 목사님은 완전한 믿음의 가정의 전통 속에서 성장하신 건강한 목사이기 때문이다.

둘째로 **림 목사님은 공부하는 젊음의 열정을 포기하지 않는 분이다.** 언젠가 숭실대학교 안병욱 교수께서 늙지 않으려면 다음 세 가지를 하라고 하신 말씀이 기억난다. 즉 "여행하라, 사랑하라, 그리고 공부하라. 그러면 젊게 산다."라고 하였다. 림 목사님의 서재를 방문한 사람은 느낄 것이다. 그는 바쁜 중에도 항상 공부하는 목회자였다. 림 목사님과 함께 여행하셨던 어떤 목사님이 "림 목사님은 해외에 나가시면 그저 책방에 가서서 책만 잔뜩 사 오신다."라고 말씀하시는 것을 들은 일이 있다. 게으르지 않고, 언제나 공부하시는 선비형의 목사이다. 그의 이러한 박학다식은 설교에서나 강연 등에서 얼마든지 들을 수 있다. 사실, 목회자는 일생, 목숨이 다하기까지 공부하는 일을 중단할 수 없는 학생이기에 이 길이 십자가의 길이기도 한 것이다. 그가 계속 공부하시는 목회자이기에 아기에게 먹일 유즙이 풍만한 유모처럼 건강한 목회자라고 말하고 싶은 것이다.

그리고 또 한 가지는 **림 목사님의 열성적인 목회의 실제가 건강하다.** 일 반적으로 한국 교회에서 목회의 실제를 설교, 심방, 그리고 행정으로 말하기도 한다. 바쁘신 중에도 교인들을 돌보신 일, 특히 밤중에도 심방 가야 할 일이 생기면 만사를 제쳐놓고 가신다는 이야기를 들은 일이 있다. 또한 치밀한 조직력, 독창적인 교인 관리와 유능한 행정력은 후배들이 배우고 싶어 하는 점들이다. 그리고 림 목사님의 사자후 같은 음성으로 외치시는 열정적인 설교를 그의 건강한 목회자의 이미지에서 외면할 수 없다. 방송을 통해서도 목사님의 설교를 자주 듣게 되는데, 들을 때마다 생의 마지막 설교처럼 열정을 퍼붓는 그 내용의 젊음! 전달의 젊음이 어우러져서 청중의 가슴을 열게 한다. 언제나 성서적인 바탕에서 오늘의 상황을 꿰뚫어 주시는 그 열정! 파토스! 림 목사님의 말씀을 들으면서 성장하신 교우들은 행복한 목회자의 보살핌 안에서 성장하였다고 자부하여도 될 것이다. 은퇴 후에도 계속 한국과 세계를 선교의 장으로 하여 그의 메시지는 전해질 것이다.

끝으로 한마디 더 해 두고 싶은 것이 있다.

사실, 하나님의 일을 하는 데는 은퇴나 쉼은 없는 것이다. 우리 생의 종말이 올 때까지 여력이 다할 때까지 봉사해야 하는 것이다. 이런 관점에서 그동안 노량진교회를 봉사하신 원로목사님에 대하여 온 교우는 한국과 전 세계를 위한 선교사로 목사님을 파송하였다는 의식을 가지고 위하여 기도하시고 성원해 주시기를 바란다.

저 강물처럼 흘러간 세월이 역류할 수만 있다면 필자는 림 목사님의 목회 지도력을 더 가까운 위치에서 배울 수 있을 텐데… 하고 마음속으로 되뇌어 본다. 림 목사님의 건강과 노량진교회의 지속적인 발전을 기원하면서 글을 맺는다.

김성진 장로(전 숭실대학교 총장)

1987년, 목사님께서 우리 대학의 이사장으로 취임하셨을 당시 기획실장 일을 보던 제가 인사를 드렸던 기억이 지금도 선합니다.

그때 우리나라 거의 모든 대학이 학생 소요로 열병을 앓고 있을 때로 우리 학교 역시 여느 대학들처럼 학내 문제, 시국 문제로 투석과 최루 가스로 날을 지새우던 어려운 시기였습니다. 그때 우리 학생들이 노량진교회에도 몰려가서 페인트로 글씨도 쓰고, 아마 많은 어려움을 겪으셨을 줄 압니다. 학생들이 "재단 물러가라, 다른 학교처럼 재벌들이 투자 좀 하게 기독교 교단을 분리하라."하고 돌팔매에, 화염병에 심지어는 총장실 사무 집기까지 끌어내어 불에 태우는 사태가 있었을 때, 한경직 목사님께서 학교 사태를 수습하는 방법으로 림 목사님을 이사장으로 추천하셔서 취임하시게 되었던 것입니다.

인사를 드리고 보니까 고향 선배이셔서서 더욱 친근감이 있었습니다. 목사님은 해방 후 제가 잠시 신의주에서 공부한 학교의 선배이셨던 것입니다. 몇 년을 가까이 모시고 보니까 이 어른은 전형적인 목사님이다 하고 느끼게 되었습니다. 학교 이사장이시기 전에 목사요 '목회자'로서 모든 문제를 바라보시고 풀어 나가시는데, 깊은 감명을 받은 것이 한두 번이 아니었습니다. 마치 목자가 양을 대하는 목회적인 입장이었습니다.

아무리 어려운 일이라도 결코 무리하시거나 서두르지 않으시고 좀 시간이 걸리더라도 기도하시면서 해결하는 그런 방법이었습니다. 시간이 흐르고 모든 이해 당사자들이 납득하고, 완전히 합의하고 동의하기를 기다리시지 결코 독단적으로 하시지 않았습니다. 그렇게 되면 서로 의견이 대립하던 사람들이라도 그 결정에 웃고 만족하지, 뒤돌아서서 불평을 말하는 사람이 없었습니다.

목사님은 모든 문제를 대화로, 합리적으로 해결하시려고 합니다. 문제 해결을 위해서는 누구라도 만나시고, 또 만나셔서는 전혀 비권위주의적으로 끈기 있게 대화하시는 목회자입니다. 그런 만큼, 최선의 선택을 하시는 분입니다. 그러시면서도 분명하게 선을 그을 것은 단호하게 그으시는 원리주의자의 면모도 강했습니다. 주로 신앙적인 면, 양보할 수 없는 원칙 앞에서는 아주 강하신 것을 보고는 '아, 한마디로 대단하신 어른이로구나!' 하고 느꼈습니다. 평화라고 할까, 화평을 만드는 분, 대립된 의견들을 통합하고 조정하는 특별한 재능이 있으십니다. 거기다 목사님은 꿈도 크시고, 거시적인 안목으로 일을 내다보시는 분입니다.

얼마 전 목사님께서 이사장을 12년이나 했으니까 물러나겠다고 하시는 것을 "부족한 저를 총장 시키신 분이 목사님인데, 이 어려운 때에 저에게만 맡겨 두고 어떻게 그만두십니까? 그만두시려면 저도 그만두겠습니다." 하면서 강권하였습니다. 1997년에 개교 100주년을 맞게 되는 우리 숭실로서는 꼭 필요한 이사장님이십니다.

한경직 목사님도 인정하시고 사랑하시는 한국 교회의 능력 있는 지도자라는 것을 알았습니다. 사석에서 한 목사님 말씀이 "이사장을 그만두

  목회백화

려면 강당이라도 하나 지어 주고 그만두라." 하셔서 우리 모두 웃었습니다만 지금 '한경직 기념관'이 건축 중입니다. 이 일도 잘 마무리될 줄 믿습니다.

제가 림 목사님을 모시고 이루어야 할 긴급한 과제로는 우리 대학교에 '신학대학'을 개설하여야겠고, 무엇보다도 불원간 있을 통일을 대비하여 평양캠퍼스를 복구하는 일입니다. 이런 크고 웅대한 일을 감당하실 분은 우리 교단에서 림 목사님 말고는 없을 줄 압니다.

그동안 목사님께서 친히 그런 말씀은 하시지 않으셨습니다만 고향의 여린 후배로 여기시고 잘 지도해 주셨는데, 앞으로도 건강하셔서 우리 학교와 부족한 저에게 많은 도움을 주시기를 바랍니다.

이진수 장로(노량진교회 원로장로)

림 목사님을 모실 때, 협동 장로로서 청빙서에 서명한 것이 엊그제 같은데, 벌써 32년이라니 참 세월이 빠르구나 하는 생각입니다.

제가 우리 림 목사님같이 고결한 인격을 가지신 분과 함께 교회를 섬기고, 또 잘 마감하면서 원로장로가 된 것은 제 개인적인 영광이요, 목사님을 원로목사님으로 추대하여 모실 수 있게 된 것 또한 큰 감사입니다. 모든 맡겨진 사역을 잘 마감하시고, 총회적으로나 교계적으로 큰 존경과 축하 속에서 새로운 사명감으로 일하시게 되었다는 것은 목사님 개인으로나 우리 교회로도 크게 기뻐할 만한 일입니다.

30년이 넘도록 모시면서도 '왜 저러시나, 저것은 잘못하는 일인데….'

하는 일이 단 한 번도 없었습니다. 처음에는 목사님의 생각이 이해가 안 가더라도 지나고 보면, '아, 내 생각이 짧았구나.' 하는 것을 알게 된 그런 것이었습니다. 한마디로 '큰 그릇이로구나. 생각하는 것이 우리와는 다르구나.' 하고 늘 생각하였습니다.

목사님께서 노량진교회에서 이루신 큰일이 여럿 있습니다만, 이 새 성전 건축은 오래오래 기억될 만한 가장 훌륭한 역사(役事)입니다. 그때 우리네가 모두 어려웠고, 없는 재정을 가지고 힘든 일을 하였는데 목사님께서 친히 설계에서 공사까지 관여하셨습니다. 이 건축으로 우리 교회는 한국 안에서는 물론이요 세계에서도 이름 있는 교회가 되었던 것입니다.

흔히 보면, 예배당을 건축하면서 동요도 있고 무리한 헌금 때문에 후유증을 앓기도 하는데, 우리 교회는 그런 잡음이 하나도 없었거니와 오히려 예배당 건축 과정 중에도 사람이 자꾸 늘고 또 완공하고 나서는 교회가 잘 아는 대로 급성장하였습니다. 우리 교회라고 왜 문제가 없었겠습니까만, 말썽이 될 만한 것은 목사님이 미리 다 감싸 주시고 덮어 주시고 해서 모두가 참여하여 새 성전을 봉헌한 것은 우리 교회의 큰 자랑입니다.

이것은 오로지 우리 목사님의 진실하고 깨끗한 삶에서 나온 것으로 압니다. 우선 무엇보다 목사님께서 자라나신 가문이 목회자 가문으로 인격적인 기초가 잘되었고, 타고난 성품도 풍족하셔서 대인 관계도 원만하시고 그 도량이 깊은 데서 연유하지 않나 생각합니다. 목사님도 사람인지라 가끔은 기분 나쁜 사람도 있을 법한데, 모든 사람을 똑같이 대하십니다. 당회를 할 때도 긴장이 되고 좀 모가 난다 싶으면 재미있는 유머로 그 분위기를 바꾸어 놓는 재능도 보통이 아닙니다. 도량이며 생각하는 것이 참 깊구나 하는 생각이 듭니다.

목회에서는 성공하신 목사님들 가운데서도 자녀들 문제에서는 마음대로 되지 않아서 고통을 받는 분들이 더러 있으신데, 우리 목사님은 그 점에서도 성공하셔서 아직까지도 그러하였고, 앞으로도 한국 교회의 귀한 모범이 될 것으로 보입니다.

대개 사람들은 은퇴 후에는 긴장이 이완되고 할 일이 없어 건강도 상하는 경우가 많은데, 우리 목사님이야 더 넓은 세계에서 마음껏 일하시리라고 믿습니다. 목사님의 변함없으신 건강과 사역을 기원하면서 그동안 제대로 보필해 드리지 못한 것을 이 짧은 글로 양해를 구합니다.

양복수 장로(노량진교회 원로장로)

제가 노량진교회에 출석하게 되고, 오늘 당회원의 하나로 40여 년이 넘게 섬길 수 있게 된 것은 아무리 생각해도 하나님의 인도하심이요 섭리로 믿어집니다.

1953년, 환도하는 피란 정부를 따라 서울에 올라와서는 효자동에 한동안 살았는데, 집값 싼 곳으로 오다 보니 한강을 건너게 되고, 그 첫 동네 본동에 자리를 잡게 되었습니다. 사령부 안에도 교회가 있었고, 또 그동안 나가던 교회 하며 친구들이 서로 오라고 하는 가운데서도 구태여 노량진교회를 택하게 된 것은 우선 교회는 집에서 가까워야 한다는 이유 말고도 하나님의 인도하심이 강하게 역사하셨던 것입니다.

당시 노량진교회 주변은 좀 못사는 동네로 유명하였습니다. 더욱이 3년여의 전쟁 직후라 지금의 젊은이들로서는 상상이 가지 않을 정도로 어렵고, 어수선하였습니다. 저를 포함한 모두가 하나같이 가난한 사람들뿐이었습니다.

교회 역사는 깊다고 하는데, 또 노량진교회가 이름은 있어서 서울에서 유수한 교회 가운데 하나로 꼽히고 있었지만, 전임 강헌집 목사님이 연세가 많으셔서 교회 관리가 좀 어려우셨습니다. 이 지역이 한결같이 어려운 사람들이 사는 곳이었는 데다가 그러한 사람들을 효과적으로 활용하는 체계도 없었습니다.

저는 이필숙 전도사님의 권유로 교회 학교 교사에, 구역장에 여러 가지 직책을 맡아 일하게 되었습니다. 그러다가 1960년이 되고, 강헌집 목사님이 퇴임하시면서 후임으로 림 목사님을 청빙하게 되었습니다. 그 일 역시 하나님의 인도하심으로 그리 큰 어려움이 없이 잘되었습니다. 이번 강신원 목사님을 모실 때에도 우리 온 교회가 기도한 대로 순조로웠던 것처럼 우리 교회는 이러한 면에서 특별히 복 받은 교회임이 틀림없는 줄 압니다.

림 목사님, 그 첫인상이 여간 강해 보이지 않았습니다. 체구는 작은데 눈에는 번쩍번쩍 빛이 나고 그 음성이 또렷하고 힘이 있어 정신이 번쩍 들 정도였습니다. 한마디로 '대단하구나, 노량진교회가 앞으로 크게 부흥하겠구나!' 하는 강한 생각이 들었습니다. 과연 아니나 다를까 교회 모습이 하루가 다르게 달라지는데, 교회당도 적산 가옥을 헐어 버리고 2층을 올려 행정을 구비하고, 교회 학교에서 장년부에 이르기까지 면모를 일신해 가기 시작하였습니다. 급기야는 부임 10여 년 만에 새 성전을 착공하게 되고, 지금 우리가 보는 대로 세계적으로 아름다운 교회당을 헌당하게 된 것입니다.

　　　　　　　　　　　　　　　　　　　　　　목회백화

물론 어려운 형편에 힘든 것이 한둘이 아니었을 줄 압니다.

사무장으로 10여 년 봉직하면서 가까이 모셨던 림 목사님은 깨끗하시고 바르고 엄정하시고 공사 간이 분명하신 그런 분이었습니다. 그 추진력 하며 일 처리하시는 것, 그리고 마무리하시는 일, 거기다 모든 일에 판단력이 정확하셔서 그 지도하시는 대로 따르기만 하면 틀림이 없는 것입니다. 교회에 유익이 되는 일, 당신께서 하시고자 하는 일은 어떻게 해서라도 꼭 이루시고 마는, 그러나 결코 무리함이 없이 하시는 일은 참으로 탄복해 마지않을 일입니다.

목사님의 장기라면 아무래도 당회원들을 많이 세우는 일일 것입니다.

당회원이 많으면 의견을 조정하기도 쉽지 않고, 이끌어 가기가 힘드실 텐데도 장로 세우는 일을 잘하십니다. 그래서 "당회원 수가 너무 많습니다. 이젠 그만하십시다." 하면 "아, 양 장로 혼자 다 하시려고 그러오?" 하시면서 또 여러 사람을 세웁니다. 현재, 우리 교회 규모에 비추어 당회원 수가 결코 적지 않은 것입니다. 이 적지 않은 수의 당회원들을 모두 만족하게 하시면서 모나지 않게 이끌어 가시는 능력은 누가 뭐래도 우리 림 목사님의 걸출한 특징 가운데 하나일 것입니다.

당회나 여러 회의를 운영하시는 것도 그렇게 매끄러울 수가 없고, 좀 어렵다 싶으면 적절한 우스갯소리(유머)로 분위기를 바꾸시고 긴장을 풀어 주시는 그 재능은 가히 하나님의 은사요 천부적인 재능입니다. 참, 지혜로운 분이로구나 하는 생각입니다.

총회장을 하시면서 이러한 능력은 유감없이 발휘됩니다. 그 일 처리하시는 것 하며 원만한 대인 관계는 너무도 많이 보았고 들었습니다. 또 지금도 교계의 큰일은 목사님을 빼놓으면 일이 안 된다고 할 정도로 그 영향력은 교회 안보다 밖으로 더 알려졌습니다.

심지어는 총회장을 지낸 어른에게는 결례이지만, 총회의 총무로 일하시면서 총회의 여러 가지 문제점들을 척결하여야 한다고 말하기도 하고, 또 어떤 사람은 림 목사님 같은 분이 신학교의 학장이 되어 한국 교회 목사를 양성하셔야 한국 교회에 미래가 있다는 말을 하기도 합니다. 참으로 한국 교회의 자랑, 한국 교회의 보배가 아닐 수 없습니다.

제가 일생을 신앙생활 하면서 우리 림 목사님과 같은 큰 어른을 가까이 모시고 할 수 있었다고 하는 것은 하나님의 축복이요 은혜인 동시에 저에게는 큰 영광이었습니다. 오늘까지 인도하신 하나님께 감사드립니다.

김세환 장로(노량진교회 원로장로)

제가 강원도 장성, 지금의 태백시에서 석탄 공사에 납품하는 사업을 하다가 정리하고 서울로 온 것이 1968년 여름이었습니다. 그전, 아마도 62년쯤이니까 목사님이 부임하시던 해에 노량진교회 앞에 집을 마련해 이미 우리 아이와 어머니는 노량진교회에 잘 출석하고 있었습니다.

저는 그때까지 장성중앙교회에서 섬기다가 서울로 왔는데, 그때까지만 해도 석탄 산업이 활발하였던지라 장성중앙교회나 노량진교회의 규모가 엇비슷하였습니다.

노량진교회에 왔더니 흙벽돌로 지은 구 예배당이었는데, 교회는 별로 크지 않고 규모는 없지만, '그 목사님 한번 시원하구나!' 하는 느낌을 받았습니다. 물론 제가 노량진으로 올라오기 전, 저희 어머님의 회갑 때에

목회백화

도 목사님께서 오셔서 예배를 인도하시고 우리 큰아이가 목사님의 막내 딸과 유치원을 다니고 해서 알고는 있었지요.

'젊고, 패기만만하시니 우리 목사님 앞으로 대성하시겠구나!…' 하고 생각했는데, 과연 세계적인 교회로 성장시키시고, 또 전 세계를 상대로 목회하시는 목사님이 되신 것은 틀림없는데, 지금 돌아보니까 우리 교회가 목사님을 제대로 모시지 못하고, 너무 고생만 시켰다는 생각에 죄송할 뿐입니다.

서울로 올라오던 이듬해부터 집사 일을 맡겨 주셔서 유은국 장로님을 도와 재정부 일을 했는데, 늘 마음에 걸리는 것은 목사님께 사택 하나 변변한 것 마련해 드리지 못하여, 본당 뒤켠 자그마한 준비실에서 다섯 남매를 데리고 고생하시는 모습이었습니다. 그러시면서도 고생을 내색하시지 않고 묵묵히 감내하시는 삶의 모습에 절로 존경이 가는 것이었습니다.

다섯 자제들을 모두 훌륭하게 키운 것 역시 두고두고 귀감이 됩니다. 목사님은 자녀 교육에도 성공하신 것입니다. 우리 큰아이와 목사님의 막내딸이 함께 연세대학을 시험봤습니다. 주일 예배를 마치고 나오는데, 목사님이 "김 집사, 집에 아이는 잘될 것 같은데, 우리 아이는 힘들 것 같아. 텔레비전을 너무 봐서 텔레비전과라면 모를까…. 걱정이야." 하시는데, 결국 그 딸은 합격하고 우리 아이는 안 되어 한양대학교로 갔던 것이 기억납니다.

목사님은 한마디로 거인이요, 큰 나무요, 큰 바윗덩어리입니다. 이분이 마음먹은 일은 누가 뭐래도 하시고야 마는 어른이신데, 감히 그 앞에 가서는 뭐라고 반대 의견을 내놓을 수가 없어서 압도당하고 마는 그런 인물입니다. 그 앞에만 가면 괜히 주눅이 들고, 위축되어 할 말도 제대로 못 하는, 이것이 바로 인격적인 권위요 존경심이 아니겠나 생각합니다. 참으로 큰 그릇입니다.

그러나 사실인즉, 사람이 크다고만 해서 존경받는 것은 아닙니다. 목사님은 그 생활이 깨끗하시고, 자신은 늘 희생하시면서 교회를 위해 애쓰셨습니다. 그 모습에 우리 모두가 한없이 존경해 마지않는 것입니다.

목사님께서 우리 교회에 오셔서 엄청난 큰일을 하셨습니다. 언제든지 우리 교회 형편보다는 넘치게 계획하시고, 결국 이루어 내셨지요. 목사님이 우리 교회를 위하여 하는 사업은 어떤 일이든지 다 된다고, 목사님이 하시는 대로 따르면 다 된다고 생각하였는데, 목사님의 그릇에 비하면 우리 교회가 좀 작았다는 생각입니다. 그 큰 어른을 우리가 제대로 보필하지 못해서 죄송할 뿐이지요. 가령 노량진 동산에 대해서도, 한국에서 우리 교회 동산만큼 좋은 동산이 없는데, 우리가 미약하여 목사님의 의중에 있는데, 마스터플랜을 우리가 제대로 실현하지 못하였다고 하는 아쉬움이 있습니다. 우리 교회가 지리적인 악조건과 주민의 생활상으로 보아 이만큼의 교회를 이룩한 것도 림 목사님의 그늘이니까, 우리 그릇 이상의 일을 하였다고 생각합니다.

제 개인적으로도 목사님의 큰사랑을 받았다고 늘 감사하고 있습니다.

삼남매를 키웠는데, 모두 우리 림 목사님께서 친히 주례하여 가정을 이루어 주셨다고 하는 것에 한없이 감사하는 동시에 자랑스럽습니다. 참으로 분에 넘치는 사랑을 받은 것입니다.

지금도 은퇴하셨다고 하는데, 그런 생각은 전혀 들지 않고, 30대 초반 신출내기 집사 시절에 가졌던 그 존경하는 마음과 의지하는 마음은 이제껏 조금도 변치 않고 있습니다. 앞으로도 마찬가지일 것입니다.

　　　　　　　　　　　　　　　　　　　　　목회백화

목사님, 늘 건강하십시오. 그리고 한국 교회를 위하여 더욱 큰일을 하십시오. 감사합니다.

김병식 장로(노량진교회 원로장로)

저는 본래 합동 측에 속하는 작은 교회를 섬기면서 있었는데, 거기서 그만 목사님과 장로님들이 의견이 갈리어 교회를 나누는 바람에, 교회는 싸우는 곳이 아닌데 하는 생각으로 지난 79년부터 우리 노량진교회에 출석하였습니다.

그전부터 극동방송에서 방송되는 목사님의 설교를 들어서 목사님의 이름과 노량진교회 이름은 잘 알고 있었지만, 교회가 어디 있는지도 몰랐는데, 한번은 지나가다가 여기일 것이라고 추측하고 수요일 저녁에 왔다가 그 말씀과 인격에 이끌리어 온 식구가 등록하고 노량진교회의 일원이 되어 오늘에 이르고 있습니다.

우리 목사님의 인격이야 '목사님 중의 목사님'이요, '목사의 모델'이요 표본이라고 감히 말할 수 있습니다. 교회 일을 처리하시는 것 하며 사람을 대하는 일을 보니까 과연 내가 바라던 교회요 이상적인 목사님이었습니다. 흔히 우리가 교회 일을 하면서 목사님을 멀리서 보면 그런대로 은혜도 되고 존경심이 가다가도 가까이서 보면 실망하는 경우도 많은데, 우리 목사님에게서는 그런 경우가 없고, 오히려 가까이하면 할수록 그 탁월한 능력과 함께, 깊은 신앙심과 인간미에 더욱 존경이 가는 것이었습니다.

한마디로 목사님은 말씀과 생활이 일치하는 분이었습니다. 무엇보다 돈에 깨끗하여 당신 말씀처럼 물질을 떠난 분이고, 존경스러우며, 한국의 목사님이 모두 우리 목사님의 반만 되어도 한국 교회가 잘못되었다는 소리, 오늘 사회로부터 들려오는 온갖 소리는 듣지 않을 텐데 하는 한없는 아쉬움이 있습니다.

흔히 목사님들이 설교도 잘하시고 인격도 완벽하시지만, 세상 물정에는 좀 어두우셔서 사업 방면에서는 실수도 나고 시행착오도 겪으시곤 합니다. 하지만 우리 림 목사님은 건축을 업으로 삼고 있는 제가 미처 생각지 못하는 일까지도 말씀하시고, 또 그 보시는 눈이 여간 정확하시지 않습니다. 기술적인 측면이나 경영하시는 일, 모든 면에서도 뛰어나신 것입니다.

은퇴하시는 날, 누가 오셔서 하신 말씀대로 "100년 만에 하나 날까 말까 하는 인물"이라는 말에 크게 공감하는 바입니다. 제 생각에 대통령직을 맡겨도 능히 감당하실 만한 분이라고 여겨집니다. 다만 우리 교회가 목사님의 꿈이랄지 포부를 모두 밀어 드리지 못하였습니다. 우리 교회가 그 큰 인물을 담기에는 그릇이 너무 작았던 것입니다.

또 우리 교회에 보면, 다른 교회에서 상처받고 오시는 분들이 많은데, 그런 사람들을 잘 포용하시고 쓰다듬어 주셔서 쉽게 적응하고 뿌리를 내릴 수 있게 일할 수 있는 직책도 주시는 끌어안는 목회, 치유하시는 목회라는 그런 자상함이 있습니다. 목사님은 사람을 보아도 그의 장점과 특기만 보시는 분입니다. 가히 예수님의 시각이요 안목입니다.

저야, 나이로 보나 신앙적인 경륜으로 보나 우리 노량진교회에서 장로 될 처지도 못 되고, 지금도 제가 가장 나이 어린 작은 장로에 불과합니다

만, 오늘 이렇게까지 분에 넘치도록 된 것은 우리 림 목사님께서 사람의
허물은 보지 않으시고 사람의 장점만 보셔서, 그 장점을 최대한 발휘하
도록 도와주시는 그런 분이라는 데 힘입은 바 큽니다. 일생 잊을 수 없는
큰사랑의 빚을 진 것입니다.

아무쪼록 은퇴하신 목사님의 여생에 하나님의 은총이 늘 함께하시기
를 기도드립니다.

※ 다음의 글들은 이번《목회백화》출간에 즈음하여 강신원 목사, 여충호 목
　사, 림형석 목사가 쓴 글이다.

강신원 목사(노량진교회 원로목사)
우리들의 큰 스승 림인식 목사님과 함께

"제가 이번에 집회 강사로 미국의 교회들을 방문했을 때, 가는 곳마다
우리 노량진교회에 대한 좋은 소문이 많이 나 있었습니다. 생각해 보니
저는 뭐 잘한 일도 별로 없는데… 다 여러 교우들께서 열심히 교회를 사
랑으로 섬기셨기 때문입니다." 1977년 말 교육 전도사로 부임한 지 얼마
되지 않았던 어느 주일 낮 예배 시간 중 교회생활 광고시간에 담임목사
님이신 림인식 목사님께서 집회를 다녀오시고 보고하는 말씀 중 한 대
목이었습니다.

한번은 림 목사님을 옆자리에 모시고 운전석에 앉아 흑석동 고개를 넘

어가던 중에, 함께 사역하는 교역자가 걱정스러워서 목사님께 염려의 말씀을 드렸었습니다. 그때 마침 현충원 쪽에서 비행기 편대가 날아오고 있었습니다. 목사님께서는 그쪽을 바라보시면서 "아, 저기 비행기가 날아간다- 저거 봐라-." 하셨습니다. 저는, '이제 고만해라.' 하는 뜻임을 미처 알아차리지 못하고 계속 말씀을 드렸더니, 목사님께서는 굳이 몸을 그쪽으로 움직이시면서 "저기 간다. 저기-" 손가락으로 가리키기까지 하시면서 남의 말을 하지 못하게 하셨습니다.

목사님께서는 어떤 일이든 명령조의 말씀은 아예 할 줄 모르시는 분이십니다. 잘못했다고 야단을 치는 일도 없으신 분이셨습니다.

오직 목회를 위해 특별히 세상에 보냄 받은 분이셨습니다. 선이 굵고 모든 일은 완벽하게 해야 함을 행동으로 보여 주셨습니다. 늘 교역자 회의에서는 연례행사라도, 좀 새로운 방법을 찾아보라 독려하셨습니다.

언제 주무시는지, 언제 식사는 제대로 하시는지도 모를 분이셨습니다. 어떤 때는 미국 집회 인도하고 밤늦게 귀국하시고도 어려움을 당한 교인 가정이 있으면 밤중이라도 심방을 하시기도 하셨습니다. 이불을 펴놓고 자려고 하다가 일어나면서도, 그 교인들은 기뻐했고 감사하며 황송해 할 뿐이었습니다. 그러하셨으니 당연히 교인들로부터 존경과 신뢰를 받으시는 목회자셨습니다.

목사님은 항상 노회와 총회 일 등으로 분주하셨습니다. 노회나 총회에 어려운 일이 생기어 책임을 맡겨 드리면 반드시 해결해 내는 분이셨습니다. 그러나 교회 일에 소홀한 법이 없으셨습니다. 한번은 재정 담당자가 큰 실수를 범해서 교회가 큰 어려움에 처했었습니다. 그러나 당회에서 손실액의 반은 당회장이 책임지겠으니 남은 반은 당회원들께서 분담하여 책임지자고 제안하셨습니다. 모든 일을 아주 현명하게 잘 해결하시는 분이셨습니다.

물론, 어떤 어려운 일이 발생해도 결코 그 누구나 조직이나 기관이나 노회나 총회에 책임을 돌리지 않으셨습니다. 언제나 따뜻한 사랑의 마음을 가지신 부모의 심정과 자세로 교인들을 보살펴 주시며 해결해 주셨습니다. 모든 일에 세심하시면서도 선이 굵으신 분이셨고, 현재 일에 최선을 다하시면서도 미래 지향적이셨습니다. 오직 주님의 뜻을 헤아리시면서, 아버지 하나님께 영광을 돌리려 최선을 다하셨습니다.

교회에서 사례금을 드리면 교인 가정을 심방하시면서 어려운 가정에 가서서는 방석 밑에 넣어 주셔서, 장로님들이 알고는 사모님께 사례금을 직접 드리라고 재정 담당 장로님께 당부를 하기도 했습니다.

림 목사님은 오직 목회가 삶의 전부이셨습니다. 휴가는커녕 휴일도 없으셨으니 말입니다. 사모님과 자녀들이 대신 고생을 많이 할 수밖에 없었을 것입니다. 그런 연유로 강남 지역에서 주일 장년예배 천 명 이상 모이는 교회로 성장했습니다. 그러하셨으니, 목회자인 우리들의 큰 스승이실 수밖에 없습니다.

여충호 목사(노량진교회 담임목사)

내가 보는 림인식 원로목사님

림인식 원로목사님이 백세가 되신 것은 하나님의 큰 은혜입니다. 저는 목사님의 목회를 직접 보고 경험한 바는 없지만, 목사님과 대화하면서 또 주변에서 목사님에 대해 하는 말을 들으면서 많은 선한 영향을 받았습니다. 제가 느끼고 존경하게 된 목사님의 가장 중요한 모습은 목양일념의 자세입니다.

목사가 목양일념의 자세를 가져야 하는 것은 마땅한 일이지만 실제 목양일념의 자세를 견지하는 목회자는 많지 않습니다. 그러나 림 목사님은 평생 목양일념의 자세를 견지하셨습니다. 여기에는 몇 가지 이유가 있습니다. 먼저 목사님은 어려서부터 할아버지의 목회를 보고 배우셨습니다. 성도들과 교회를 위해, 또 나라와 민족을 위해 눈물 흘리며 간절히 기도하시던 할아버지 목사님의 모습을 보고 자연스럽게 목양일념의 자세를 배우신 것입니다.

또 림 목사님은 여러 차례 살려주시는 하나님의 은혜를 입으셨습니다. 건강상의 문제도 있었고, 북한이 적화되면서 공산당에 끌려갈 뻔하셨으며, 사모님과 함께 남쪽으로 내려오시다가 황해도 지역에서 중공군에게 포위되어 죽을 수밖에 없는 위기에 처하기도 하셨습니다. 그때마다 하나님이 기적적으로 개입하셔서 목사님에게 살길을 열어 주셨습니다. 그래서 원로목사님은 하나님이 주신 생명으로 목양일념의 자세로 충성할 수밖에 없다고 늘 말씀하십니다.

그리고 림 목사님은 성도들을 사랑하는 특별한 은사를 받으셨습니다. 목사님은 교단 총회 서기로 오래 섬기셨고 총회장으로서 사역도 감당하셨습니다. 또 숭실대 이사장으로의 사역도 여러 차례 감당하셨습니다. 그리고 부흥회 말씀 사역도 많이 하셨습니다. 목사님은 그 모든 사역을 최선을 다해 헌신하셨습니다. 그러나 그렇다고 본교회 성도들에게 소홀하지 않으셨습니다. 사역을 마치고 저녁 늦게 귀가하셔도 다음 날 새벽

기도회에 꼭 말씀을 증거하셨습니다. 그리고 목사님은 교인 수가 천 명을 훌쩍 넘었어도 모든 성도와 그 가족의 이름을 다 아시고 안부를 물으셨습니다. 이것이 목사님이 강조하시는 아버지 목회인데, 그 바쁜 사역 가운데 이렇게 할 수 있었던 것은 하나님의 특별한 은혜요 은사입니다.

이번에 발간되는 《목회백화》는 림인식 원로목사님의 은혜 목회와 아버지 목회의 정수가 담긴 책입니다. 아무쪼록 이 책이 한국 교회 목회자에게, 더 나아가 온 세상 목회자에게 선한 도전과 깨달음을 주기를 소망합니다. 그래서 한국 교회와 세계 교회가 다시 성령의 능력으로 일어나는 계기가 되기를 소망합니다.

올해 림인식 원로목사님은 백세 생신을 기념하는 상수연을 맞이하셨습니다. 육신은 이전과 비교해 많이 연약해지셨지만 그래도 생각과 말씀에 하나님의 지혜가 넘쳐나십니다. 앞으로 하나님께서 부르시는 날까지 모세처럼 눈이 흐리지 아니하고 기력이 쇠하지 아니하여 하나님이 기뻐하시는 일을 계속 감당하시고 한국 교회에 선한 영향력을 미치실 수 있기를 소망합니다.

림형석 목사(증경총회장, 참목회연구원 원장)

제 아버지 림인식 목사님

북한 공산 치하에서 목회하시던 아버지는 어느 날 문득 초비상 위기임을 암시 받았습니다. 공산당은 1950년 6·25를 앞두고 미리 블랙리스트 목회자들을 비밀리에 끌고 가서 처형했는데, 보안대원들이 몇 번이나 아버지를 찾아왔지만 길이 어긋났습니다. 어느 날 그들이 한밤중에 와서 대문을 두드렸습니다. 제 부모님은 뒷문으로 피하여 고향(평북 박천)으로 숨었는데, 이틀 후에 6·25전쟁이 일어났습니다. 하나님께서 그렇게 극적으로 부모님의 생명을 건져 주셨습니다. 1·4후퇴 때 피난길에 올랐지만, 황해도 해주를 거쳐 예성강 하류 바닷가 베아리라는 마을에서 길이 막혔습니다. 도저히 살 수 없는 절망적인 상황이었습니다. 그런데 대한민국 해군 302호 함정이 북한지역 해안까지 작전관계로 들어왔는데, 마침 정장이 신자였고 그 함정을 통해 구출받았습니다. 그야말로 구사일생이었습니다. 남으로 내려오신 부모님은 생명을 건져 주신 하나님의 은혜에 감사하면서 오직 하나님의 영광을 위해서 최선을 다해 목회와 목회 내조에 전념하셨습니다.

제가 어렸을 때부터 아버지는 일생 목회에 늘 바쁘셨습니다. 집안일과 살림은 모두 어머니 몫이었습니다. 아버지는 우리 자식들에게 한 번도 체벌을 하시거나, 큰 소리로 책망하신 적이 없었습니다. 그러나 어린 저에게 아버지는 엄하시고 어려운 분이었습니다.

부모님은 우리 5남매와 함께 매일 가정예배를 드리셨고, 그때마다 저를 위해서는 대를 이어 훌륭한 목사가 되게 해 달라고 기도하셨습니다. 아버지가 사택 지을 돈으로 가건물 교육관을 지으시고, 우리 가족은 예배당 안에 있는 준비실에서 살게 되면서 가장 신앙적인 분위기에서 자라났습니다. 저는 중학교 1학년부터 학생 예배와 함께 어른 예배도 드리면서 아버지의 목회를 유심히 보았습니다. 그때 저는 아버지의 설교에 은혜를 많이 받았고, 아버지가 한국에서 설교를 가장 잘하시는 목사님이 아닐까 생각하기도 했습니다. 제가 본 아버지의 목회는 너무나 훌륭했습니다. 자연히 저는 아버지를 존경하게 되었고, 아버지와 같은 목회자가 되기를 바라게 되었습니다.

제가 목사가 되고 목회를 시작한 이후에 아버지는 제 평생의 멘토가 되어 주셨습니다. 목회하면서 중요한 일이 있을 때마다 아버지에게 목회 상담을 했고, 아버지는 그때마다 적절한 목회 지도를 해 주셨습니다. 이제는 아버지가 무슨 말씀을 하실지 대략 짐작하지만 아버지의 말씀을 들으면서 확인을 합니다. 올해 백세를 맞으신 아버지께서는 육신은 쇠해 가시지만 영적으로는 더욱 깊어지시고, 신앙적, 인격적으로 판단이 정확하시고 지혜로우신 것을 하나님께 감사드립니다.

아버지는 평생 교회를 사랑하시고, 교회를 위해 헌신하셨습니다. 어떤 경우에도 교회에 손해가 되는 일은 하지 않으셨습니다. 교회에 누가 될까 봐 가족들의 생일을 없애고 예수님의 생일로 통일하셨고, 아들들의 결혼식도 교회에 알리지 않으셨고, 두 분이 교회에서 주는 사례비로 생활하지 않고 20년간 목회에 쓰셨고, 어머니는 피난 때 바느질을 하시며 고생을 하셨습니다. 총회를 위해 일하실 때에도 아버지의 마음에는 오직 한국 교회를 위하는 마음 일념이었습니다. 아버지가 가장 좋아하시는 말씀은 고전 13:13인데, 믿음 소망 사랑 그중에서도 '사랑'을 가장 중요하게 여기셨습니다. 아버지는 성도들을 사랑하셨고, 목회자들을 사랑하셨습니다. 목회를 지망하는 신학생들을 위해 장학회를 설립하시고, 정성껏 기금을 마련하셨습니다. 아버지가 말씀하실 때마다 많은 이들이 감동을 받는 이유는 아버지가 가지신 교회를 향한 사랑과 하나님이 하시는 일에 대한 믿음에서 오는 소망 때문일 것입니다. 그 소망 때문에 아버지는 항상 적극적이시고, 희망적이셨습니다.

그동안 아버지는 기회 있을 때마다 목회자들에게 목회에 대한 강의를 많이 하셨습니다. 오래 전 제가 신학교에 다닐 때에는 신학생들에게 목회학을 강의하시기도 하셨습니다. 저도 그 강의를 들으며 목회에 대해 많은 교훈을 얻을 수 있었습니다. 그런 강의 중에 일부를 "목회백화"라는 이름으로 펴내시게 된 것을 기쁘게 생각합니다. 아버지의 강의를 들은 많은 이들이 이런 책이 나오기를 원했지만, 웬일인지 아버지는 계속 미루셨습니다. 이제라도 이 책이 나오게 되어 감사한 마음입니다. 이 책을 읽는 목회자들에게 아버지가 가지신 하나님과 교회를 향한 사랑의 마음이 전해질 수 있기를 기도합니다.

림인식 목사의 약력

■ 출생
1925년 중국 봉천(심양) 근교에서 림준철 목사(건국 훈장을 받은 독립 유공자)의 손자이자 부(父) 림재수, 모(母) 김숙현의 장남으로 출생

■ 학력
신의주제2공업학교(일제)
신의주공업전문학교(해방 직후)
평양 장로회신학교 수학
6·25전쟁 중 남하 후 장로회신학대학교 졸업
경희대학교 졸업
장신대 명예신학박사,
한남대 명예철학박사, 숭실대 명예문학박사
'장한 경희인상' 수상

■ 군목 사역
1951년 이승만 대통령 특명으로 시작된 군목 제도에 지원, 군번·계급 없이 839부대 2파견대, 15육군병원 2병동, 거제리 정양원에서 군목실장으로 3년 근무
부산 신암교회 임시목사로 3년간 시무

■ 목회 사역
평양 창동교회 전도사(공산 치하)
부산 동광교회 동사목사(피난 시기)
대구영락교회 담임목사
노량진교회 담임(32년) 후 원로목사 추대

■ 노회·총회 사역
경기노회장 역임
총회 전도부장, 교육부장, 세계선교위원장,
서기 6년, 부서기 1년, 총무 겸무(75) 1년, 부회장 1년
제68회 총회장
① 한국 교회 선교 100주년 기념대회 대회장
　 한국 교회 최초 4대 목사 가정 표창 받음
　 (100주년 대회에서 총재 한경직 명의)
② 3차 5개년 계획 수립 및 5천 교회·150만 신도
　 목표 추진
③ 당시 노회에서 2년 훈련 받은 후 목사 안수 받게
　 되어 있는 것을 단독 개척·군목·교목을 의무로 하
　 도록 목사 안수 대상에 포함하는 정책 발의 결의
④ 긴급조치 9호 관련 교단 목사 구금 항의 및 석방
　 요청 활동

⑤ 군사정부가 사립학교 정관에서 '설립자 조항'을
　 삭제하라는 지시를 본 교단 장신대학교 차원에서 거부
⑥ 경북 노회 분규 같은 사건 해결에 적극적 역할
　 한국기독공보 주필대리·이사장·발행인
　 총회 군목위원장(6년): 군목 110여 명 후원,
　 자매결연·수양회·서적 지원
　 총회 도서의료선교위원장(7년): "구원호" 건조, 적십자
　 의료선교 배 "생명호" 127톤의 의료선 기증받아 운영
　 도서 선교센터 건축
　 이기풍 선교기념 훈련센터 건축위원장(4년)
　 총회유지재단 이사장(7년)
　 한국 교회100주년기념관 건립·운영위원장

■ 교육·학문·해외 사역
영남신학교 전임강사
서울장신대 강사·장신대 강사
아세아교회진흥원 이사 및 강사
숭실대학교 이사(12대), 이사장(13-15대)
맥코믹(McCormick)신학교 한미목회센터 한국 자문위원장(5년)
미국 맥코믹 대학원, 중국 심양 동북신학교,
러시아 모스크바 장로회신학교 객원교수 강의

■ 기타 공적 사역
대한민국 광복회원
림준철 장학회 회장
일본선교협력회 회장 총재(30년)
한국외항선교회 회장·World Concern 법인 회장
성남제1실업학교 이사장(빈민·무산아동 교육)
민족사랑나눔 이사장(북한 기근 돕기)
세계한인목회자 Seminar 회장(4년)
한국 미디어선교회 총재

■ 방송 사역
극동방송 '생명의 빛'(15년)
기독교방송(CBS) 주일예배 및 '소망의 시간'(14년)
KBS 종교방송·아세아방송 대북방송 참여

■ 집회 및 강의
영락교회, 새문안교회, 대구제1교회 등 국내 다수
L.A.영락교회, 시드니영락교회, 싱가폴한인교회 등 해외 집회
빌리 그레이엄 일본대회 목회자 프로그램 강사(오사카)
미국 장로회(PCUSA) 여름수양회 강사